中公文庫

世界最悪の旅

スコット南極探検隊

チェリー・ガラード
加納 一 郎訳

中央公論新社

Apsley Cherry-Garrard

THE WORST JOURNEY IN THE WORLD

ANTARCTIC 1910-1913

1922

目次

訳者から

原著者アプスレイ・チェリー・ガラードは一八八六年オックスフォードの生まれ。動物学者としてウイルソンの助手としてこの探検隊にくわわり、視力がよわい欠点があったが勇敢な隊員として人気があり、基地生活ではなんでも気がるに手助けをして重宝がられ「ポーラー・タイムス」の編集をやった。この隊内誌にはいろいろな傑作がのせられ後日しばしば引用された。一九五九年ロンドンにて没。

章節は原著とは別に、訳者においてつけたものである。

また、〔　〕は原註であり、〔＊　〕は訳註である。

いうまでもなく原文ではヤード・ポンド法が使用されているが、訳文ではすべてメートル法になおしてある。また温度は摂氏の度盛りに換算してある。

氷原（Ice Barrier）これは南極大陸をおおう氷冠が海におし出したもので広大な面積をしめている。直訳すれば氷壁にあたるが、原著ではこの広大な氷層の縁辺をさす場合も、氷原全体をさすときも、いずれも Barrier といっている。訳文では前の場合を氷壁、後の場合を氷原とした。これは今日の学術用語では、たな氷とよばれている。

氷脈　このような氷層が流動している島や陸地と接触したところに強大な氷庄のためにひずみをおこしてできる山背状、鋸歯状の稜線である。厚く凍結した海氷にも見られるもので、連稜とならずに円く孤立するものを氷丘という。

われ目　氷河の流下運動によってできた氷の裂け口であり、登山者にはクレバスとして知られているもの。

波状雪　積雪が強い風のためにたたきつけられて硬くなり、溝のように掘られ、鋭い波頭をもった波形に連続している。

海氷　陸から流れ出た氷と区別するためのよび名で、氷山はふくまない。定着氷と群氷とにわける。群氷には海上に浮遊する密度によって野氷、密群氷、粗群氷、流氷にわける。

野氷　浮氷が密集し、ほとんど露出海面がなく、浮氷自体は氷庄をうけて氷丘や氷脈をもっている。

開水　氷のない海面。

風級　ビューフォート風力階級のことで〇から一二まである。

ペミカン　極地探検隊のために考え出された合成主食糧。

毛皮靴　フィンネスコ。主にアザラシなどの毛皮をぬいあわせてこしらえた長ぐつ。ゼンネグラスと呼ばれる乾草をつめてはいていた。

序文

これは戦前〔＊第一次大戦前〕のつたない仕事だった。なにごとも、うまくやろうと思ったところで、事はそううまく運ぶものではない。人がいためつけられ、ほうりっぱなしにされるのは、信心ぶかい者にはゆるしがたいことであり、教会から美しいステンドガラスを破って、モーゼの十戒が投げつけられたのではいぶからずにはおさまらない。それは何かにつけて非常に問題のある、また不快なことなのであるが、人の思想や情報や個人的な事情などを、幾百年まえの地質学的な時代のこととしておきかえて見なおしてみるのも一つの大きな救いではなかろうか。あの時われわれは、ひとかどのクリスチャンとして、よかれかしと力のかぎりを仕事にうちこみ、全員協力をおしまなかった。（わたしだけのひかえめでいうのであるが）われわれは、ひと通りのことではうち越えられない難業と危急とに直面しながら、一生懸命に共同作業の生活をおくっていたのである。

手をとりあって険難を克服するものは、友情のきずなであり、婚姻の最後の唯一の帯でもある。われわれは多くの困難に遭遇した。時にはこれに打ちまかされ、時にはこれを打ち越えた。われわれはしじゅう難局に当面した。当面せざるをえなかった。そのためにわれわれはマホメットの楽園における如何なる妻女にもまさるよき友を得た。そしてわたしはいまこの本を書くにあたっても、それらの友に助力を求めて失望したことは決してなかった。兵隊とすれば、理想を堅持してかわることのない元南極探検隊員は世界を征服するであろう。

ただ問題なのは、彼らがこの文明世界の複雑な気風に禍されて、彼ら特有の理念を失う憂いのあることである。彼らはお互いに他をけなしあっているがもういいかげんにしたらよい。シャックルトンに意趣返しをしたといってスコットを非難して何になるのか。スコットの鼻をあかしたといってアムンセンを攻撃して何のうるところがあろうか。彼らはみな彼らの力の限り、その当時の最上の仕事をしたのである。スコットにしろ、アムンセンにしろ、シャックルトンにしろ、ウイルソンにしろ、もしわたしがそのもとにつかえようと思うならば、それぞれの仕事があるのである。科学上の、地理学上の組織についてならばスコットに、何ものをもすてて極地に突進することならばアムンセンに、また地獄の穴に墜ちて助けを求めるならばいつとはいわずシャックルトンにわたしは頼るであろう。これらの人たちはみな極地探検史上、隊長としてその名を不朽にするであろう。ボワーズもまたもし生還していたならば、ゆくゆくはその名をとどろかしたに違いなく、ペンネル船長の指揮したテラ・ノバ号ほどに有能の極地探検船もまた少なかった。

見方によればこの本は冬の旅行の苦難をともにたえ忍んだウイルソンとボワーズとわたしとの間の友情が断ち切り難いものであることのあらわれでもある。われわれ三人はスコットの上陸本隊の行ったすべての犬ソリ旅行と、この隊をおそったすべての困難において苦しみをわかちあったのである。それらがとくに未刊の日記や手紙や絵画などによってここに発表せられたのである。わたし、というよりわれわれは、事態がいかによかったか、またいかに悪かったかを示そうとつとめた。多くの探検記にくらべてわたしはこの本で、むしろ自由に筆をふるうことができた。それというのも探検についての退屈な報告はすでに発表されていつでも手に入れることができたし、またもう一つの理由は、わたしは隊長ではなかったのであるから、隊員の行動をもれなく記さねばならぬという義務がなかったからである。しかしわたしには書かなければならぬことがたくさんのこされていた。これは極地探検のただの落穂集ではない。話の半分も伝えられてはおらず、もっとも興ふかい文書のすべてをも尽してはいない。そのうちここにボワーズの母堂から、愛息が故郷へ書き送った手紙を、ラッシュリーからは極地行進の最終帰還隊に属したときの日記を借りてのせることができた。ウイルソン未亡人からは夫君の極地行進のときの日記を貸してもらったが、これは既刊のスコットの日記を別にして、八七度三二分から極に行き引きかえしてくるまでの間の現存する唯一の詳細な記録である。スコット嬢からはわたしの望み通りのものを双手をあげて貸していただいた。またわたしの南極での僚友は、だれ一人として助力をおしむものはなかった。そのなかにはアトキンソン、ライト、プリーストリー、シンプソン、リリーおよびデベンハムらがある。

これらのえがたい友人にたいしてはわたしはただ心からの感謝をささげるよりほか道を知らない。

探検の途にのぼるときにはわたしは本など書こうとは思わなかった。いなむしろわたしはそのようなことをするのは、下らぬ名声のみを追求するものであると軽視し、わたしは何もいわぬことにしていた。しかしながら何もいわぬのは実際いうことが何もない場合か、いうべき手段を見つけるのに怠慢であるか、多忙である場合が多いのである。だれでもこのような異常特別の経験をしたものはいうべき多くのものをもち、またその道においてなんらかの才能がある以上はむしろいうべきが至当である。事件ののちには多くの批評がある。貯蔵品しらべ、需品と距離との照合その他については直々の経験なしには決してとやかくいえるものではない。これらのものから何がわれわれにおこりつつあったかがわかるのであるが、われわれはその意味を十分に測ることがなかったし、測りえなかった。南極委員会から一書を著わすようにたのまれた時、実はそれとは知らずにわたしは自分自身の体験を書き残すために一本を著わそうと考えているところであった。一度かきはじめると面白いほど仕事はすすんだ。自分の文章は自分にはあきたらぬものがあった。しかしそれがまんざらでもないというのは、何よりもバーナード・ショウ夫妻のおかげである。この年になってわたしは自分の教育が今はじまったばかりであることをさとり、よろこびにたえないものである。

アプスレイ・チェリー・ガラード

世界最悪の旅

南極探検の歴史

クックの航海

南極探検の歴史を書いたものを読もうとする人のためには、スコットの『ディスカバリー号の航海』のなかにすぐれた一章があるし、また他にもあるから、わたしはここでこの種の総説的な試みをしようとは思わない。『スコットの最後の探検』〔＊一九一三年レオナルド・ハックスレーの手によって二巻に編集されたもので、クレメンツ・マルカムの序文があり、第一巻にはスコットの臨終までの手記がおさめられ、第二巻にはウイルソン博士によって観察された科学報告と生き残り隊員の報告文があり、この本にもしばしばそのうちから引用されている〕は一般の読者にはだいたいのところはわかるが、ディスカバリー号探検のことや、どこに城岩があり、どこにハット・ポイントがあるかがわからないので困るという評判を聞いた。それでわたしは参考のためにこの本に出てくるにきまっている特殊の探検隊について、彼らの発見した陸地のことやその足跡などをわかりやすく次にすこしばかり書いてみようと思う。

南半球の地図のかかれたずっと昔から、そこにはテラ・オーストラリスとよぶ大陸があるものと考えられていた。しかし探検家たちが喜望峰やケープ・ホーンをまわってさらに進んで行っても、荒れくるう大海のほかには何も見出すことができなかったために、後にはオーストラリアやニュージーランドが発見されたとはいえ、この南方の大陸についての考えは薄らいでいった。けれどもその考えはまったく放棄されたのではなくて、一八世紀の後半になって、科学的知識にたいする熱意がくわわるとともに、個人または国家の領土拡張の欲望が南極大陸の発見に拍車をかけることとなった。

クックやロスやスコットはそれら南方への努力に身を投じた第一流の人物なのである。われわれの南方にたいする知識の基礎をつくったのはイギリス生れの大航海者ジェームス・クック〔＊一七二八〜七九年〕であった。ホイットビー〔＊イギリス、ヨーク州北海にある港〕で石炭船として建造されたレゾリュション号（四六二トン）とアドベンチュア号（三三六トン）を率いて、クックがデップフォード〔＊ロンドンの港〕を出帆したのは一七七二年のことであった。彼はナンセンと同じく壊血病をふせぐ一つの方法は飲食に変化をもたせることであるとかんがえた一人であり、その食糧のうちに「携帯用肉汁、ニンジンのマーマレードや麦芽汁」のことなどをあげている。

喜望峰に立ちよったのちに、クックはニュージーランドにむかって東への航海の途にのぼったが、彼は南極大陸をさがすためにできるかぎり南へ下って行った。彼は一七七二年一二月一〇日、南緯五〇度四〇分、東経二度のところで、はじめて「氷の島」氷山を認めた。その次の日、彼は「ハトくらいの大きさで、くちばしと脚の黒い鳥を見たが、これまでそんな鳥を見たことがなかった。」〔クック『南極へ向う航海』第一巻、一三ページ〕それはユキウミツバメであったに違いない。多くの氷山のかたわらをとおりながら、彼はその間アホウドリの飛ぶありさまやペンギンの出現する模様を観察した。そして行く手を厚い氷盤にさえぎられると、その端にそうて船をすすめた。クックはこの氷は湾や河口にできるものと考え、陸地は遠くないとおもった。そこで彼はその隊員たちにこの寒気に耐えられるよう「ジャケツのそで（が短くて腕が出ていたの）を厚ラシャで長くつぎたすようにさせ、また同じ材料とカンバスで、みなに帽子を作らせたが、これらは非常に役に立った。」〔同上書、二八ページ〕

一カ月以上もクックは、ほとんどいつも氷山の間を、時にはしばしば群氷の間にわけ入って、南方の海を航海した。天気はいつも悪く、おいおいと雲が深くなり、喜望峰を出てからたった一度、月を見ただけだとかいている。一七七三年一月一七日、日曜、東経三九度三五分のところで、はじめて南極圏を横断した。それから南緯六七度五分まで南進して大きな氷原にはばまれてしまった。ここから引きかえして彼はニュージーランドへむかって行ったのである。一七七三年の終りに第二船アドベンチュア号と別れてニュージーランドを去ったクックは、波の大きなうねりから判断して「ニュージーランド付近の経度においては南方にはもはや陸地は存在せぬであろう。あるとしてもずっと南方に横たわっているに違いない」と考えた。南緯六二度一〇分のところで一二月一二日にはじめて氷の島を見、それから三日後に厚い群氷のために前進をはばまれた。二〇日ふたたび南極圏を西経一四七度四六分で横断して、南緯六七度三一分まで入って行き、ここで北東に流れる海流を発見した。

一七七四年の一月二六日には西経一〇九度三二分のところで三たび南極圏をよこぎったが、この時は群氷は少しもなく、ただ氷山が二つ三つ見えただけであった。南緯七一度一〇分で非常に広大な群氷にであってひき返したが、彼はこうかいている。

「この氷は極にまで連続するか、あるいはおそらくこの緯度より南方に位置するいずれかの陸地に接続し、往古よりそこに固着したもので、その北方にあたるこの付近に隠顕する氷も、もとはそれら南方においてできたものが風のために破砕せられ、海流によって北方に送られて来たものである。このような海流はつねに高緯度のところまで発見されるものである。群氷に接近したとき、姿は見えなかったがペンギンの声を聞くことをえ、また他の二～三種の鳥を見た。またその他の事実からして陸地の近いことを思わせた。しかしながらこの氷の南の方に陸地のあることは間違いないと考えられるが、それらはまったく氷におおいつくされているに相違なく、鳥類あるいは他の諸動物にとって良好なすみかであるとは思われない。自分は先人のだれにもまして南方に行くことを欲するものであるが、それは人の行き得る限りのことであって、このような障害のあるかぎり、すくなくも南極地方の航海に不可分な危険と困難が軽減されるまで、思いとどまらざるをえない。」〔クック『南極に向う航海』第一巻、二六八ページ〕

このようにしてクックは北方にむかった。

「南方大陸をもってみのり豊かなる大陸とする観念の間違っていることが判然と立証せられ、たとい南方に陸地があるとしても、それは氷雪のしとねにかくされた空寂の地たることが明白となり、また南方海洋の暴風雨おおき区域が明らかにされ、地球の居住可能の限界が知られるにいたった。同時にクックは南極地方における流氷と氷山の特異性を記載せる最初の人として記憶さるべきだ。」〔スコット『ディスカバリー号の航海』第一巻、九ページ〕

ベリングスハウゼン〔＊一七七八〜一八五二年〕に率いられたロシアの探検隊が南極地方にはじめてたしかな陸地を発見したのは一八一九年のことで、それはアレキサンダー・ランドと命名された。ケープ・ホーンの真南に横たわるところである。

世界の他の部分のことはさしおいて、一九世紀のはじめには南方の海上では、船旗はもっぱら貿易のためにはためいていた。アザラシやクジラのおおいことが発見せられると、数百の船がそこにひきつけられ、エンダービー商会のようなものが設立され、ウェッデル〔＊一七八七〜一八三四年〕やビスケーやバレニーらの指揮者が起用されて活動するようになった。南極大陸のアウトラインについての知見の多くは、これらの人々に負うているのである。

「きわめて小さきぼろ船をもって彼らは勇敢にも氷の漂流するあらしの海に突進し、幾度かの危機を一髪の間にのがれ、船はまさに引きちぎられねじきられんばかりにて、漏水はげしく、休む暇もなき作業に船員はつかれ、十人に一人は壊血病の犯すところとなる。しかも名状すべからざる不快のなかにはたらき、必緊の用務をはたすまでは、一人としてその行手を転ずべしというものも出でず。人は彼らの航海のいつわらざる記録のただの一行をも、その誠実さに打たれず、その行為の根気づよく勇気にとめることに驚きの目をみはることなくしては読むことあたわず。」〔同書上、一四ページ〕

一八四〇年ころの南極大陸の状況は、その海岸線をめぐってわずかに二〜三のところで認められていたにすぎない。だいたいにおいて大陸の周縁は南極圏上またはその近くにあるものと考えられ、おそらくその陸地がもし大陸であるならば、南極を中心とした大きなまるい陸地で、その海岸線はほぼ極点より等距離にあるらしく思われていた。

これにただ二つの例外が認められた。それはクックとベリングスハウゼンによって太平洋の南方で極の方に入りくんでいることが示され、またウェッデルはそれよりもさらに深い入りこみが大西洋の南方にあることを、南緯七四度一五分、西経三四度一六分まで航海することによって示したのである。

このころ、四面体説が行われ、インド洋に面するところに第三の湾入があるだろうと考えるものがあった。ジェームス・クラーク・ロス〔＊一八〇〇～六二年〕が一八三九年イギリスを出帆した時には、彼が到達しようとこころみた磁極付近の南極大陸の海岸線は南極圏に並行していないと考えられるなんの理由もなかった。

ロスの探検

ロスは一八三九年の九月に海軍の命をうけてイギリスを離れた。彼は帆走艦のエレバス（三七〇トン）、テラー（三四〇トン）の二隻をひきいていった。一八四〇年八月にタスマニアのホバートに入港して、そこで前の夏、デュモン・ドゥルビルのフランス探検隊とチャーレス・ウィルクスのアメリカ探検隊によって発見せられたところを聴きとった。前者はアデリー・ランドにそうて氷の絶壁を西の方一一〇キロまで航海した。彼はこの時、一つの卵をもち帰ったが、それはいまドレイトン〔＊オーストラリアのブリスベーン南方〕にあり、スコットのディスカバリー号探検隊によって皇帝ペンギンの卵であることが立証せられた。

これらの発見はおおかたは南極圏（南緯六六度三二分）付近の緯度および大略的にいって、オーストラリアの南方に横たわる区域にかぎられていた。ロスは「イギリスは北方におけると同じく南方においても発見の先駆をなさねばならぬと考え……直ちにこれらの発見と競合することを避けて、さらに東方の経度（東経一七〇度）をえらんで南方に突進し、できうれば磁極に達せんものと決意した。」〔ロス『南海への航海』第一巻、一一七ページ〕

この探検の成果の大要は、極にむかって九二五キロも入っている未知の予期されなかった海を発見したことで、これは南極探検の歴史を学ぶもののよく知るところである。群氷を横ぎって彼は磁南極と思われる位置にむかい「コンパスをたよりにできる限り南方に航し」一八四一年一月一一日に、南緯七一度二五分においてサビーン山の白い峰頭を見、そののちまもなくアデーア岬を発見した。陸地の存在のため磁極にいたることをさまたげられた彼は、それから南方に行き、今日ロス海とよばれる方向にすすみ、その海岸線を数十日にわたって航海し、右に山脈を左にロス海を見つつ、南極高原と海とをわかつ九二五キロにわたるこれらの山々を発見し命名した。一月二七日「順風と好天にめぐまれて南進し、前日の正午以来視界に入りハイ・アイランドとよんだ陸影に接近して行った。それは高さ海抜三八〇〇メートルにおよぶ山で、頂より火炎ときわめて多量の煙とを噴出しており、はじめ噴煙は雪煙のごとく思われたが、接近するにしたがいその真相が明白となって来た。余はこれをエレバスと命名し、その東方にありて高度やや劣れる海抜三三三五メートルの休火山をテラー山と名づけた。」これこそわれらのなじみ深い二人の友〔＊山〕のことが伝えられた最初であって、二山の立っていたのはすなわちロス島なのである。

「島に近づくとともに満帆のもと、ひくく白色の線がその東端より眼路のかぎり遥か東方にまでつづくのをみとめた。その景観はきわめて異常な様相をなし、接近するとともに次第にその高度をまし、ついにそれは一五〜六〇メートルの高度をもつ垂直の氷の絶壁にして、頂は完全に平坦かつ水平、その海にむかった面には一条のわれ目も岬角もないものであることが判明した。」〔ロス『南海への航海』第一巻、二一六〜二一八ページ〕

ロスはロス島の最東端をテラー号の指揮者の名をとってクロジール岬とよんだが、彼はそこからこの氷壁にそうて四六五キロ航海した。ロスはそこから引きかえして西方の山脈とロス島とを分つ湾内の探検を行った。二月一六日「午前二時三〇分エレバス山を望見、天候きわめて良好となったため、全海岸線のすばらしい景観をほしいままにし、同島が主大陸に接近していることを明らかにした。これはそれまでまったく予想しなかったことであった」とかいているが、これはロスの誤りであって、読者はエレバス、テラー両山のある一島はただわずかに一面の氷によって本土とつながっているにすぎないことを知るべきである。彼はそれらにつづけて「バード岬〔バードはエレバス号乗組の上級大尉であった〕から西南方に遥かにつづく深い入江を観察し、その奥に低い陸地を望見したが、その観察は不確実なため、これは未探検のままに残すこととした。そのうえ西方からの微風が吹きつづけ、海面上いたるところ、檣頭より見えるかぎり遥かまで張りはじめた板状軟氷〔＊生成の初期の海氷、厚さ五～二〇センチ、海の水が冷えて凍るときには、はじめ薄くて細長い針状か小さい板状の氷の結晶ができ、海面は油でも張ったように重くどろどろとしたねばり気のある氷でみたされる。遠くからながめると灰色か鉛色に見え、抵抗が非常におおきく、船は速度をいちじるしく減殺される〕で、進むことをさまたげられたので、余はこの入江にさらに接近して探査し、そのいずれまで連続せるや否やを確かめるため針路をかえた。正午に南緯七六度三二分、東経一六六度一二分、伏角八八度二四分、偏角東一〇七度一八分をはかる。」

エレバス山

「午後に入ってほとんどまったく平穏となり、エレバス山の壮大な噴火を目撃した。火炎と煙は非常に高いところまで噴出していたが、前回とおなじく熔岩の火口より溢出するを認めることはできなかった。しかしこの本日の噴火は遥かに大規模のものであった……。」

「夜半（二月一六～一七日）直後、東の風がでてきたので、満帆をあげて南方にむかい、午前四時にいたった。もっともそれより一時間まえすでにエレバス山と本土とをつなぐ湾をまったく一周し終っていた。余はテラー号の上級大尉の名をとり、この湾をマクマード・ベイと命名した。彼の熱意と熟練とに敬意を表せんがためである。」〔ロス『南海への航海』第一巻、二四四～二四五ページ〕それは今日マクマード・サウンドとよばれている。〔＊現在ここにアメリカ基地があり、原子力発電がなされ上水道があり、ニュージーランドからの定期空路があり、極点基地への補給地となっている〕

ロスがエレバス山と本土とがつづいていると考え違いをしたのは、エレバスの西南角から西方につきでたハット・ポイントを遠くから見たからである。彼はおそらく本土から東方へ突出したミンナ絶壁を見たのであろう。この間には、絶壁の前にホワイト島、ブラック島およびブラウン島があり、これらを一連の陸地と見ることはきわめて自然な誤りである。

ロスは群氷をおかして未知の海にわけ入り、数百キロにわたる海岸線と〔一八四二年にはさらにこの仕事をすすめて完成した〕七四五キロにわたる大氷壁とを記載し、ウェッデルよりもさらに四度も深く、南緯七八度一一分という高緯度に達した。彼の探検の科学的成果は一つとして賞賛に値せぬものはなく、南磁極は比較的正確に観測せられた。何にもまして彼は地理学上、科学上の観測の正確を期することに骨を折った。だから彼の気象、水温、海深の記録は航行中の海洋生物の観測とあわせて、詳細なばかりでなくまた信頼するに足るものであった。

一八四三年ロスがイギリスに帰るやこれまで南極大陸の存在を主張してきた人々が、こぞってその説を強調したことはいうまでもない。しかしながら一方で、発見せられたこれら幾多の陸地が相互に連続したものであるという証拠もまたなかった。一九二一年の今日、すなわちもっとも近代的方法による探検が行われ出して二〇年をへた今日でさえも、なおこの仮想の大陸はほとんどまったく未知であって、ロス海付近をのぞいては地図にしめされず、大陸の縁辺も二〇万キロにわたる周囲のうち一～二個所くらいしか発見せられていないのである。〔＊南極大陸についての知見は一九五六～五七年に行われた第三回地球観測年の前後から、アメリカの一連の大探検をはじめソ連など各国の学者の研究の結果、いちじるしい発展をとげ、海岸線の全域にわたって航空写真測量がなされたし、また南極条約などによって領有宣言が凍結されるなど原著者の思いもおよばぬほどに進展している〕

ジョセフ・フーカー卿〔＊一八一七～一九一一年〕とレオナルド・ハックスレー博士の一生もまたこのロスのもとに行われた探検に興味の深い交渉をもっている。フーカーはこの探検隊の植物学者でエレバス号の補助医師をかね、一八三九年イギリスを出発した時は年二二であった。政府の施設としては自然科学の方面は非常に虐待されていて、紙が二五連とどうらんが二つと植物を生きたまま持ちかえるための箱が二つあったきりで、そのほかには器械一つ、書物一冊、びん一つなく、船に貯蔵のラム酒が唯一の防腐剤であった。彼らが帰国のときにもちかえった採集品は豊富なものであったが、決して十分には研究されなかった。ロスの科学上の専門は地磁気であったが、彼は生物学にも深い関心をもっており、フーカーに仕事のできるように自分の船室の一部をあたえたほどであった。「ほとんど毎日、ある時は一日中、また午前の二時三時までもわたしは図を描いた。隊長はわたしを指図しながら、晩は机の一方にすわって筆をとったり、計算などをしていた。わたしはそのむこう側にすわっていた。時々彼は仕事の手を休めてはそばに来てわたしのやっているのをながめた。」南極探検の重要なことが論議され主張された結果、ついにスコットの統率の下にディスカバリー号が派遣されることになったのであるが、その時フーカーは動植物の豊富な南氷洋の研究の大切なことを強調した。そして彼は主として自ら採集した多数の標本類が、ダイアトム類をのぞいてついに研究されなかったことに言及し、つぎのように書いている。

「希望にみちたこの探検隊がもち帰るであろう貴重な採集品にはこの上ない幸運が待っていることと信じます。海洋はあまりに豊かで、自然科学者はとても怠けてはいられないのです。いや南極地方の夏を通じて、二四時間のうち一時間もです。そしてわたしは北極地方と南極地方との海洋生物の比較研究の成果を、生物学史に一期を劃する先触れとして期待するものです。」〔レオナルド・ハックスレー『J・D・フーカー卿の生涯』第二巻、四四一ページ〕

ロスが南極地方へ行った時分は、大洋の深部には食物もなく酸素もなく光もなく、したがって生物はいないものと一般に考えられていた。他のいろいろのことともにロスの観察によって、これが事実でないと考えられるようになった。そののち一八七三年海底電信線敷設の必要から、三〇〇ひろ以上の海底の性質がしらべられ、またチャレンジャー号は生物がいるばかりでなく、高等な形態をそなえたもの、そのうちには魚類さえ見ることができる事実を明らかにした。今日では南極大陸から北方へと流れ出して、世界中の大洋の下層にいたる酸素の豊富な大きな海流のあることがほとんどたしかめられている。

この間、純粋科学および応用科学にたいする人々の興味はいちじるしく増加し、一八九三年には「われわれは火星について、われわれ自身の地球の広大さよりもさらに多くを知った」とまでいわれるにいたった。一八七四年のチャレンジャー号探検〔*イギリス海防艦、二三〇〇トン、一八七二〜一八七六年の間、海洋調査にしたがい大西洋、南氷洋、太平洋を航海し一八七五年わが近海にもきて調査をした〕は南極圏内に三週間をすごし、この冷たい海の深部からもってきた標本類は驚異の的となった。この間、ボルヒグレビンクス（一八九七年）はアデーア岬に上陸して小屋を建てた。この小屋は今でもあって、われわれのアデーア岬隊にたいしてありがたいたすけとなった。この小屋でボルヒグレビンクスは冬を越したのであるが、それは人類の南極大陸における越冬のはじめである。

北極探検との関係

北極地方ではこの間に勇敢な探検が行われていた。パーリー〔*一七九〇〜一八五五年〕、マックリントック〔*一八一九〜一九〇七年〕、フランクリン〔*一七八六〜一八四七年〕、マルカム〔*一八四一〜一九一八年〕、ナーレス〔*一八三一〜一九一五年〕、グリーリー〔*一八四四〜一九三五年〕、デロング〔*一八四四〜八一年〕をはじめとして、多くの人々は荒涼たる氷とその間の水路とを、今からみれば幼稚なやり方でもって、一キロ二キロと苦労をかさねて進み、またほとんどはかり知れぬ困苦、時には命を奪いとるような困難をなめて、その知見をくわえていったのである。それらの人々の運命のうちでも、スコットのもとに探検にしたがったものにとっては、フランクリン探検隊のそれはとくに関心がもたれる。というのはその探検はロス島を発見したと同じエレバス、テラーの二船によって行われたもので、両船はフランクリンの死後、北極海の氷中に沈み、クロジール船長（ロスの南極探検に船長をつとめたと同じ人で、その名はクロジール岬に残っている）がかわって指揮をとり、探検の歴史はじまって以来の恐ろしい旅をしたのであるが、フランクリン探検隊の詳しいことは、話を伝える一人の生き残りもいなかったのでわからない。今スコットの銅像とフランクリンおよびエレバス、テラー両船の部下の像とは相対してロンドンの街の雑踏のなかに立って人々に想いをおこさせている。

イギリス人は北方への道の先駆をしていたが、しかし多くの探検のなかでもっとも見事な成果をあげたものといえば、ノルウェー人ナンセン〔＊一八六一～一九三〇年〕の一八九三～九六年のそれに指を折らなければならない。彼はニューシベリア島付近の氷上で打ちくだかれたジャネットと呼ばれる船の残材が、グリーンランド海岸で発見せられたことに証拠をおいて、新シベリア島の近海から、極をとおって西方にむかう海流があるとかんがえ、勇敢にも船とともに氷上に凍結してこの海流の運ぶにまかせ、極を通過しまたその近くを通るという案を立てた。この目的のために建造されたのが極地探検船としてもっとも有名なフラム号であった〔＊この船は現在オスロ市郊外ビグドイ岬のフラム号博物館におさめられ、ヘイエルダールのコン・チキ号博物館と双立している〕。これはコーリン・アーチャーの設計になる、幅が長さの三分の一もあるような受皿型をした船であった。経験のある極地探検家のおおくはナンセンのこの意見には反対であったが、ナンセンはこの船は氷に圧迫されても、こわれずに押しあげられて氷の上にすわるとかたく考えていた。一三人の部下をひきつれた彼の驚異の航海、一八九三年九月にシベリアの北方（北緯七九度）で氷にとじこめられた有様、氷圧のひびきのさなかにどうして船がゆうゆうともち上げられたか、またこの時、フラム号はどうして目的どおりに上におしあげられたか、それらの話は二八年ののちの今もなお血を沸かす物語である。フラム号は一八九四年二月二日に八〇度線を越えて漂流した。第一の冬の間にもすでに漂流は予期のごとく行かず、はなはだ緩慢であり、時にはあともどりすることさえあった。第二の秋を迎えるまでに、やっと八二度線に達した。そこで彼はつぎの春にはソリによってできるだけ北方まで進入しようと決意した。ナンセンがわたしに語ったところでは、彼は船はもうこれ以上に役に立ちそうもないと感じたそうである。はたしてこれよりほかに手はなかっただろうか。

ナンセンのこの決意は極地探検家の今までとった決断のうちでももっとも敢為なものの一つである。漂流している船から離れてはふたたび船に帰ることのできないのは明らかである。帰還の道は漂流する氷の上を陸地まで行かねばならない。もっとも近い陸地としてわかっているところは、彼が北へ出発した地点から九〇〇キロも南にある。その行程は水上、氷上の双方を行かねばならぬであろう。

フラム号を去ることの方が、船上に残るよりも危険の大きいことは疑うまでもない。ナンセンがほとんど奇跡ともいえる生還をした時にグリーリーが「ナンセンは氷にとじこめられた船中に部下を遺棄したことになる。それは非難されるべきだ」としたのは〔ナンセン『極北』第一巻、四二ページ〕まことに不合理な立言である。フラム号はスベルドラップの指揮にまかされ、ナンセンと同行するただ一人の隊員としてヨハンセンがえらばれた。このヨハンセンは後年ふたたびフラム号の人となったが、それはアムンセンと南極への航海をともにしたのであった。

極地旅行家はナンセンのソリ旅行の冒険と困難とに深い関心をもつ。ことに南方へ行ったわれわれとしては、彼の探検でもっとも重要な位置をもつ装備のことを見ないわけにはいかなかった。近代的な極地旅行の方法はナンセンからはじまったのである。エスキモーの型にもとづいて作られたイギリス式の重いソリの代りに、ノルウェーのスキーにもとづいて作られた軽いソリをはじめて使ったのはナンセンであった。料理道具、食糧、テント、服装、今日でもそれなくしてはどんなソリ旅行も成功の見こみのないあらゆる装備品は、それ以前の数世紀にわたる多数の旅行者の経験はもちろんあるにはあったが、直接にはすべてナンセンにさかのぼることになるのである。スコットが南極ソリ旅行の始祖であるとすれば、ナンセンは全装備における近代化の始祖である。

ナンセンとヨハンセンとはフラム号が北緯八四度四分まで来た時、三月一四日、まだ太陽が出るようになって二〜三日にしかならないのに三台のソリ(その二つには皮舟ものせてあった)と二八頭の犬をひきいて出発した。彼らは四月八日にその最北のテントを張ったが、そこは北緯八六度一三・六分であったとナンセンは自分の本に記録している。しかしわたしがナンセンから聞いた話では彼の天測の成果表と日記とをしらべたゲールミューデン教授は、反射のために水平線がもちあげられているものと認め、もしそうならばそれにしたがって観測値はへらさなければならないとした。それでナンセンはその著作に修正緯度をかかげたのであるが、彼の考えでは観測の当時、水平線はきわめてはっきりしていたから、その緯度はこれよりはさらに高かったに違いないと思うということである。彼は六分儀を用い、自然水平線によって測ったのである。

彼らはそこから引返し、押しあげられた氷の上や水路をとおって旅をつづけたが、八三度にあると予期された陸地を発見することができなかった。その陸地はのちになって実在せぬことが明らかにされた。六月のおわりに、長い氷上をひき歩いて非常にいたんだ皮舟を修理して氷の水路をわたった。彼らはまた旅行の状態が改善されるまで、長いあいだキャンプを張って待ったが、そのあいだナンセンが白い点と認めたものはいつも一片の白雲にすぎなかった。ついに七月二四日になって、白い点が陸地であることがわかった。それから一四日ののち彼らはそこに到着して、それが一連の島であることを発見した。彼らはそこに上陸したが、時計がみな止ったことがあるので、到着した島が何島であるか観測によって明らかにすることができなかった。彼らは冬になるまで、その島の海岸を南の方へ西の方へとつたって行った。彼らはコケと石と雪とで一つの小屋をたて、海象の皮で屋根をふいた。海象は氷の上を二人でひきずってくるにはあまりに重すぎたので、皮だけ剥いできたものである。私がナンセンに会った時、彼はこのことをすっかり忘れていて、自分の本に書いてあるのをみるまでは本当にしなかった。二人は冬中、着のみ着のままだったのでずいぶんあかによごれ、それをきれいにしようと思えば削るよりほかなかったくらいであった。それで自分で毛布をきって新しい着物をつくり、またとってたべた熊の皮をぬいあわせて寝袋をこしらえたりして、その次の年の春、スピッツベルゲン目指して再び出発した。彼らは一月もつづけて旅をした。その間には少なくも二度も危機一髪という目にあった。第一回は皮舟がおし流されてしまい、ナンセンは氷の海にとびこんで今にも沈みそうになって、やっと皮舟にたどりついたことで、これを岸から見ていたヨハンセンは一生忘れられぬせつない思いをしたのである。二度目は海象が牙とひれでもってナンセンの皮舟におそいかかった時である。とある朝、ナンセンは寒々とつらなる氷河と雪もとまらぬ絶壁のあたりを見まわしている時に、犬のほえるのを聞いた。たちまち緊張して、彼はその声の方にかけつけ、その島に越冬していたイギリスのジャクソン・ハームスウォース探検隊の隊長にあったのである。そしてはじめてそこがフランツヨセフ島であることを聞かされた。ナンセンとヨハンセンとはついにノルウェーの北部のバルドーに上陸したが、そこではフラム号の消息はまだ何もないことを知った。しかしその日、フラム号はまたほとんど三年近くとじこめられていた氷の海から解放せられていたのであった。

フラム号の航程については多くをいう暇はないが、この船は北緯八五度五五分まで、すなわちナンセンの最北点よりわずか三三キロ南のところまで漂流したのであった。しかし二人によってなされたこのソリ旅行と越冬とは、多くの点でわれわれの探検の北部隊の経験と相通ずるものがあり、一九一二年の長い冬の間、われわれの心は幾度かナンセンの越冬のことを思い、一度なしとげられたことが再びなしとげえないはずはないといいあった。キャンベル〔*スコット隊の北部隊のリーダー〕とその部下とはこのような考えのもとで生きのびて還ってきたのである。

ナンセンの出発する前ごろから、常に人を未知の世界へみちびき入れる冒険の精神と知識の興味の増加とがいっしょになって、文化世界の人は南方に心をとめはじめていた。南方大陸の大きさと、その大陸がもっているであろう気候とは、全南半球の気候状態に決定的な影響を及ぼすらしいことが明らかにされてきた。そしてこれにおとらず神秘の世界につつまれた一つの大切なことは、地磁気の問題であった。地球のこの南磁極をとりまく地域は実験と観測の多望の場所なのである。この陸地の歴史の研究は、地球の地質をとく上にいうまでもなく重要であり、南極地方の地帯構造を知り、その氷の運動をおしはかることは地文学者にとって世界のいずれの地方よりも有用なのであって、わずかに遺跡によって推断するにすぎなかった、過去に全世界をおおった氷河時代の実相を、ここでは日々刻々目のまえに見ることができるのである。生物学上、南極地方の重要なことは進化論中の海の生命の意義にふれる点でもっとも大きくみとめられる。

スコットの第一次探検

こういう目的と理想とをもってスコットの第一回の探検、それは正式には一九〇一～一九〇四年イギリス南極探検隊とよばれているが、探検船の名をとって「ディスカバリー号探検」として親しまれている探検隊が、王立協会と王立地理学協会によって組織され、政府の後援をうけたのである。その有為の乗組員たちはほとんど例外なしにイギリス海軍に属しており、探検隊の科学上の目的を達するために五名の科学者が参加したが、この人たちだけは海軍将校ではなかった。

ディスカバリー号は一九〇一年のクリスマス前夜にニュージーランドを出帆して群氷帯に入

っていった。この群氷帯は南方の不凍の海面に出るには是非とも突破しなければならないもので、その間に南極圏をこえてしまった。この海域を通過するのに四日と少しかかったが、今から思うとそれは運がよい方であった。スコットはアデーア岬により、六〇年まえのロスと同じく、ビクトリア・ランドの西岸にそうて南下した。南に行きながら船の越冬に安全な場所を探しもとめて、一九〇二年一月二一日にマクマード湾に入った。ここは船が氷にとざされてしまってもいい風かげの湾で、かつ南はるかの陸地への道筋でもあることを発見した。

ディスカバリー号は海が凍結して航行が不可能になるまえに、残されていた不凍期を利用し、大氷原の北限をなす氷の絶壁九百余キロの測量にしたがった。一八四二年にロスが達したもっとも東の地点からさらに進んで、未探検区域に入り、深い湾を発見しそれをハルーン入江と命名したが、そこには雪におおわれた丸味をおびた傾斜面があって陸地であることは疑う余地がなく、そしてこのあたりまでは浮氷はなかった。なおも東に航海すると、海は深くなり、ゆるやかな雪の傾斜面は急になり、山稜が隆起し、ついに雪の中に黒い場所があらわれ、それが明らかに岩であることがわかり、その時までの未発見の、今日キング・エドワード七世ランドとして知られる陸地が数百メートルの高さにそびえているのを見た。前途に厚い氷が横たわっていたのと、季節がすすんだので、スコットは引返してマクマード湾にかえり、そこの陸地の出鼻、今日ではハット・ポイントとして知られているところの小さな入江にいかりを入れ、そこに小屋を建てた。その小屋はディスカバリー号探検の時にはあまり役にたたなかったが、今度の彼の最後の探検の物語にはしばしば出てくるのである。

最初の秋は幾つかの短い旅行によってすくなからぬ発見をした。付近の土地に関する発見ばかりでなく、ソリ旅行の装備や手順の誤りにも新しく気がついたのである。もし人がディスカバリー探検隊の最初の努力をふりかえってみるならば、現実に直面して、割合におおくの災厄を起さずにすんだことに驚くであろう。出発をしぶった犬ソリのこと、ぜいたくすぎると思われていたペミカンのこと、二人の士官がエレバスは一日で登って帰れるか否かを議論していたこと、そしてまたソリ隊のものが料理道具やランプの使い方を知らず、またテントの張り方、はなはだしきにいたっては着物の着方まで知らなかったことを読めば、教育の過程が何とわずかの役にしかたたぬものであるかいぶかりはじめるであろう。「装備品は何一つとして検査されたものはなく、何もかも無知な上に系統立っていないのが何かにつけて痛切にあらわれていた。」〔＊スコット『ディスカバリー号の探検』第一巻、二二九ページ〕

このことは一つの悲劇をひき起した。あるソリ隊が帰還の途中、城岩付近の岬の頂でふぶきにおそわれた。彼らは申し分のない上手なキャンプをしていた。そこであたたかい食事をとってから彼らの寝袋に気持よく横たわるはずであったところが、プライマス・ランプにどうしても火がつかず、革ぐつをはいて心持のわるい着物をきたままますわっていたので、つぎつぎと凍傷になやまされ、ついに一同はキャンプをたたんですすむことに決心した。――今から見れば全く狂気のさたである。吹きあれる風雪のなかに道を探し求めて進んだ彼らの大部分は、数百メートルの急なすべりやすい雪の斜面を滑ったり転げおちたりしてしまった。その斜面のはしには垂直な氷の絶壁があって、下には不凍の海があった。まったくそこは夏の静かな日でも厄介なところなのであるから、ましてふぶきのときはものすごいに違いない。とうとう一人ビンスとよぶものが山腹を滑ってガケから海に落ちこんでしまった。ほかのものはどうしていいか途方にくれた。なかで一人へヤーという水夫は、他のものと別れて岩の下に寝ていたが、三六時間もたってから目をさまし、すっかり雪にうずめられてはいたが無事息災で、凍傷一つうけていなかった。今日ハット・ポイントにある小さな十字架はビンスの死をいたむしるしなのである。この隊のなかにワイルドという水夫がいて、その者がすすんでビンス死後の生き残り五名をひきつれて帰ってきた。ワイルドはそののちシャックルトンやモーソン〔＊一八八二〜一九五八年〕の探検にもしばしば人の先に立った。極地旅行者として適格なものはなかなかえがたいものである。

わたしは南極地方のソリ旅行の経験が、直接のものにしろ受けつぎのものにしろ、はなはだかいた。大切なことを示そうと思って、ディスカバリー探検のはじめのころのソリ旅行の不備なことをスコットとその隊員とは一九〇二年には先駆者であった。彼らがえた経験は高い価をはらって買ったものであった。大切なのは経験によってえたものを一つとして失ってはならないことである。本書のおもな目的の一つは、スコットの最後の探検にとられた方法、装備、食糧または辛労のことをできるだけくわしくのべて、今後の探検家に役立てようとするにある。「極地旅行の報告を執筆する第一の目的は、将来の旅行者のための手引きとするにあり。執筆者の第一の責務は彼の後続者にたいして果さるべきものである。」〔スコット『ディスカバリー号の航海』第一巻、七ページ〕

秋の失敗ののち、つづく二夏の成功のための準備にかかった時に、ディスカバリー探検の隊員の適応性と創意と機略とは前途の困難に打ち勝てることをよく示したのである。スコットは「食物も衣服もあらゆるものが不適当にしてかつ全体の組織の悪かったことを」〔同上書、一七三ページ〕認めている。その誤りを転じて福となし、南極旅行法の完全なる体系を編みだすべく彼は最善をつくした。一冬季間のうちに思い切ったやりなおしを試みたのちに、一九〇三年一一月二日にスコットは二人の僚友、ウイルソンとシャックルトンをともなって、最初の南方への旅にのぼったのである。

このソリ旅行の報告を記すのはわたしの仕事ではない。犬はまるきり失敗であった。それはおそらく熱帯をとおって運ばれてきた彼らの食糧であるノルウェー製の干魚が腐っていたためであろう。ともかく犬どもは病気にかかり、その旅行が終るまでにすべての犬は殺さなければならなくなるか、あるいは死んでしまった。出発後、二週間で一行は中継をはじめている。すなわち一部の荷物を先に運んで、それからまた残りをとりにかえるというやり方をし、それを三一日もつづけなければならなかった。

日々の食物も不適当なもので、隊員は日とともに非常に空腹を感じた。一二月二一日になってはじめてウイルソンは、シャックルトンがこれまでにも時々あらわれた壊血病の症状をあらわしていることをスコットにうちあけた。一二月三〇日、南緯八二度一六分で彼らは帰還の決心をした。

一月の中ごろになって壊血病の病状はさらにいちじるしくなり、シャックルトンは重体に陥り血をはくようになった。容態はわるくなるばかりで、一月一八日にはついに倒れてしまった。それは回復はしたが、それからはあるいはソリのそばを歩き、あるいはソリにのせて引いてもらってようやく命拾いをすることができた。スコットとウイルソンとは彼の命を救ったのである。三人は二月三日に船についたが、九三日の間に一五四一キロを行進した。スコットもウイルソンも極度に疲労し壊血病にかかっていた。しかしその旅行の地理学上の成果は見事なもので、新しい海岸線を五五〇キロにわたって測量し、旅行区域の氷原についての知見をすすめた。

スコットが南方へ行っている間に、湾を横ぎって西方にそびえている山脈と氷河との調査を試みるために一隊が組織された。この隊は実際に彼方の高原にまで達し、高度二八〇〇メートルのところまでいき、「西の方、眼路《めじ》の限りにはただ平坦な高原が展開し、南方および北方には孤立した基岩が見えるのみで、背後にはわずかに彼らの通過してきた高い山脈が指ざされる」のを見た。西方にいく現実的な道が見つかったのである。

この季節に行われた数おおくのソリ旅行のうち、これら二つのもっとも重要な旅行以外につけくわえる必要をわたしはみとめない。またこの白一色の陸地で行われた一つづきの豊富な科学上の仕事については何も記す要はなかろうと思う。

第二の冬もまえの時とほとんど同じにすごされ、春がくるやいなやまたソリ旅行がつづけられた。この氷原上の春の旅は陽光はわずかで、一日じゅう気温が低く、非常な不快な結果をもたらした。不快というよりはむしろさらに悪い状態、睡眠の不足、凍傷、そしてみなの着物や寝袋には湿気がひどくたまってそれが氷の塊になり、気持のよい温度にしようと思えば体温でそれをとかさなければならなかった。こんな調子の旅行の最長期間は二週間と考えられていた。そしてたいていの隊はそんなに長くは出ていなかった。この時代には春の旅行は恐ろしい目にあうにきまったものと思われていた。「まあ春の旅行をするまで待っておれよ。」というのが老練家のおどし文句であった。数年後にそのような春の旅行のほとんど三倍近くの期間にわたって冬のソリ旅行をするなど想像もされなかったのである。〔＊それをこの著者たちは、冬の行進でやってのけた。「世界最悪の旅」とよばれるものがこれである〕

この年のもっとも苦悩のソリ旅行はスコットと二人の隊員とで行われたものであった。また補足的な立派なソリ旅行がそのほかにもなされたが、ここには記す余地もないし、今度の探検に直接の関係のないものであった。

ディスカバリー号は沖合にとまったまま、季節をすごしていた。外海と船との間には三十数キロにわたって氷がとざしていた。今年もここから脱出することは去年にもまして望みが薄いように思われた。半分みちでも氷を切り開こうとする努力がなされたけれども失敗に終った。しかしロイズ岬のキャンプでのスコットとウイルソンとの生活はソリ旅行を終ったあと、まことにたのしいものであった。そしてテントの入口から見えるあおい海は実に美しかった。一月のとある朝、その景色のなかに二隻の船があらわれてきたのである。どうして二隻もきたのであろう。一隻はモーニング号、もう一隻はテラ・ノバ号とわかった。

前年ディスカバリー号が滞留し、船上にもソリ隊にも壊血病がはじまったらしいという報告がもたらされたので本国では驚き、大事をとって二隻の救援船を送ってきたのである。

右の探検の数年後、わたしはウイルソンとスコットランドの猟小屋で会ったことがある。わたしはこの時はじめて彼の人なつこい性格とその仕事ぶりとを知った。ウイルソンもスコットも、もう一度南極に行って仕事を完結しようと考えていた。そしてわたしもまたその時、この人たちが南極へ行く時、もし願いがかなうならばいっしょに行きたいものだという気になった。そのころシャックルトンが南極に行く準備をしていた。

シャックルトンは一九〇八年イギリスを出帆、その夏二つのすばらしいソリ旅行をした。第一の隊はシャックルトン自身に率いられたもので、一行は四人と四頭の馬から編成されていた。第二の探検隊が小屋をたてて越冬したロイズ岬を一一月に出発、氷原上を南方へ、スコットの足跡をこえてすすんだが、波瀾重畳の氷におおわれた山脈が東につづいているのに、行手をはばまれた。そしてこの隊はこれまでに知られたものの二倍以上の大きさのあるベアドモア氷河の方へ道を求めて行ったのである。彼らのこの時の冒険物語はいかなる人をもふるえあがらさずにはおかないであろう。その氷河の頂からさらに彼らは南方へ、極にむかってこの高原上を酸辛困労してすすみ、南緯八八度二三分まで行ったが、食物の欠乏のためにやむなく引きかえすこととなった。一九〇五年シャックルトンとその隊員は成功のうちに帰還した。

この間に北極はペアリーの一二年間にわたる探検のすえ極点に到達せられた。

この探検の概要

スコットは第二回の探検案を一九〇九年に発表した。この探検こそこれからこの本でのべようとするものである。

テラ・ノバ号は一九一〇年六月一日にロンドンのウエスト・インディア造船所を出で、同月一五日にカージフを出帆した。そしてニュージーランドにいって、そこでさらに修理し、荷物を積みかえ、馬、犬、発動機ソリ、食糧と装備を積みこみ、またこの船に乗ってこなかった幹部隊員と学者たちを乗船させ、いよいよ一九一〇年一一月二九日に〔*ダニーディンを出発〕南方にむかった。マクマード湾に到着したのは一九一一年一月四日であった。基地はエバンス岬に建てられ、全資材は二週間とかからずに陸上げされた。エバンス岬にスコット指揮のもとに残された隊は本隊といわれるものである。

探検隊の科学的意図をはたすためにキャンベル指揮下の、より小さい隊がキング・エドワード七世陸地の方に揚陸されることになっていた。テラ・ノバ号はこの揚陸に失敗して基地へかえる時に、ロアルト・アムンセンを隊長とするノルウェー探検隊がナンセンの古い船フラム号で鯨湾にきているのにであった。アムンセン隊の一員に、さきに概要をしるしたナンセンの有名な北氷洋ソリ行進の唯一の仲間であったヨハンセンがくわわっていた。キャンベルとその五人の部下はついにアデーア岬に上陸し、ボルヒグレビンクスの越冬した近くに小屋を建てた。テラ・ノバ号はニュージーランドに帰港し、一年ののちさらに資材と食糧をもって来たうえ、二年後みたびやってきて探検隊の生き残りを文化世界へつれて帰った。

この探検隊のおおくの隊員によって行われた冒険とソリ旅行とはあまりにおおくかつ同時に行われたから、予備知識なしにこの本にとりつく人々のために、その概要をここにかいつまん

テラ・ノバ号

最後の揚陸ボートに手を振る

で記しておくのも無駄ではあるまいとおもう。

第一の秋のうちに二つの隊が出された。スコットに率いられた一隊は極地行進隊のための大きな食糧デポ〔＊貯蔵所〕を氷原上にこしらえる目的であった。これを食糧配置旅行という。他の一隊はマクマード湾の西側にある西部山脈にたいして地質学上の仕事をする目的で出かけた。エバンス岬に残っていた隊員は、観測所のこみいった科学上の仕事をつづけた。本隊の全隊員が冬営のためエバンス岬に集結したのは三月一二日であった。冬の後半になってウイルソンの引率のもとに三名から成る一隊がクロジール岬へ皇帝ペンギンの発生学的調査をするためにソリ行進をくわだてた。これが冬の行進とよばれるものである。

つづく一九一一～一二年の夏は極点への行進にほとんど大部分の精力が費された。発動機ソリ隊は氷原上でだめになってしまった。犬ソリ隊はベアドモア氷河の下から帰った。ここからは一二名が前進した。そのうち四人はアトキンソン指揮のもとに南緯八五度三分の氷河の頂から帰った。これを第一帰還隊という。それから一四日ののち南緯八七度三二分のところからまたエバンス少佐を頭とする三人が引きかえした。これは第二帰還隊という。五人が前進した。スコット、ウイルソン、ボワーズ、オーツスと普通隊員エバンス〔＊第二帰還隊長のエバンス少佐とは別人〕である。彼らは一月一七日に極点に到達してアムンセンが三十四日まえにそこに先着していることを知った。彼らは帰途一一五二キロをすすみ、冬営基地から二八三キロのところで遭難死亡した。

支援隊は無事に帰還したがエバンス少佐は壊血病のため重体であった。極地隊が一トンデポから帰還するのに必要な食糧の運搬は一九一二年の二月の終りまでは行われなかった。エバンス少佐の病気のために急に予定が変更され、わたしは一人の仲間と二台の犬ソリでこの食糧の運搬を命ぜられた。これは無事になしとげた。この旅行を一トンキャンプへの犬ソリ行進とよぶ。

さて一九一一年のはじめにアデーア岬に上陸したキャンベル以下六名の隊は一九一一〜一九一二年の夏のうちにできたソリ旅行がはなはだわずかであったことに失望した。それというのは、彼らの前の海氷がその年のはじめに流れ去ってしまい、彼らの背後にある山脈をとおって高原に出る道を発見することができなかったからである。そこで一月四日にテラ・ノバ号がやってきた時、一行は六週間分の食糧とそのほかに予備のビスケット、ペミカンなどの食糧をもって、エバンス入江にあるメルボルン山の近くに上陸した。そこはアデーア岬から四六四キロ、エバンス岬の冬営基地から三七〇キロ離れたところであった。一九一二年一月八日の夜に、彼らはここにテントを張り、船が湾外に出て行くのを見送った。一行は二月一八日にふたたび船に迎えられることに打ちあわせができていた。

マクマード湾に話をかえすと、わたしの二台の犬ソリ隊は一トンデポから三月一六日に疲れ果ててハット・ポイントに帰った。そこにはアトキンソンが一人の普通隊員とともにおり、彼らに聞いた話はつぎのとおりである。

船はすでに出帆し、季節がすすんだためもう一度入港する見込みはない。この船で壊血病にかかったエバンス少佐とそのほかに五人の幹部隊員と三名の普通隊員とが帰って行き、エバンス岬にはわずかに四人の幹部隊員と四人の普通隊員が残され、これにハット・ポイントのわれわれ四人がくわわるわけである。

ニュースのうちでもっとも重大なことは、エバンス入江にいるキャンベルの隊が、氷が厚いために船が接近することがどうしてもできなかったことである。何度も何度も試みられたがすべて失敗であった。キャンベルはその場所に冬営するだろうか。海岸づたいにソリ旅行を試みるであろうか。

現在はもとよりこれから先におこる難局にたいしてのこの探検隊の指揮は、スコットの不在中は当然エバンス少佐にかかるのである。ところがエバンスは病重篤で帰国の途についてしまい、その任務はアトキンソンに落ちてきた。それがどんなに困難なものであったか、また彼がいかにそれを巧みに処置していったかについてはこの本のページにしめされるだろう。

さて犬ソリ隊の到着後ハット・ポイントにいたわれわれ四人は開水の存在のためにエバンス岬からは何の援助をもうけることはできなかった。われわれのうち二人はこれ以上の旅行にはたえられなかったし、ソリ犬もすっかり弱っていた。時日がたつとともに、キャンベルとその隊員に関してわれわれがすでに抱いていた憂慮の上に、さらに極地隊が到着しないことが心配になりだした。冬はまぢかにせまっていて天気は悪い。二人だけでは何ほどのこともできない。どうしたらよいか。成功の見こみのある機会をいつとらえたらよいか。こうした大きな憂心の上にアトキンソンは病気のわたしを手もとにかかえていたのである。

そこで彼は二つの企図を試みた。まずケオハーンが一人の隊員をともなって三月二六日に氷原にむかってソリを出した。彼らは状況が非常に険悪なのにかかわらず、コーナー・キャンプの南方数キロの地点までいって引きかえして来た。その後、われわれは南極行進隊は死亡したに相違ないと判断した。

エバンス岬の冬営基地との交通が開けるまでは何もできない。四月一〇日になってようやく湾上に新しい薄氷ができ、連絡がとれた。四月一四日にハット・ポイントに救援隊が到着した。そこで第二の試みがなされた。この隊は四人よりなり西海岸にそうて進み、もしキャンベルがソリ進行をしているなら、それに会って彼らを救助しようというのであった。だがこの大胆な試みは、案のじょううまくいかなかった。

その冬の話をすると、極地隊（死んでいるに違いない）と彼らの記録とをさがし出すか、あるいはキャンベルとその部下（おそらく生存しているであろう）をさがしに行くか、いずれをとり、いずれをすてるかの決心をしなければならない。両方をやるには人手が十分ではなかった。われわれは極地隊は壊血病によって死んだか、あるいは氷のわれ目に墜落したかに違いないと信じた。しかし本当のところはわからなかった。ただわれわれは事故か病気でなければ、彼らはさまで困難せずに帰ってくるものと確信していたのである。われわれはキャンベルの隊には援助せずに自ら海岸ぞいに彼らの道を見出させることとし、極地隊の記録の発見にしたがうことに決意した。驚いたことにわれわれは彼らの雪にしいたげられたテントをハット・ポイントから二五九キロのところ、一トンキャンプから二〇キロの地点で発見した。彼らはそこに三月一九日に到着したのである。テントの中にはスコットとウイルソンとボワーズの遺体があった。

オーツスはそこから三三キロさきで自らふぶきのなかに歩み出て死んだのである。エバンスはベアドモア氷河のふもとでたおれた。

遺体と記録とを見出した捜査隊は、キャンベルをさがしに西海岸に行くつもりで帰ってきた。犬ソリとともにハット・ポイントについたわたしは、たしか小屋の入口の戸を開こうとして、そこにキャンベルの手記がピンでとめてあるのを見たのだと思う。しかしこの明らかに印象的な出来事も、わたしの記憶には非常にぼんやりしてしまっている。この好ましい報告を手にしてから、ずいぶん多くの歳月がたったのであるから。彼の話はこうである。

キャンベルがはじめエバンス入江に上陸したときには、彼らは六週間分のソリ旅行用の食糧のほかに、六人分の二週間の食糧といくらかの衣類の予備をもっていた。簡単にいって、彼らは予定のソリ旅行をして、それをやりとげたのちには、正味四週間分の食糧が残っていた。彼らはまた一張りの予備のテントと寝袋を一つもっていた。二月の後半にもういちど船が来て彼らを収容するのはきわめて困難であるということについて、一同はあまり心配していなかった。

キャンベルの隊は次々とソリ旅行をしてエバンス入江方面の貴重な地質学的な仕事をやりおわった。そして海岸にテントを張って船の来るのを待った。風のために波立った不凍の海が、見えるかぎりつづいていたのに、船はやって来なかった。彼らは船が難破したものと結論した。事実は彼らの目のとどかないところに厚い群氷が張りつめ、ペンネル船長は幾度も幾度も船が砕けるか氷結してしまうかと思うまで前進に努力したのである。しかし船は五〇キロより近くは進むことができなかったのである。

すでに彼ら一行の背後の高原から吹きおろすふぶきは、前方の海へとひっきりなしに吹きつづけた。状況はもはや十分に悪いのに、なおこのような悪天候が加わってこの上ないものとなった。こうした事情のもとに彼らはそこに越冬の準備をはじめ、春がくるとともに海岸をつってエバンス岬までソリで行くことに決心した。窮地に陥った人々は三人ずつ二つの組に分かれた。キャンベルに率いられた第一の組は、大きな雪の吹きだまりに二メートルの深さのたてあなをほり、つるはしとショベルとでトンネルをこしらえ、その奥に四×三メートルに高さ一・八メートルの雪洞を作った。レービックのもとに第二の組は見つけられるかぎりのアザラシとペンギンとをさがして捕殺したが、彼らの食糧は心ぼそく少ないもので、真冬になるまで一度も腹一杯たべたことはなかった。一人はいつもテントを見張っていなければならなかった。というのはそれはもうひどくいたんでいて、風のなかにほっておいたのでは不安だったからである。

このような状態のもとに、この不屈の部隊は、神の考え出したもっともおそろしい一冬を過したのである。彼らははなはだしく飢えていた。風のために海は凍らず、そのせいで海岸でアザラシを狩ることはできなかった。それでも書入れの日があった。ブラウニングが発見して捕殺した一頭のアザラシには、胃袋のなかに「まだたべられるくらいに未消化の魚が」三六尾もはいっていた。これはそののちどんなに楽しみとなったことか。「それからのち二度と、たべられるものを腹にもったアザラシを見出すことはなかったが、しかしいつもそうあればと思っていたので、アザラシを殺す時はきまってかけごとだった。アザラシの姿が遠くに見えると、だれかがかならず『魚！』と叫ぶ。そしていつもその獣を追うのに大騒ぎをするのであった。」〔プリーストリー『南極の冒険』二四三ページ〕

脂肉をたべ、脂肉で煮たきし、脂肉の灯をともした。彼らの着物も道具も脂だらけになり、そのすすでからだも寝袋も料理道具も壁も天井も黒くなり、のどをからし目をいためた。脂のしみた着物はつめたく、すぐ裂けて、すこしも風を防がない。また脂で固くなっていくからナイフで削ったり、ペンギンの皮でこすったりしても、ごわごわしている。そのうえに足もとにはいつも大きな御影石の玉石がごろごろしていて、その間を歩くのは日中の静かな天気の時でもむずかしいことであった。

彼らのもっとも困難したものは、壊血病〔アトキンソンによれば彼ら北方部隊は壊血病の初期の症状をあらわしていたことは疑いない。雪洞中の温度はアザラシ肉の分解をうながすのに十分のものであった。外からもちこまれたばかりの新しいアザラシ肉は壊血病症状を抑制するものである〕とプトマイン中毒とであった。不自由な食物ではこれは当然のことである。はじめから彼らは未使用の食糧はすべて春になってからの海岸ぞいのソリ旅行のため保留しておくことにきめた。これは必然的にその時まで、アザラシやペンギンによって生きていかねばならないことを意味する。最初の下痢は冬のはじめに発生した。それは海水からとった塩を用いたために起ったものであった。しかしソリ旅行用の食糧のなかにセレボス塩があったので、これを一週間ばかり使用したらこの症状はとまった。それからすこしずつまた海水からとった塩を用いた。しかし前に腸をわずらったことのあるブラウニングだけはほとんど冬じゅうつづけて下痢をやっていた。勇気、快活の人でなかったならば、彼は恐らくこれで死んでいたであろう。

彼ら一行は苦難の日を送った。はじめのうちはとても助かるまいと思った。落胆と病と飢えの日がいっしょにやってきたのである。その時はもうアザラシの肉を手に入れるのをあきらめなければならぬかと思われ、冬をおして海岸伝いの旅行に出ることを考えたくらいである。――ところがアボットが脂だらけの小刀で二頭のアザラシを殺し、この仕事で指を三本も台なしにしたが、彼は食糧の危機を救ったのである。

これほど快活で気質のすぐれた隊はほかにはなかった。彼らは何事によらず、明るい面を見ることに努め、一日それがかなわぬ時は次の日にかくあれかしと念願した。この心構えが彼らを成功させたのであって、わたしはマクマード湾で彼らとともに最後の二カ月を暮したが、これほどまでによく団結した隊をこれまでに見たことがなかった。

九月三〇日にわが家――彼らはそういう――にむかって出発した。これは海岸にそう三七〇キロのソリ旅行であって、これが成否はもっぱら海氷の存在いかんにかかっていたが、その海氷はエバンス入江には存在していなかった。このことはまた冬季間の彼らの予想では非常に恐しい大きな障害であるドリガルスキー氷舌をも横断しなければならぬことを意味する。彼らはこの氷河の最後の隆起部を一〇月一〇日の夕方に通過し、はじめて二八〇キロ彼方にエレバス山をながめた。雪小屋と過去とを背後に、エバンス岬と将来とを前にした彼らは、見える限り前方に氷のつらなるのを認めたのである。

ディッカソンは出発の時はなかばはっていたのであるが、次第によくなってきた。ブラウニングはなお病体であったが、しかし一日ビスケット四個と少量のペミカンとココアとをとるようになり、これは毎日毎日の肉ぜめよりはよさそうであった。出発してから一カ月ののち、この隊がグラニット・ハーバーに来たとき、彼の容態は非常に悪かったので、彼とレービックとをここにおいて、エバンス岬から薬品と適当な食糧をもって来ようという説が出た。

しかし彼らがロバート岬につくとすぐに先年テイラーが残していったデポを見つけることができたので、この窮境もおおかたうちこえられた。彼らは犬のようになってそこら中をさがしまわり、吹きだまりの雪をほり、とうとうビスケットの箱を全部とバターや乾ブドウやラードを見つけた。

ひるよる通しての長い長い祝典に気をのまれて再び彼らが出発した時には、皆々あまりビスケットを食べすぎたので口の中の皮がむけていた。〔歯ぐきや舌がこのようになり勝ちなのは壊血病の副次的な証拠である〕海岸を行進してゆくうちにさらに他のデポを発見し、今一つのも見つけた。そして一月五日に彼らはハット・ポイントに到着したのである。

この時のわれらの北部隊の話は、もっともしかるべき二人によって十分に物語られている。その一つはキャンベルによってスコットの本の第二巻に、プリーストリーによって別の本『南極の冒険』〔一九一四年フィッシャー・アンウィン出版〕の中に。わたしは彼らの冒険については本隊と本船とに関係ある部分についてだけ筆をとったが、すでに二回も執筆されたことをわたしが再びここに受売りするよりもこの二著を読者にすすめたい。ここではただこれらの人々の事績と困苦とが、極地隊のより以上の悲劇的物語のためにかくされてしまっていることをいっておこう。彼らは世間の拍手を望んでいる人ではないが、それだからといって非常な冒険の物語を人々に知られぬままにしておいていいわけではない。実にそれこそなおさら世間に知らせなければならぬ理由でもあるのだ。まだ読まれない方々にわたしはプリーストリーの著作か、『スコットの最後の探検』の中のキャンベルの、それと変らぬ謙譲な報告をおすすめする。

テラ・ノバ号は一九一三年の一月一八日にエバンス岬にきた。それはちょうどわれわれが〔船が来ないので〕もう一年、探検をやろうと準備をはじめた日であった。こうしてこの船によって探検隊のすべての生き残りは故国にかえり、スコットの本はその秋に出版されたのである。一九一〇〜一九一三年の『スコットの最後の探検』の話は二巻より成り、その第一巻はスコット自身の探検中の日誌であって、それはソリ旅行中に毎夜、寝袋にはいるまえに、あるいは越冬基地ではいろいろな編成や準備の仕事のあいまに、日々書きつけられたものである。『スコットの最後の探検』とプリーストリーの『南極の冒険』のほかに、本隊に参加した地文学者であったグリッフィン・テイラーは彼が主宰した二つの地質調査旅行と一九一二年二月までのハット・ポイントおよびエバンス岬での探検隊の生活を『スコットとともに、その光明面について』と題する本のなかに書いている。この本はわれわれの生活の苦労を、科学的な立場から迫真的にのべている。本書に関係するところは多くはないが、わたしはキャンベル隊の医師であったレーヴィックが書いた『南極のペンギン』と題する小さな本について読者の注意を引かずにはすまされない。それはほとんど大部分アデリー・ペンギンについて書かれたものである。この著者は世界で最大のペンギンの営巣地の一つに一夏の大部分をすごした人で、彼はこのペンギンのこみあった生活をほとんど信じられないくらいの面白さをもって、また児童読物の筆者がうらやむほどの簡潔さでかいている。もし自分の生活をつらいものと考え、数時間でもそれからのがれたく思う人があったら、この話のおすそわけをこい、あるいは盗み出すことをおすすめする。そしてペンギンの生活がどんなものであるかを読んでみるとよい。それはまったく本当の話である。

そのほかこの探検についてはすでに相当の文献が出ているが、全体に関係あるものはない。スコットの日記も、もし彼が生きていたならば彼が書くであろう書物の単なる基礎をなしたにすぎぬであろう。それは彼の個人的な日記として、他の著作には見られない興味をもっている。しかしこういう生活での日記はうさばらしの唯一のはけ口となるものであり、したがってスコットの本は時として彼をおそいがちであった意気消沈の心境をよくあらわしている。

われわれはあらゆる探検について、その一つ一つの価値とその方法と改良の跡とを記したものにふれてみることの重要さを知った。われわれはまたナンセンによってもたらされ、多くの北極探検家によって改善されたやり方をスコットが採用し、これをはじめて南極地方のソリ行進に応用したところをも見た。ひっくるめてわたしは今度の探検は地理上と科学上と二つの目的をもって行われたことを考えに入れれば、これまでのうちではもっとももよく装備された探検隊であったと思う。すべてをあげて一事に傾倒することは割合にやさしいことである。ただ一つの目的、極地に到達するということ、あるいは完全な一つづきの科学的観測を行うということのために資材を用意し装備し隊員を選ぶのはやさしい。しかしこの場合のように一つと他のことを直接に結びつけると、その困難性は数倍も増すものである。スコットも彼の隊員もただ極に到達することのみを考えていたのではなかった。もっとも彼らは極点にも大きな努力を払うべきことは考えていた。そして「われらは危険をあえてせり。われらはその危険なることを承知しいたり。ただ事情がわれらに与せざりしなり。さればわれらは何ら不満の意を表すべきいわれなし。……」

第一に重要なことはかくも高価をはらって展開されたすぐれた探検の段どりをこの後のものにできるかぎり完全に譲りわたさねばならぬことである。わたしは今後の南極探検隊の隊長が、それは一人にして止まらないであろうが、これをとりあげて次のごとくいえるようにこの話を語ろうと思うのである。これだけの人々がこれこれの期間に必要とする品々とその分量とを注文する資料がここにある。「またこれらの材料をスコットがどう用いたか、また彼のソリ旅行の計画とそれをいかに実施したかの記録、また彼のソリ隊がその場で試み、あるいは将来にむかって意見をのべた改善の数々の記録がここにある。自分はこれこれの点には不賛成である。だがこれは基礎的なもので、自分の探検における実際の仕事にあたって有益な知識をあたえるものである。」もしこの本が過去の光のもとに将来の探検家を導くことができるとすれば、これを書いたことは無駄ではなかったであろう。

しかしこれはわたしがこの本を執筆した主な目的ではなかった。一九一三年に南極委員会のためにわたしの思うままにという条件で正式報告を書きはじめたとき、何よりもわたしが望んだところはいかなる仕事がなされ、だれがそれをなし、この仕事の名誉はだれに帰すべきであるか、だれが責任をとったか、だれが苦難のソリ行にしたがったか、二つの隊との連絡がたえて、ただ神のみがいずれにつくべきかを知っている時、またもうすこし事が長びけば人々は間違いなく狂気に陥ると思われた時、この最後のもっとも怖しい年をだれが指導したかなどを明らかにすることにあった。恐らく世間の人はそんな報告はとっくにあるものと思うだろうが、実はそんな記録は一つもなかったのである。もとよりわたしは単なる一隊員として大した責任もなく、しばしば驚きに分別を忘れながら、それらすべての渦中にまきこまれていた自分であることも心得ている。

不幸にしてわたしは心からなる個人的表現と、正式報告としての儀礼的ないいまわしとを調和させることができなかったため、南極委員会を困らせることになった。委員会に迷惑をかけないためには、これを委員会から切りはなすより仕方がない。わたしの書いたところは、隊員のだれからも非難されるような点は一つもないつもりである。適切な正式報告として、人々の想像と妥当感のなかにあらわれるものは、科学報告とおなじ大きさの四つ折版の、よく博物館のたなの上で、ほこりにまみれている——委員の言葉でいえば「出発時刻、行進時間、地況や天候の状況など、今後の南極探検家にさして役立ちそうもない材料や、著者の心のなぐさめにもならないもので充満している」——本であろう。わたしの本はこのような条件をみたしえたとはいえないので、もっぱら自分一人の肩に責を負うことにしたのである。それにもかかわらず委員会は、わたしができる限り個性的にしようと努めた行文について責めることなく、正式報告の名を冠することの許可をあたえてくれた。わたしにとってこれにまさる栄誉はないであろう。

この本が世に出るまでに九年の時を要したのは戦争〔＊第一次世界大戦〕のためであることはもういうまでもないところである。探検による体力の大きな当座貸越の回収をしないうちに、わたしはフランダース戦線〔＊第一次大戦でドイツ軍と激戦のあった地〕に装甲車隊を指揮していたのである。わたしは重傷を負うて後送された。そんなわけで出版は足どめされていた。

第一の夏

群氷と氷山

一〇月一二日の夕方〔＊スコット南極探検隊の乗船テラ・ノバ号は〕メルボルン港に入った。港は非常に暗くかつ風がひどかった。

一通の電報がスコットをまっていた。

「マデイラ〔北アメリカ西方洋上、同名の島にある港〕にて、余は南極にむかわんとす。アムンセン」

この電報が劇的に重要なものであったことは、この悲劇の最後の場面で明らかになるであろう。ロアルト・アムンセン隊長は現存するもっともすぐれた探検家の一人であり、年はまさに働きざかりの四一歳で、スコットよりは二つ若い。彼は一八九七〜九九年のベルジカ号探検に参加したから、スコットよりも早く南極地方へでかけたことになる。したがって南極の極心がぜひともイギリス人のものでなければならぬとは考えていなかった。それから彼は数世紀のあいだ〔＊ヨーロッパ人が東洋への道として〕夢みていた北西航路〔＊北大西洋からアメリカ大陸の北をとおって太平洋に出る航路〕通過の探検にこころざし、一九〇五年に六〇トンの縦檣式帆船をもって初通航を実現した。われわれが最後に聞いた彼の消息は、ナンセンの旧探検船フラム号を装備して、さらに北極地方の探検に出るということであった。しかしこれは仮託にすぎなかった。フラム号が海上に出ると彼は隊員たちに北極地方にむかわず南極に行くことをつげ、マデイラ港につくと同時にこの電報を送ってきたのである。それは「自分は貴下に先立って南極極心に到着するであろう」ということを意味していた。これはまた、その時われわれはそうは感じなかったが、非常な大人物がわれわれの相手にまわったことを意味していた。

一二月七日正午〔*テラ・ノバ号〕の位置、南緯六一度二二分、西経一七九度五六分、西方はるかに氷山が太陽に照らされてぎらぎらと輝くのが見えた。さらに翌日には二個の氷山が見え、一二月九日正午の位置、南緯六五度八分、西経一七七度四一分、この日午前六時二二分にレンネックによって前方に群氷が指呼された。そして終日、氷山と流氷の間をとおった。空気は乾燥してひきしまって来て、海も静かに、太陽は輝いて氷の島をよりいっそう美しくした。それから間もなく衝撃！　われわれは、はじめて大きな浮氷にぶつかったのである。

われわれはほかのどの船よりもずっと北の方で、群氷に出あったことになる。

群氷とはなにか。一般にそれはこのあたりでは冬のあいだにロス海方面でつくられた海氷が、南の風で北の方へ吹き送られてきたものをいうのである。しかし海の氷はここで見るように、多種多様の相をしている。原則的にいえば、秋のうちに南極大陸の縁辺の海にむらがる大きな氷は、冬から春にかけていよいよ厚く生長し、夏になって空気と海水の温度が上った時に破れる。こういう氷が普通の季節ならばマクマード湾の沿岸からビクトリア陸地の西方山脈の岸に

凍てつく海と群氷

クロジール岬にて。左からボワード、ウイルソン、チェリー・ガラード

そうてできる。風かげの湾ではこの氷は時として二年以上、もっと長く残ることがあり、それは絶えず生長してついには割れてしまう。しかしまた長い間ちっとも凍らない大きな海面もあるのである。たとえば皇帝ペンギンが冬、巣をかまえるクロジール岬は、世界でももっとも風の強い場所の一つである。七月のことであるが、三〇〇メートルの高さから冬やみをとおして見える限り、そこは完全に凍っていた。だが一両日の暴風で氷はすべて吹きさらわれて黒い海が現われたことがある。

数センチから六～七メートルの厚さになった流氷は、群氷の名で知られている一帯の氷にくわわるべく外洋へ流れでる。スコットはロス海全体が凍ってしまうという考えをもっていたらしい〔『スコットの最後の探検』第二巻、二ページ〕。わたしはこれは疑問だと思う。そして真冬に凍っていないロス海を見た隊員のうちで、生き残っているのはわたしだけである。これはウイルソンとボワーズとわたしが皇帝ペンギンの卵を採集するために行った冬の旅行で見たことである。

大体からいって、風と海流とが群氷の密度を支配する要素であることはあきらかである。夏におびただしい氷が道をふさいでいたところが、秋にはきれいな水面になっていたのをわれわれは経験によって知っている。群氷は北にむかって行く傾きがあり、そこで氷は暖かい海水にとけてしまう。しかし氷山は群氷がすっかり消滅してしまっても残留して、なお北にむかって流れ、航海を危険にすることは、喜望峰まわりの船員によく知られていることである。このあたりの海に出没する長さ三六キロにもわたる大きな氷山が、航行水域にまで流れてきて、その途中で数百の大きな氷山にわかれるようなことも考えられないことはない。こんな場合に、船乗りは氷の悪い年だという。こうした氷山の最後の段階、すなわち氷山が氷岩に退化すると、さらにやっかいである。というのは氷岩は恐ろしさをほとんど少しも失っていないにもかかわらず、おおかた水面下に没して浮流しているので、どんなに鋭い目でもこれを見分けるのはむずかしいからである。

南氷洋の氷山にはだいたい二つの形がある。第一のもっとも普通の形は、卓状をしているものである。この形の氷山は、数千キロの遠くまで流れ歩く。それほど普通でないものはとがった塔状氷山で、これは大てい卓状氷山が風化し、あるいは転倒してできたものである。海にそそぐ山岳氷河から、直接分離してできた氷山の数は、さほど多いものではない。では氷山はどこからくるのであるか。

卓状氷山の生成については一両年まえまで論議されたところである。これはその長さの記録が七四～九二キロにおよび、それを浮氷氷山と呼ぶ。というのはそれらは、はじめは普通の海氷として凍り、それがだんだん下から厚さを加えていったものであると考えられたからである。しかし現今ではこれらの氷山が南極大陸の氷壁から分離したものであることが知られている。その氷壁のもっとも大きなものはロス海の南限をつくっているもので、大氷壁とよばれている。われわれはこの巨大な氷原と非常になじみ深くなるのであるが、われわれはこの氷原の北面が浮いているのを知っている。それは全部浮いているのかも知れないと思われる。ともかく今は開いた海がロスの時代よりは、すくなくとも七四キロも南の方でその壁を洗っている。この氷

大氷壁

壁は世界中で一番大きいものといわれ、この不可思議な存在についての最近の学説たるスコットの大氷壁に関する論文は、将来の探検家によってまさしく検討されなければならないものである。

氷山はわずかにその全容の九分の一ほどしか水面上にあらわさない。だから六〇メートルの高さのものはほとんど四八〇メートルほどは水面下にかくれていることになる。風や海流は群氷にたいするよりは、はるかに大きな影響を氷山にあたえる。そのため氷山は小さな障害物にすこしも関係なくその道をとり、ひいては群氷をいよいよ混乱におとしいれる。それからまた船が群氷にとじこめられている時、もしそのような巨人の一つが現われてきたならば災難である。

それからのち三週間のあいだに、われわれが通り過ぎたところの景色の美しさは、言葉ではつたえがたい。冬季にあっては群氷はこの上なく恐ろしい場所にちがいない。真のやみで荒涼として世界のどこにもないような場所だとわたしは思う。しかし今、異なった事情のもとでは、その恐ろしさも太陽のためにくまなく照らされて、この上なく平和な美しい印象をあたえるようになっている。

基地上陸

新年（一九一一年）をむかえて起床するつもりで寝床にはいったのだが、わたしは長くねむることを許されなかった。アトキンソンが枕もとに立って「陸地を見たか、毛布をかぶって、行って見てくるがいい」という。甲板にかけ上ったとき、しばらくは何も見えなかった。「あかるいところはみな太陽に照らされた雪なんだぜ」とアトキンソンはいってくれた。実にその通りに、このうえなく輝かしい峰々が、暗い水平線上に、くっきりと白い雲表にあらわれていた。最初にながめる南極大陸、カービン山とアドミラルティー山脈の巨峰。

輝かしい陽をうけながら船はビクトリア・ランドにそうてすすんだ。

一月二日、日曜日夜八時三〇分、二〇九キロの彼方にエレバス山を見る。その次の日、われわれの大多数は帆をまきおさめるために帆げたの上にいた。船はクロジール岬をめざしてすすみ、ロス島の北面はわれわれが好奇の凝視にまかせられ、東はるかに氷壁は水平線に没するまでつづいていた。船路のかたわらにはアデリー・ペンギンやサカマタがたくさんに見られた。

わたしは世界のあらゆる山岳のうちでももっとも端麗で優雅な富士山を見たことがあり、またカンチェンジュンガ〔＊ヒマラヤ山脈中、八五九八メートル、世界第三位の高峰〕を見たこともある。これらの壮美はただミケランゼロのみが表現しうるところであるが、エレバス山は自分にあたえられた友人のような感じのする山である。エレバスを知るものはだれでもその水平的な線の魅力をいう。実際、エレバスの線は大部分は垂直よりは水平に近い線なのである。そうしてこ

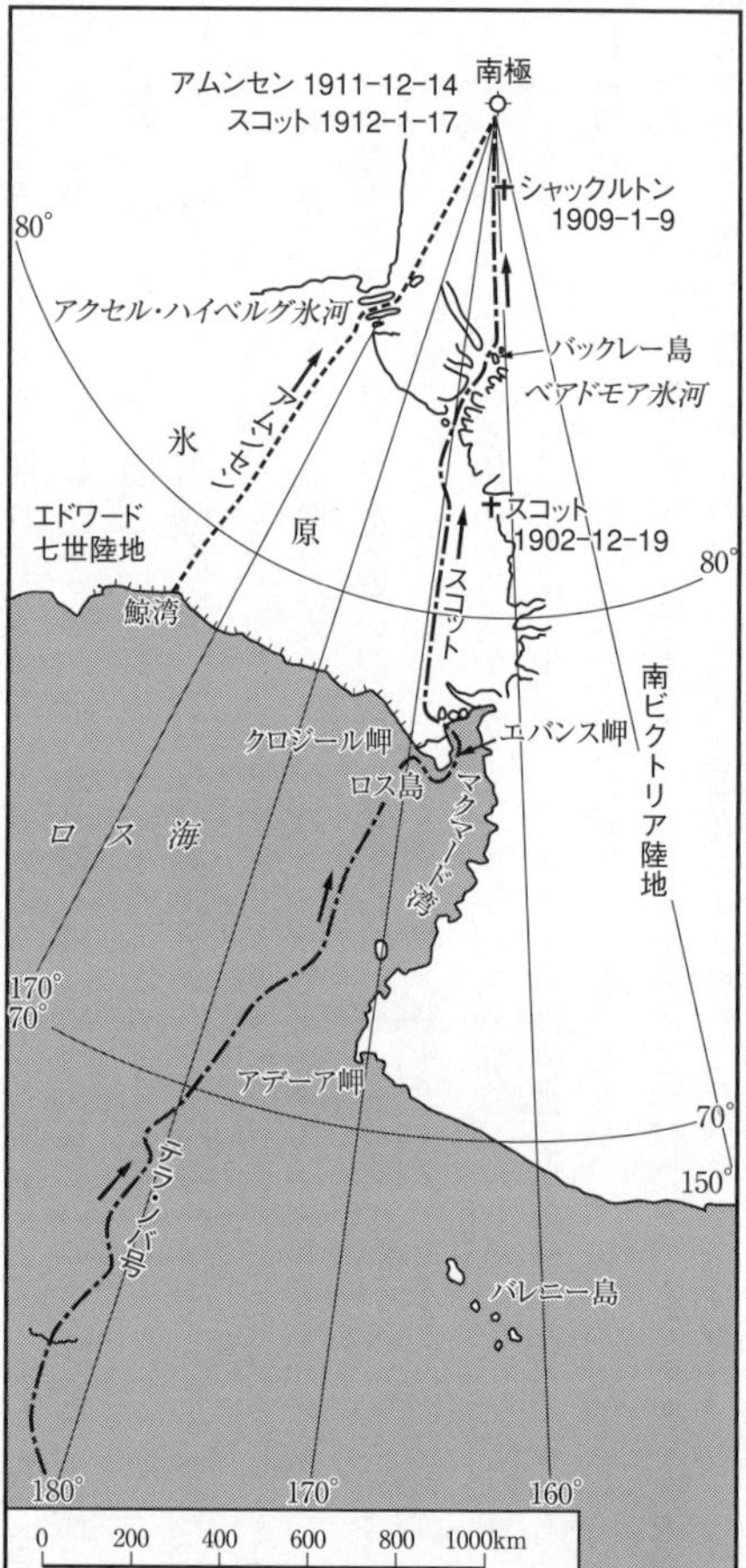

の山は世界中でももっとも安らかな感じを与える山である。われわれの探検の基地となる小屋が、その山下にできると知ってわたしはよろこんだ。山の火口からはいつもゆるやかに水蒸気の雲がたなびいていた。

スコットとウイルソンとエバンスは氷上を歩いて行ったが、間もなく引きかえしてきた。彼らは目前に横たわる岬の北側のたな状の海岸に基地小屋を設けるのに恰好の地のあることをつげた。この地をそれから、副隊長の名をとって、エバンス岬と名づけることになった。早速に上陸が開始された。

〔＊このようにしてスコット南極探検隊はロス島のエバンス岬に基地をおいて一九一一年一月一八日から二五名の隊員が、馬一九頭、犬三〇頭とともに、探検生活に入った。まず第一の仕事は来夏の南極行進に必要な食糧と資材とをコースの途中まで配置しておくことであった。そこでさっそく二四日に一三名の隊員が八台の馬ソリ（馬八頭）と二台の犬ソリ（犬二六頭）で、氷原上を南方に行進し、二月一七日に一トン貯蔵所《デポ》をつくることに成功した。しかしこの最初の行進で、満州産ポニーの使役が思ったほどの能力を発揮できず、馬は行進中に一頭、二頭とたおれ、三頭は海氷のわれ目におちて死んでしまうなど、すくなからぬ苦難をなめた。基地部隊が食糧デポの建設や小屋の整備にしたがっている間に、母船テラ・ノバ号は、ロス海を氷壁にそうて東方に航海し、鯨湾にいたって、アムンセン探検隊にであった〕

アムンセン隊との接触

「僕〔＊スコット隊科学隊員プリーストリーの日記、二月一日〕はけさ一時にリリーにゆりおこされ、湾内の海氷にいかりをおろしている船が一隻いるとの知らせに驚かされたのである。またたく間に船内は大騒ぎとなり、人々は写真機などを手に甲板へと駆け上った。それはうそではなかった。船は僕らの目と鼻の先にあった。それどころかナンセンの本を読んだものにはそれがフラム号だということがすぐにわかった。

この船は縦帆を装備していて、石油発動機だったので煙突はもっていなかった。間もなくだれかが氷原上に小屋が見えるといい出した。さらに一隊が僕らの方へやって来るというものがあってざわめいていた。そこでキャンベルとレービックと僕とは船側に下り立って、黒く見えるものにむかってスキーをはいて進んで行った。しかしこれはただ古い貯蔵所にすぎないことがわかったので、僕らは船の方にいった。そこでキャンベルは彼らとはじめて接触する心づかいから、僕ら若いものを後に退けて、フラム号の当直のものと言葉をかわした。

当直員のいうところでは、船上に残っているのはわずかに三名で、他のものはアムンセンの冬営基地にいること、そこまでは船から貯蔵所までの二倍くらいの距離があるとのことであった。明日アムンセンがフラム号にやって来るというので、僕らはそれまでこの湾に止っていて、ペンネル船長とキャンベル少佐とが彼と会見することにした。彼らはアムンセンは来年になるまでは極地行進をやる気はない旨をつげた。これは僕たちを勇気づけた。来夏、正々堂々と競争することになるからである。しかし僕らがこの報道をもたらせば、本隊は冬じゅう非常に気をもむことであろう。

夜じゅう天気は静かで、時々雪が降っていた。

二月四日。この朝、僕は七時に、写真機を貸してくれというレービックの声に起こされた。アムンセンとヨハンセンと六名の隊員がけさ六時三〇分にフラム号に来てわれわれの船をおとずれ、キャンベルと船長とが会見していることを知った。レービックはキャンベルとペンネルと三人で彼らと朝食をともにするため出て行って正午ごろまで会談していた。それから、アムンセンとニールセン、この人はフラム号の海軍大尉で一行の上陸後、同船を回航する任務をもっていたが、それともうひとりの少佐、その名はだれも聞きもらしたのではあるが、この三人とわれわれ一同とが食事をともにすることになった。会食が終ってから、上官らは他のノルウェー隊員たちにあい、また別れをつげるために彼らの船へ行った。僕は彼らの船には行かず、エンセン中尉にこちらの船中を案内してまわった。

さて僕たちはノルウェー隊とわかれたが、今や心のうちは実に彼らのことで一杯になっている。彼らが残していった印象によればこの一連の人々は個性のすぐれた強健な、見るからに困苦にうち勝つ優秀な行進者で、気だてのよい快活な人物であるように見えた。これらのことを総合して、彼らはまことに恐るべき競争相手である。好ましいことではなかったが、彼ら個人個人は敵ながらあっぱれな人たちであるという気がして仕方がなかった。

僕が特別に注意をひかれた一事は、彼らが自分たちに役立つように思われる情報を、僕らから聞き出すのをつつしんでいたことである。それにひきかえ、僕らは僕らと同じく本隊を不安におちいらせるようなニュースにつき当ったのである。世界の人々は来年、極点にむかって行われる争いを、興味をもってながめるであろう。それはどんなふうに行われるにしても、運次第で定まるか、強健な精神力によるか、堅忍不抜の力によるか、いずれにしても大きな争いである。

ノルウェー隊は危険な冬営地にいるのであって、彼らのいる鯨湾では氷壁はどんどん割れていっており、しかも彼らは明らかに弱線の直前にテントを張っていたのである。彼らはこの危険性を承知しているものの、一方でもし安全に冬を越しえたなら、彼らはその豊富な犬とともにに、僕らとおなじ北方国民としての精力のほかに、世界中の精鋭を集めてもおよばぬ雪上旅行の経験をもっているのである。

ここにベアドモア氷河の問題がある。この氷河の登行に彼らの犬は成功するであろうか。もしこれを乗り越えられたら彼らは南極に先着するであろう。この一事が気がかりである。これさえなければわれらの南極行進隊が、何ものにも打ちまかされることなく、遥かに先行するであろう。かくて二隊は来たるべき年、相前後して極点に到達するであろう。はたしていずれが先着するかは神のみが知るところである。

ノルウェー隊について僕らの知りえたところは次のとおりである。

フラム号の機関は僕らの士官室のわずかになかばをしめるにすぎず、その油タンクはノルウェーを出帆してのち補充の必要なく、また彼らの推進機は三人で扱うことができるのである。彼らはノルウェーからここまで新鮮なじゃがいもをもって来ていた。彼らはフラム号上では各自に個室をあたえられており、それはとても居心地よさそうであった。探検資材を小屋に運搬する方法としては、五頭ずつの八組の犬を一日おきに使役していた。

極地行進のときには一組一〇頭の犬を使って、二日に一行程ずつ働かすようにもくろんでいた。彼らの犬は笛で止り、もし逸走しそうな場合には、積荷があると否とにかかわらず、ソリを転覆させてとめるという。一行は氷上に九名、船上に一〇名であった。

彼らは本年中は南方にむかって突進の途には上らない。また本年のうちに食糧デポを設けるかどうかもわからない。〔＊アムンセン隊は実際には三月中に南緯八二度までゆき、食糧デポをつくった〕

犬の数は一一六頭、うち一〇頭はメスであり、したがって彼らは子犬を飼うこととなり、探検の途上で好結果をおさめられるであろう。フラム号は洋上ではコルクのように、揺れは激しいが、決して波をかぶらず、航海中は犬どもは自由に甲板上に放し飼いにされていた。なおこのほかかずかずのこまかい事柄があるが、大局にかかわるところが少ないから、これ以上は別の機会にゆずることとする。」〔プリーストリーの日記〕

プリーストリーは三つの点で誤っていることがわかるであろう。第一、彼はアムンセンを凡庸な、少なくとも大して教養のないノルウェーの船乗りとして軽々しくかつはなはだ間違って見ている。第二に彼はアムンセンが不安定な氷上にキャンプを設けたように考えている。第三にはアムンセンはベアドモア氷河をとおる古い道をすすんで南極に行くものと誤解している。実際はアムンセンはスカンジナビア人としてよりはむしろユダヤ人らしく、非常に賢明な探検家である。現に文献上の判断だけから冬営のための不動の地点を発見したことなどはその証拠である。ともかく正直にいって、われわれみなはアムンセンを見くびっていたのであり、同時にまた彼がわれわれの計画を横取りしたものであるとの感じを払いのけることはできなかった。

越冬生活

〔＊探検船テラ・ノバ号はキャンベル隊をアデーア岬に上陸させてから、ニュージーランドに向けて去っていった。そして第一の夏の仕事をおわったスコット隊はエバンス岬の基地小屋で越冬の生活に入った〕

さてわれわれはこのエバンス岬に滞在中、居心地のよい暖い部屋仕切りのなかで、十分に割りあてられた眠りをとることができた。たいていのものは午後の一〇時に寝だなに入るが、中にはろうそくと本を、また一きれのチョコレートをもってもぐりこむものもめずらしくない。アセチレン灯はカーバイトの量に限りがあるので一〇時三〇分に消され、部屋はまっくらになって、ただ炊事ストーブのほのおが燃えて、夜の見張り当直のものが夜食の用意をする光が漏れるだけである。いびきをかくものもあるが、ボワーズほどの大いびきはない。またあるものは寝言をいうが、それは近ごろ、気をつかったつらい経験があるものほどひどい。静かな日の夜中には犬のなき声と外の馬屋で馬のける音が時々する以外には、何の物音もきこえてはこない。この静けさを破るものは夜番の手仕事だけである。しかしひどいあらしが夜どおし吹きまくるときは、小屋を越えて海の方へ吹きおろす風が、天井の換気窓からほえ立てまき込み、さらにいっそうひどい時は、小屋全体をゆり動かして、吹き飛ばされてきた小石が、南側の板かべにやかましく打ちつけられるのである。はじめての冬にはこのようなことは幾夜もなかったが、第二の冬にはまたとない目にあった。ある時などは六週間も恐ろしいあらしがつづいた。

夜番のものは朝の七時に毎時観測の仕事をおえ、料理当番を起こして火をこしらえたら任務はおしまいである。しかししばしば眠りにつくまでになおさなければならぬ仕事が残されていることがある。もし天気が悪くなりそうであると、朝のうちできるだけ早く馬の運動をさせておかねばならぬ。こんろの火のしゅうしゅういう音と雑炊とアザラシの肝のフライの香りとが朝食を知らせる。朝食は八時ということになっているが、実際はそれより遅れがちである。気象係はねむい目をこすりながら地磁気観測所へ出かけていって記録紙をとりかえ、丘上の測器

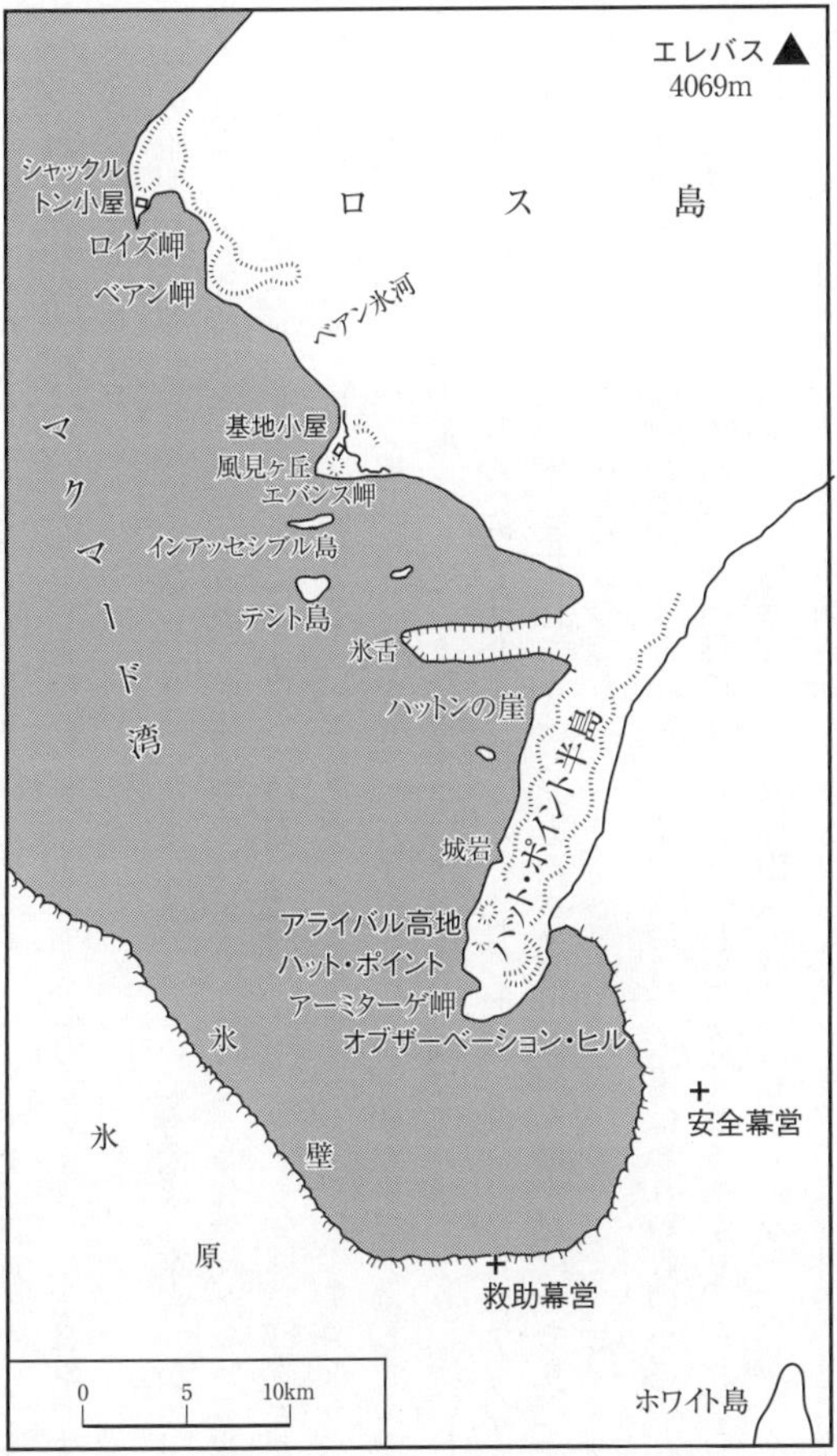

を見に行く。ふぶきにうめられないように、防風頭巾が氷だらけにならぬうちに、二〇分もすれば帰って来る。しかしさらに困ったことは洗たくの仕事である。それは寒い気温のもとに身

ぶるいしながら、それでも平気で雪でこすり合わせるのである。平気であるに違いないかも知れぬが、われわれはそれはから威張りだという。氷の方が石炭より多い土地では水はたやすく手に入れることはできない。

ここで説明しておかなければならないことは、イギリスではどこでも太陽は東寄りから出て正午には南にまわり西に沈むのであるが、南極地方ではそうではなく、われわれが今いる基地では、太陽は正午に北にあってもっとも高く、夜半には南にあってもっとも低い位置をとる。一般に知られている通りに、太陽は夏季の四カ月間（一〇月から二月まで）は、まったく水平線上にあり、冬季四カ月間（四月二一日から八月二一日まで）はすっかり水平線下にしずんでいる。二月二七日ころを夏の最後として、太陽は夜半に南方の水平線に沈みまた上り、次の日には前日のよりも少し早く、さらに深く沈むようになる。三月、四月の間は日に日に早く深く沈んでゆき、四月の中ごろになると正午にちょっと北方の水平線上に顔を出すだけであり、それを最後にしてしばらくのわかれとなるのである。

八月二一日からはこの反対の順序がくりかえされる。この日、太陽はわれわれの小屋の北方の海上にちょっと上るだけである。次の日にはこれより少しだけ高く長くあがり、それから一～二週間たつと、もうまったく東の方から上って西部山脈の後に沈むようになる。しかしそこに止っているのではなく、まもなく東南方から出るようになり、しまいには九月の終りになると沈むこともなく、したがって日の出もないようになって、ただ昼も夜も太陽は頭上をまわるのである。夏至（一二月二二日）には南極の中心では二四時間中に一分も一度も高度をかえずにまわるが、他のところでは正午に北方において最高度をとり、それより下って夜半に南方でもっとも低くなる。〔＊このようにして昼も夜もくらやみつづきの南極圏内の冬のさなかをよりによって、ウイルソンを隊長とする三名の科学隊員が、五週間のソリ旅行に出発するのである〕

冬の行進

科学探検の目的

「余とエバンス岬に越冬せるすべての人々にとりて、この努力の結果は、極地探検の歴史におけるもっとも勇敢なる物語の一つと考えざるをえないものである。極夜のさなか、暗黒のもと、この上なき激しき寒気と強烈なるあらしのなかにつきすすみ行きたるは前代未聞のことにして、五週間にわたるあらゆる逆境にもかかわらず、よくこれをもちこたえたるはまさに英雄である。これはわれわれ一代の話題たるのみならず、語り継ぎいいつぎて絶ゆることなきを切望する。」

〔エバンス岬におけるスコットの日記〕

冬の行進に関する次の表（三人にたいする）は出発まえボワーズによって算出されたものである。

出発のまぎわになって、上記のうちスキーを置いて行くことになったので、一行三人は合計三四三キロの荷をひいて出発した。荷物は四メートルのソリ一台には全部つむことができなかったので、三メートルのソリ二台をつなぎあわせて行くことにした。これは荷物の包装やとり

消耗品	キログラム
南極ビスケット	六一・〇
同右　三箱分	五・四
ペミカン	五〇・〇
バター	九・五
塩	一・三
茶	一・八
油	二七・〇
プライマス・ストーブの部品とマッチ	〇・九
ちり紙	〇・九
ろうそく	三・六
荷造詰物	二・三
アルコール	三・六
計	一六七・三
備品	
三mソリ二台　一台一八・五キロ	三七・〇
料理道具一式	五・四
油を一杯入れたプライマス・ストーブ	三・六
二重テント一式	一六・〇
ショベル	一・六
トナカイ製寝袋三、一個五・四キロ	一六・二
寝袋用羽布団　三、一個一・八キロ	五・四
登山綱	二・三
修繕具などを入れた水夫袋	二・三
個人用袋三、着がえなど各個六・八キロ入	二〇・四
照明器およびアザラシ、ペンギン用ナイフなど	九・五
医療科学用品	一八・〇
アイス・アックス二、一個一・三五キロ	二・七
ソリひき綱三	一・三
荷綱三	一・三
石小屋天井戸口用布	一一・〇
スキーおよび杖三組（後に見合せ）	一五・〇
器械箱	三・二
とび口一	五・〇
金カンジキ三	二・九
潮位測定用四・三メートルの竹さお二本	一・八
雄竹二	一・八
小屋戸口かまち用板	〇・九
ゼンネグラス袋	〇・五
雪小屋の雪をとるためのナイフと小さな雌竹六本	一・八
荷造り詰めあわせ	三・六
計	一九〇・五
合計	三五七・八

前掲の照明器のなかには	
脂肉をもやすランプ	一個
石油をもやすランプ	一個
テント用ろうそく台	一個
脂肉料理具	一個
吹管	一個

扱いにはつごうがよかったが、ひかねばならぬソリの摩擦面はほとんど二倍になった。

六月二二日、冬至の夜。寒い夜、青空は黒いまでにとても深く澄んでいる。星はきらきらとして、氷河は銀色に燃えている。足を踏むごとに雪は鳴り、雪層がどさっと落ちる。気温が下るために氷は割れ、割れた間からは潮の干満で水が音たてて噴き出る。それよりも極光が一ゆれ一ゆれ、一なみ一なみと輝いている。見ているとそれはいつの間にか消え去ったかと思うと、またまったく突然に大きな輝きが起こって天頂までとどき、青い線からだいだい色のアーチとなり、その端は金色になっている。やがてまた下ってきて、いつの間にか大きな照空灯のような光がエレバス山の噴煙のうしろから上ってくる。そしてふたたび神々しいベールが垂れたようになる。小屋のなかでは底ぬけ騒ぎがはじまっている。われわれはとてもうれしい。——一体どういうわけだというのか。今日から太陽がわれわれの方へもどってくるからである。そしてそのような日は年に一度しかないのである。

それから五日ののちに、三人のものが、マクマード湾上を息づき汗しながらすすんでいた。二つのソリを一つにつないで、ソリの上にはうず高く寝袋やキャンプ用具、六週間分の食糧、塩蔵保存のための各種の学術研究用具をつめこんだ木箱などが積んであった。そのほかとびぐち、アイス・アックス、登山綱、緑のウィレスデンの大きな帆布と何枚かの板もあった。出発二時間前にわれわれのソリを見て、その上にしばりつけてある六缶の油を指しながら「ビル〔*ウイルソンの愛称〕、どうしてこんなにたくさん、油を持って行くのか」といったスコットの驚きの言葉には痛いところがあった。これらの重さはたいしたもので、一人当り一一四キロに上った。

ちょうど正午であったが、まっくらで少しも暖かくはなかった。

一休みした時、わたしの心は一五カ月まえのビクトリア街のきたなくうすよごれた事務所にかえっていった。「君に来てもらいたいんだ」とウイルソンはわたしにむかっていい、なおつづけて「僕は冬の間にクロジール岬まで行って皇帝ペンギンの発生を研究しようと思っているのだ。だがそれについては多くはいわずにおこう。——なかなか成功はむずかしいのだから。」賛成。それこそビクトリア街よりいくらましか知れない。医者はわたしの視力が道のむこうを歩いている人がぼんやりとしか見えないということのために、わたしの参加をほとんど拒否していたのである。それでビルがスコットのところへ行って交渉し、他の人よりは危険率が多いのを承知の上なら参加してもよいということになったのである。その時、わたしはどんなことでもしようと決心したのであった。

食糧配置旅行が終ってからハット・ポイントでとてもひどい、よく滑る傾斜したすそ氷の上を歩きながら、いつか海上でこのような氷に出会うことがあるだろうと思ったりしているとき、ビル〔*ウィルソン〕はいっしょに冬の旅行に行くかどうかをわたしにたずね——またもう一人はだれをつれて行ったらよかろうかと相談した。われわれ二人の希望には間然するところがなかった。そしてその夜、ボワーズの意向がたずねられた。もちろん双手をあげてのよろこびようである。「この冬季旅行は一個の新しき勇敢なる企図にして、しかも適材によって行われざるべからず」とスコットはその夜、小屋で記している。

冬季行進のヤマというのは何であるか。皇帝ペンギンのエンブリオ〔＊卵のなかにある胚〕がなぜそんなに科学上重要なのであるか。なにゆえ三人のしっかりした学識のある隊員が、これまで太陽のある間にしか訪れられたことがなく、しかも非常に困難な道であるにもかかわらず、冬夜のなかをクロジール岬まで出かけて行くのであるか。皇帝ペンギンはおそらく現存する鳥のうちでもっとも原始的なものであるから、その発生学を研究することは非常に重要なのである。エンブリオはその動物の前時代、前環境からの発生のあとをとどめているものであり、前の生活をくりかえすものである。皇帝ペンギンのエンブリオは爬虫類とそれから進化した鳥類との間の失われた連鎖を立証するだろうと思われているのである。

皇帝ペンギンの繁殖地としてはこの時ただ一カ所だけしか知られておらず、それは南極地方で最大の氷脈地帯でかこまれたクロジール岬の氷原の端にある小さな湾の海氷上であった。ここで九月にひなが発見されたことから、ウイルソンは卵は七月のはじめに産みつけられるものと考えた。そのためにわれわれは冬至の直後にこれまで行われたことも、行おうと企図されたこともない、ふうがわりな鳥の巣探検に出発したのである。

この行進の最初のキャンプのことをわたしはよく覚えている。この時、われわれはこれからぶつかろうとする気をくじけさす低気温にお目見得したのである。

われわれをせきたてるに十分な風が吹いていた。一人一人をソリにつないでいたひき綱がはずされる。——テントの底布が拡げられる——それを押える袋がとりおろされる——竹の支柱で内張りテントがうまく張られ——チェリーがそれをもっていて、その上におおいがかけられ

研究風景、左から二番目が著者（チェリー・ガラード）

ペンギンのプロムナード

る——すそまわりに雪塊をのせ、中ではマッチでろうそくをともして料理がはじまる。

われわれがやっていたこういうやり方、それは春、夏あるいは秋に陽がまだ高く、あるいはちょっと沈むだけのころ、日々夜々に慣れしたしんだものである。その時には、あとで暖める時間が十分にあったから、必要とあれば手袋から手をぬき出して用をたすことができた。日中ならばひき綱をはずしてから二〇分もすればお茶をわかしているのが自慢であった。しかし毛皮の手袋をはめたままでやろうとすれば仕事はずっと遅くなるものである。

今はそんな調子にはできないのである。ビルはいった。「仕事はおそくならざるを得ない。われわれは暗がりで作業をするのにもっと慣れなければならない。」この時もまだわたしは眼鏡をかけて仕事をやっていこうとしていたように覚えている。

昼夜の暗黒

わたしはこの冬の旅行で昼だの夜だのというが、実はそれはまったく同じもので、また後になってわれわれの仕事は二四時間一日ではできないことがわかり、こうした使いわけの便宜もなく、事実上何の区別もなかったのに、やはり昼とか夜とかいっていた。われわれはこういう状態では料理の仕事は非常につらいものであり、いつものように一人が一週間つづけて料理当番をすることは耐えがたいことがわかったので、一日ごとに交代することにした。食糧としてはペミカンとビスケットとバターだけで、飲物は茶だけをもって行き、寝しなには白湯をのんだ。

その夕、われわれはハット・ポイントから三メートルのソリ二台に重い荷を満載してひき出したのであるが、ソリひきは、らくであった。それは最初の、そしてその時は知らなかったのであるがその旅行でのただ一回の具合のよいソリひきであった。ソリひきの具合がよいということは、すなわちソリひきがらくだということである。アーミターゲ岬をまわって東方にむかった。前方には氷壁がつらなり、海氷の割れたのがその下に低い垂直のがけになって残っていることを知っていたので、雪の吹きだまりのあるところをさがしもとめた。そしてその吹きだまりをとおって氷壁の上へ行こうとすると、まったくだしぬけに非常に寒い風、それはいつものことなのであるが、寒冷な氷原上から比較的あたたかい海氷上へ吹きおろす風であった。気温はマイナス五四度であった。そしてうかつにもわたしはソリを上にひきあげるために手袋をぬいでいた。おかげでわたしは氷壁端を出発するとき、手の十指とも凍傷にかかっていた。この凍傷は晩の食事をテントのなかでとるまで感覚が本当に回復せず、一一～一三時間のうちに、二・五センチもの長さの水ぶくれが、二つか三つずつ、いずれの指にもできてしまった。長い間、この水ぶくれはとてもひどく痛んだ。

その夜、氷原の端から一キロばかり入ったところでキャンプした。気温はマイナス四九度、つらい時間をすごして翌朝（六月二九日）ぶるぶるふるえて寝袋からはい出した時はとてもうれしかった。これは後になってそのことがよくわかったが、二四時間のうちでもっともよい時は、朝の食事のときではないかと思いはじめた。というのはそれから一七時間は寝袋に入らなくてもよかったからである。

エバンス岬からクロジール岬までの旅には、一九日のおそろしい日を費したが、それは体験してみなければわからないことである。もう一度これをくりかえそうという人間は愚の骨頂である。それは筆紙に尽しがたいものであった。この日から後の日々は割合ましであった。それというのも、その後は状態がよくなったのではなく――むしろはるかに悪かったのであるが――そのわけはわれわれが無感覚になってきたからなのである。わたしは一度は、もし大した苦痛なしに死ねるのであれば、死んでもかまわないと思うくらい、つらさの頂上にきたことがある。人々は死の英雄主義について語りあった。――彼らはよくは知らなかったが――モルヒネの一服やおなじみの氷のわれ目や気持のよい眠りなどで死ぬのはたやすいことだと思っていた。ただそこまでいくのが面倒臭いというだけで……。

われわれをそんな目にあわせたのは暗黒であった。自分の行手を見ることができ、どこに足をおろすべきか、どこにソリのひき綱があるか、料理道具が、プライマスが、食糧があるか、やわらかい雪のなかに深く踏みつけた足跡が見え、それをたどって一方の荷物のところへ帰って行くことができたら、食物袋のしばってあるところがみえたら、一つの乾いたマッチに当るまで三つも四つもの箱をさがさなくてもよかったら、コンパスが読めたら、寝袋からはい出るたのしい時刻がきたかどうか時計を見るために雪だらけのところを探しまわらなくてもよかったら、テントの戸口をしばりつけるために五分間もかかり、朝おきてから出発するまでに五時間も費すようなことがなかったならば、マイナス五七度の気温も陽光のもとでは悪いとは思わない。いくらか悪くないとはいわないが。

ところがこの冬の旅行の時には、ビルが「起きる時間だ」と叫んだ時からひき綱につくまで、四時間以内だったことはないのである。一人がひき綱につくのには二人がかりであった。そして三人ともそうしあわなければならなかったのである。それというのもカンバスは凍結し、われわれの衣服も凍りついていて、時には二人がかりでも、これらのものを必要な形にまげるのに力が及ばなかったこともある。

やっかいなのは汗と息とである。わたしはそれまではこれほどまでおおく人間の体の老廃物が皮膚の孔から出てくるものだとは知らなかった。もっともひどい日にはキャンプに入るまえ凍った足をなおすのに四時間も歩かなければならなかった。それにはまた汗を流さなければならなかった。その汗はみな衣服の毛織の孔からぬけ出してつぎつぎと乾いてくれればよいが、それどころか中で凍ってたまるのである。それは身体から出るとすぐ氷になってしまうのである。足ごしらえをかえるたびにズボンの内側からたくさんの雪や氷をはらい出したし、またチョッキからも、チョッキとシャツの間からも出てきたけれども、もちろんのことわれわれはそんなところまでぬぐことはできなかった。ところが寝袋にもぐりこむことができ、もし幸いにして夜のうちにあたたまってきたら、この氷がとけ出して、一部は衣類にのこり、一部は寝袋の毛皮にしみこんで、やがてこの両者は装甲板のようになってしまうのである。

われわれの息については、昼間ならば顔の下半部を氷でおおい、また防寒帽を頭に固くハンダづけにしてしまうくらいのことである。プライマス・ストーブに火を入れてから、かなり長くたたなければ、帽子をぬぐのは容易なことではなかった。それをとってはじめて思うように息をはくことができるのである。それよりも面倒なのは、寝袋に入ってからである。というのは、寒気がとても激しいから、息をする孔をあけてはおけない。したがって終夜われわれの息は毛皮に凍りつき、寝袋のなかの空気はおいおいと汚れてくるとともに、いよいよ呼吸は激しくなってくる。寝袋のなかでマッチをつけたり燃やしたりは決してできないであろう。

凍る衣服

もとよりすべてが一度に凍ってしまうのではない。こんな日を幾日もかさねてゆくうちに、非常に困難な状態に陥ってしまうのである。ある日、すっかり用意をととのえてからソリの荷造りをしようとテントのそとへ出たのであるが、その時までわたしは次のようなやっかいなことが前途に横たわっていようとは思いもよらなかった。われわれはすでに朝食をたべおわり、苦労して足ごしらえをして、わりあいあたたかいテントのなかで、すっかり用意をととのえた。そとへ出たとたんに、わたしは見まわすために頭をあげたところが、もうそれきりで元の姿勢になおらなくなってしまった。立っているうちに――おそらく十五秒ほどのうちにわたしの着物は固く凍ってしまったのである。四時間ほどの間、わたしは頭をまっすぐにしたままでソリをひかなければならなかった。それでそれ以後はわれわれは衣服がみな凍るまでは、いつもソリひきの姿勢を取っているように心がけた。

今までわれわれはいつもソリひきの仕事とは反対に、何事もゆるゆると、できるなら毛糸の手袋のうえに毛皮の手袋をはめて用事をし、また体のどこかが凍傷にかかりそうな時には、いつでも停って血液の循環が回復するまで手当をするというやり方にした。そのため、ほかの二人がキャンプの仕事にかかっているのをほっておいて、一人で雪のなかにでて手をたたきあわせたり、あるいは寒さにやられたところを手当しているといったことが普通になった。しかしわれわれは足に関するかぎり、こんな調子で血液の循環をとりもどすことはできなかった。その唯一の方法は、キャンプをして、足ごしらえを解きほどくまえに湯をこしらえることであった。自分の足が凍傷を起こしているかどうかを知るのはむずかしいことであった。というのは、確かに凍傷を起こしたというただ一つのしるしは、足の感覚がすっかりなくなってしまうことであった。ここにおいてウイルソンの医者としての知識が大切となってくる。彼はしばしば足についてわれわれのいうところを聞きとって、キャンプを張って治すべきか、なお一時間行進をつづけるかの判断を下したのである。判断を誤れば事故がおこる。もしわれわれの一人がいざりになってしまえば、全体が非常な苦境に陥ってしまうのである。おそらくみな死んでしまうかも知れないであろう。

六月二九日は終日気温マイナス五四度でときどき軽風がふき、ともすれば顔や手が凍傷になりそうであった。二台のソリの荷が重いのと雪面が悪いので、進度はきわめて遅々たるもので、足は非常に重かった。中食のキャンプの時、ウイルソンの片足の踵と足裏とがやられており、わたしは両方とも足先が凍傷していた。ボワーズは足には滅多に凍傷を起こさなかった。

その晩は非常に寒く、気温はマイナス五四・五度で、翌六月三〇日の朝食の時にはマイナス四八度であった。羽毛製の寝袋はできるだけ後まで乾いたままでおくために、まだ使用していなかった。私の毛皮の寝袋は少し大きすぎたので、この行程中、他の二人にくらべて、氷をとかすのはいっそう困難であった。そのかわりウイルソンの寝袋のように割れたりはしなかった。

われわれはいまハット・ポイント半島とテラー岬の中間の寒い湾中に入りつつある。氷原上を吹く風は後方のマクマード湾と前方のクロジール岬のところのロス海とへ吹きぬけるので、ここらあたりでは風すじから、はずれていることが知られていた。強い風がないので積雪の表面は他のところのように吹きさらわれ固くなってみがかれてはいないで、非常に硬いこまかい雪の結晶の堆積となっていた。このうえを低気温のときにソリをひくのは、砂のうえをひくようなものであった。私は他のところで氷原上の走路で寒気のきびしい時には、ソリのランナーは雪の結晶をとかすことができず、ソリがすすむと雪片はつぎから次へとただ回転するだけであるということを記した。われわれがこの旅行で出あったのはこの種の走路であり、雪層が軟かいと、この作用は一そう強められる。そして足は一歩ごとに深く沈むのである。

そのため六月三〇日われわれが出発しようとした時、二台のソリをいっしょに動かすことができなかった。それで一時に一台をうごかし、あともどりしてもう一台をひいて行くより仕方がなかった。これは陽のあるときにはしばしば行われる方法であり、その場合には、急にふぶきが起こって踏みあとがかき消されることだけが危険なのであるが、暗黒のなかではそれどころではないのである。午前一一時から午後三時ごろまでは、やっと足跡の大きな孔が見えるだけの明るさがあって、一つのソリをひいて来てまた足跡をたどって帰り、他のソリをもってくることができる。もちろんこのため一キロのところを三キロ歩くことになり、そのうえソリは一台でもなかなか重い。中食をした時には気温はマイナス五一・五度であった。中食ののちはわずかの明るさもなくなって、第二のソリをみつけにもどるときには、裸ろうそくをともさねばならなかった。三人の凍えきった人間が一つのともしびのなかをすすむのは容易ならぬ行歩であった。

みなはすっかりだまりこんでいた。ものをいうのは容易ではないのである。もともとソリ旅行はいつも静かな仕事ではある。今われわれは異常な寒さ――この寒さは氷原上として普通の寒さであるか、また特別に寒いのであるか、特別に寒いとすればその原因は何かということ――について長い議論をやったことをおぼえている。この議論は一週間もつづいた。ものをゆっくりせよ、いつもゆっくりせよ、というのがウイルソンの隊長ぶりの本旨であった。そしていつも、行ってもよろしいかという問いの答えはよろしいであった。「食欲がいい間は、だれもみな調子がよいのだとわたしは思う」とビルはいった。常に辛抱づよく、自分を失わないで、騒ぎたてたことのない彼は、この地上で、このような探検隊を率いることのできるただ一人の人間だとわたしは固く信ずる。

その日、われわれは六キロすすんだ。つまり一八キロ歩いたことになる。気温はキャンプの時マイナス五四・五度で、われわれはもうひどく氷だらけになっていた。この時はわたしの大きな寝袋に、羽毛入り寝袋をかさねないで横になった（これまでは寝たと書いてきたが）最後の晩であった。わたしにとっては実にたえがたい夜であった。またしてもまたしても身体がふるえてきて、どうしてもとめることができなかった。それが数十分もつづくのであるから、ある時などわたしの背中が裂けたのではないかと思うくらいに、そこに痛みが感じられた。

翌七月一日も同じように中継行進をやったがソリひきはさらに困難であった。一台のソリを前進させるのがせいぜいのことであった。ボワーズはそうでもなかったが、この時からウイルソンとわたしとは、第二のソリをとりに帰るときに奇妙な幻視にまよわされた。帰りの道を見つけるために、ろうそくの光をたよりにしたことは先にいったが、それは同じ足跡をふむために是非とも必要なことであった。ところがその足跡は疲れた頭には凹みとしてでなく、突き出たもののように見え、それをこえようとして苦痛をしのんで足をむりに高くあげて運んでいった。やがてわれわれはそのことに気がつき、何と馬鹿なことかと笑ってみたが、それでもわれわれはそうした幻想の丘を歩かねばならなかった。もとよりこれは永くたえられることではなかった。しかしほかに何とも仕方がなかったので、なお数日もこの不合理なことに悩まねばならなかった。

このころわたしの手の指の水ぶくれはとても痛んだ。ずっと前から凍傷にかかったわたしの手はあたりまえのことではあるが、寒さのために指じゅうふくれ上って、皮膚一枚下のところが氷になってしまっているのである。料理道具や食糧袋を持つのがとびきり痛く、プライマス・ストーブに火をつけるのはさらに苦痛であった。それである日、わたしは夕食ののち六つ七つの水ぶくれを突き刺してなかの水を出し、非常に気持よくなった。それからは毎晩そんなふうにしてだんだん水ぶくれがなくなるようにした。しかしそれは時には声をあげないではいられなかった。

このころ、わたしは昼となく夜となく一日に何度も号泣したいと思った。しかしわたしはその代りに一つのやり方を発明してそれをくりかえした。おもえば、とくに一日の行進の終りにわたしの足は凍傷になやみ、心臓の鼓動はゆるくなり、わたしの生気がもっとも低下し、からだは寒気で固くなってしまった時に、いつもわたしはショベルをもってそとに出、なかで料理当番がプライマスに火をつけようと努めている間、雪を掘ってテントのすそにかける作業をすることにした。「首まで掘れほれ、首までほれ」というのがくりかえしであった。それによってわたしは少しでも自らを元気づけようと思った。時には「掘れほれ、掘れほれ」といってそれから「首まで」をいうこともあった。

夏のソリ旅行のよろこびの一つは、幾週間にもわたって自分の心を幾千キロの彼方にはせることができる点にあった。オーツスはよく（塩漬けのニシンを手に入れることができたので）それをヨットになぞらえていた。わたしはごく小さな回転本箱を考え出した。それは本を入れるのではなくて、ペミカンやチョコレートやビスケットやココアや砂糖などをおき、頂上に料理器をのせるようにする。帰国したらいつでも飢えを癒すことができるようにと考え出したのである。またわれわれは料理店や劇場や山鳥の猟場をおとずれ、またきれいな少女のことを想いめぐらしたのである。だが今はそんなことはできないのである。今の状態はひと時のくつろぎもなく、ほかのことを考える余裕もない。またいささかの猶予もないのである。わたしは過ぎ去ったことも将来のことも何も考えないのがもっともよいと思った。――ただひたすらにこの瞬間の仕事に生き、それをもっとも効果的にすることを考えようと自分できめた。まあ一度は想像してみるとよい。

きょう（七月一日）もまた顔に吹きつける湿ったちょっとした風になやまされた。気温はマイナス五五・五度で、このくらいの気温になると、ちょっとした空気の動きも気をくじくもので、露出した部分はたちどころに凍結してしまう。だがわれわれはみな小屋にいるときに自分でこしらえた防水布に毛皮の縁どりをしたもので防寒帽のまえに鼻おおいをつけていたが、それは非常な助けとなった。そのために息の凍る場所をかえてくれた。またわれわれの顔の下の方はすぐに氷の層におおわれてしまうのであるが、これはかえってそれだけ保護が加わることになる。これは旅行のあいだじゅう普通のことで、また決して不快なものではなかった。顔のうぶ毛は皮膚から氷をはなしてくれるので、わたしだけのことをいえば帽子をとって雑炊をすすろうとするまでは、むしろ氷がないよりはあった方がましであった。やっと四キロと少し進んだだけで、これに八時間を費した。

その夜は風級三で気温はマイナス五四度。少しふぶいていた。これはかなり悪い条件であった。幸いなことに、翌朝（七月二日）出発しようとするころには軽風になってくれた。その時の気温はマイナス五一度でこれが一日中つづき、夕方にはもっと下った。午後四時には半島の上からわれわれの左手にかけて一連の霧があらわれ、それと同時にわれわれの凍った手袋の氷がとけ出した。そうして星の光に照らし出された陸地の形がぼんやりとしてきた。われわれは例によって中継行進によって四・六キロをすすみ、午後八時にキャンプしたが、その時はマイナス五四度であった。実に恐るべき行進であり、中食のときわたしの両手はいたるところ凍傷を起こした。夕食ののちわたしはもっともひどい水ぶくれを六つか七つ突き刺したら気持がよくなった。

　わたしは時に「おお、僕らはカナダでマイナス四五度の気温にあったことがあるが、別に大したことはなかった」とか「おれはシベリアでマイナス五一度よりもっと下るのを見た」という人に出あったことがある。ところが彼らは立派な乾ききった服装をし、換気のよい立派な寝台で夜じゅうぐっすりねむり、ほんの二〜三分まえ、すてきに暖かい小屋かあるいは暖められすぎた列車から外に出て来たばかりなのである。そうしたものをこの人たちは記憶すべき経験として想い出しているのである。なるほどこうした寒さの経験はすばらしい御馳走のあとで、チョコレートクリームをかけたヴァニラ氷をのむのとおなじくたやすいことである。だが今のわれわれの状態ではマイナス四五度なんかにはなかなかならないので、マイナス四五度ならうらやましいと思うようになっている。

　その夜は月が出たおかげで、はじめて裸ろうそくを使わなかった。月は大した明りをあたえてくれはしまいと考えて、わざと月の出るまえに出発したのである。ところが一度など月のおかげで非常な危地を脱することができたのであった。

　われわれは依然として無風地帯によこたわる軟かい、砂のような雪のなかをひざまでもぐってひいているのである。その雪は底なしと思われるくらいで、かつ雪の温度は空気と同じであったから、足は進めば進むほど冷えていった。普通のソリ行進なら出発してから一五分もたてば暖かくなるものであるが。ある時、われわれは止ってあおむけになり、空を見あげた。仲間のいうところではこれまで見たこともないもっとも壮大な極光があらわれたのである。わたしは近眼で、寒さのため眼鏡をかけることができなかったので、それが見られなかった。極光は東方にむかってすすんでいる間、いつも前方にあらわれるのであるが、その時のは今までに見たのよりは数等うつくしかった。マクマード湾の冬営地では、極光のもっとも美しくあらわれる空が、エレバスの山にかくされていたから、あまりよく見えなかった。今はほとんど空一ぱいにゆらゆらと動く幕のように、あるいは頭の上に大きな渦巻きとなってレモン黄に、緑に、だいだい色に輝くのである。

この夜の最低はマイナス五四度。七月三日はマイナス四七度からマイナス五〇度の間であった。前進わずかに四・六キロ、この時わたしはペンギンのいるところに行きつく機会にめぐまれないのではなかろうかという疑念を心ひそかに抱くようになった。この時分、ウイルソンは非常に苦しんでいたように思う。もっともこれはわたしが思うだけで、彼は別段に何もいわなかった。われわれはたしかに眠ったことは知っている。それはおたがいに、他のものがいびきをかいたのを聞いたし、また自分でも夢をみたりうなされたりしたから。しかしわれわれはちっとも寝たような気はしなかった。そして行進中もちょっととまるとすぐにねむけをもよおすようになってきた。

寝袋はもうずいぶんひどくなり、夜それにもぐりこむまえにとかすのに長い時間かかるようになった。ビルが自分の寝袋を真中にのべ、右手にボワーズが、左手にわたしが横になる。いつも彼は自分よりも先にわたしに足を入れるようにすすめるのである。あたたかい夕食をとってから時間がたつほど、急速にからだは冷えてゆくので、ウイルソンがこうすすめてくれるのは、ほんとうに親切な心づかいからであった。それから身ぶるいの七時間がつづくのであって、朝、寝袋から出て第一にすることは、不用の個人用具を、寝袋が凍りつくまえにその口に押しこむことである。こうしておくと、夕方それをひろげた時に、口の方が孔になって凍っていて、袋のなかへもぐりこむのにつごうがいいのである。

袋のなかに手足を入れるためにわれわれは無理な姿勢をとり、そのために恐ろしいけいれんを起こすことがあった。治るまで摩擦しておればよいのであるが、すぐにまた動き出すので脚が万力にかけられたようになる。またわれわれ、ことにボワーズはよく胃けいれんをおこした。ボワーズの発作は時には見ていられないほどひどいことがある。わたしはまたしばしばとくに夜、寝袋に入ってから胸やけに苦しんだ。われわれは多量の脂肪をたべていたから、おそらくこれが原因だったのであろう。馬鹿正直にわたしは長い間そのことについて何もいわなかったが、あとでビルが気がついてすぐ薬をくれたのでよくなった。

すぐれた僚友

バーディー〔＊ボワーズの愛称〕は毎朝ろうそくに火をつけた。彼はそういいつけられていたのであるが、これは一つの英雄的な仕事であった。どんなに気をつけていてもマッチに湿りがくる。外気にくらべてあたたかいテントのなかへ持ちこむためであることも一つの理由であろう。またマッチ箱をポケットの中に入れておくからでもあろう。時には一本のマッチをつけるために、四箱も五箱もやってみなければならぬことがある。マッチやマッチ箱の温度は華氏の寒暖計の目盛りにして、氷点から一〇〇度も下っているのである。また素手ではちょっとでも金属にふれると凍傷になるし、手袋をはめたままではことに指の先はとっくの昔、無感覚になっているのであるから、ほとんど何も感じない。だから朝はじめて火をつけるのは恐ろしく冷たい仕事であり、また火がつかなければ起き出せないことになっていたのでなお悪かった。ウイルソンはわれわれに毎夜、七時間は寝袋のなかに横たわるように命じていた。

ウイルソンとボワーズとは冬の旅行をやり抜いて生還し、のち南極行進に参加して死んでしまった。彼らは金のごとく純粋で光輝のある、まじり気のない人物であった。彼らの僚友ぶりがいかにすぐれたものであったかは、ここに言葉で表現できないことである。暗黒と厳酷のもと、人が生き抜く最悪の場合と信じられる、これら苦難のすべての日およびその後においても、一言半句の憎しみ、怒りの言葉も彼らの唇をもれたことはなかった。この旅行のもっとあとで、われわれはもはやこれまでと思ったことがあるが、それでも皆は快活であり、わたしの判断の限りでは、その歌も快活さも決してとってつけたようなものではなかったことをはっきりいえる。またこの人々は危機に臨んで機敏な動作こそとったものの、決してあわてるようなことはなかった。さほどでもない人間が生き残って、このような人たちが先んじて死んで行かねばならぬことがしばしばあるのは痛ましい。

極地探検のことを全体としてさも安易なことのように書く人がある。この人たちは読者のうちに「何とすばらしい人間ではないか。われわれは彼が恐ろしい目に出あったことを承知して

左よりウイルソン、ボワーズ、チェリー・ガラード

いる。しかも見よ、彼はあらゆる艱難辛苦をものともせずにそれをうち越えてきたのである」という者のあることを信じているのだとわたしは思う。またこれとはまったく反対の極論もある。華氏のマイナス一八度を氷点下五〇度と表現して無知な読者をおどかして何の役に立つかわたしは知らない。わたしはこの二つの場合のどちらをも採ろうとは思わぬ。わたしは今度の旅行をものすごいものであったといって大げさにいおうとするのではない。わたしはすでになくなった二人の僚友のお蔭でこの旅行がしのぎえられ、愉快にすごしえたことをここに回顧しようというのである。それが実際にあったよりも以上に恐ろしいものであったようにかく気持は少しもない。読者はわたしが大げさにいっているのではないかと気にする必要はないのである。

　七月三日の夜間、気温はマイナス五四度に下ったが、朝、目をさました時は（この朝は本当に目をさましたのであった）われわれは大いに元気をとりもどしていた。気温はわずかにマイナス三四度で、風は時速二四キロくらい、しんしんと雪が降っていた。しかしそれは一〜二時間つづいただけであった。われわれは今いる無風地帯の外では、ほえたける風が吹いているに違いないと思った。だがこの間に、われわれは十分に眠りまた休息した。寝袋はすっかりとけ、湿り、あたたかくなった。また寒さがぶりかえして来たら、われわれの装具は以前にもましてひどいことになるだろうとは思ったが、ともかくこのゆるんだ風は、わたしにとっては大助かりであった。行進はまったくできなかった。昼のうち気温はマイナス四二度に下り、その夜はマイナス四八度までになった。

最大限の低温

新しく降った軟かい雪のために次の日（七月五日）の積雪面は行進がほとんどできないくらいであった。われわれはいつものように中継をして八時間ソリひきをやったが、すすんだ距離は二・八キロにすぎなかった。気温はマイナス四八度からマイナス五二度の間を上下し、一度はかなり強い風が吹いて、そのために動くことができなかった。月のまわりには垂直の柱と幻月とをもった大きなかさがかかっていた。道はテラー山のすそになっている長い雪の岬の上にあがってゆくような気がした。その夜の気温はマイナス五九・五度。朝食のときはマイナス五七度。正午近くにはマイナス六〇度あまりになった。わたしの記憶ではこの記録を見た日は大したことではなかったように覚えている。中食ののち午後五時五一分にボワーズが測った寒暖計はマイナス六一度を示した。これは華氏の目盛りでは氷点から下一〇九・五度にあたっており、暗黒のもとで氷だらけの道具と服装とをもってたえうる最大限の低温だとわたしは思う。ディスカバリー探検の春のソリ旅行隊の記録した最低温度はマイナス五五・五度であった。

〔一八七六年三月四日、軍艦アラート号の冬営地で記録されたマイナス六〇度あまりの気温は王立地学協会で保留されている。わたしはそれがどうしてとりのけになっているかは知らない〕そしてその時分には春のソリ旅行に二週間以上も出るのは長いと思われていたし、それにこの気温は陽光のもとでであった。今度の場合は旅に出て一〇日目のことで、かつわれわれは六週間は出ているつもりなのであった。

幸いに風だけはまぬがれていた。それでもう一つのソリをとりにもどるために足跡をたどる時、裸ろうそくをのろのろとともして行くことができた。しかしもしも一秒の何分の一かでも裸の指先を金属にふれると凍傷をおこした。ソリにつんだ荷のかけなわをしめるのは困難であったし、料理道具や茶わんやさじやプライマスや油の缶をとり扱うのはつらかった。気象の測定をボワーズがどうしてやっていたかわたしはよく知らないが、その野帳は完全に記入されていた。紙のそばで息をすると紙はただちに薄い氷層におおわれてしまって、鉛筆ではもうかけなくなるのである。綱を扱うのはいつも冷たい仕事であるが、とくにこのような低温時には恐ろしく冷たいものである。ソリを引き出すためにひき綱をかける時、行進の終りにそれをとりはずす時、朝になって寝袋に綱をかけるとき、器械箱のうえに料理道具をしばりつけるときなどはひどかった。しかしそれはすっかり氷のひもになってしまっている細ひもにくらべるとそれほどではなかった。もっともつごうの悪かったものの一つは、週間食糧袋をしばったもの、またそのなかにあるペミカンや茶やバターなどをくくってあるさらに細いひもであった。なおそれよりも悪魔のごとく思われたのは、テントの戸口のひもであった。寝袋にもぐっていなければならない七時間の途中で、もしテントの外へ出るようなことがあれば、戸口のひもをしっかりとむすんでおかなければならない。そうしてそれをしている間に、すっかり板のように固くなってしまった寝袋をまたとかして入るのである。われわれのもって行ったパラフィンは低温で点火できるようにしてあり、わずかに乳色をしていた。バターを割るのも非常に困難な仕事であった。

その夜、気温はマイナス六〇度であった。わたしはダンテが焦熱地獄の下に大寒地獄をおいたことを当然だと思わないわけにはいかなかった。ビルは何度も何度も引きかえそうかどうしようかとたずねたが、みなはいつもだまっていた。だがさらに一そう努めるほかに道はなかった。わたしにはクロジール岬が荒涼この上ないところに違いないと思われたけれども。その日われわれはいつものとおりの中継作業で二・八キロを得た。これでも相当な行進である。——エバンス岬からクロジール岬までの距離は一二四キロある。

からだを働かすためには食事と睡眠とを規則正しくとらなければならないが、ソリ旅行ではあまりにもしばしばこのことが閑却される。しかし現在は二四時間一日のうちで八時間の行進をして、七時間は寝袋に入るようにしてゆくことはできないとわかった。それでわれわれは観念の上だけの昼と夜との区別をやめることにきめた。金曜日（七月七日）の出発は正午であった。気温はマイナス五六度で濃い白い霧があり、どこにいるかただ漠然としかわからなかった。そしてこの日三・三キロを進んで午後一〇時にキャンプを張った。しかし何とよく休まったことであろう。ひどくからだをつかったのにもかかわらず、心臓の鼓動はいつになく正常で、キャンプも張りやすくて、指には感覚があり、足も無感覚ではなかった。バーディーが寒暖計をふってみたところ、わずかにマイナス四八・五度であった。わたしは「華氏の度盛りで結氷点から下へわずかに八七度で、大たすかりだといったところで、やすやすと信用しないだろうね」といったのを覚えている。おそらく読者といえどもそうであろう。その夜、わたしは記入した。「これまでよりはともかくいくらかよくなった。」これでわかるとおり、事情はすこし見なおされてきた。

われわれの心臓は実にすばらしい働きをしているのである。行進の終りには心臓は身体の末端まで血液を送り出すのに困難なことが認められる。ウイルソンもわたしも足のどこかに凍傷をおこさない日は数えるほどしかなかった。キャンプをしたときは心臓はおそくかつ弱いような気がする。温かいのみもの——中食の時の茶、夕食の時の湯——がわくまでは何もすることができない。それを飲むや否や効果はたちどころである。ウイルソンがいうのには、それは湯を入れた瓶を心臓にあてるようなものである。鼓動は急に強く早くなり、温かみがからだ中を外へ下へと伝わってゆくのが感じられる。それから足ごしらえを解くのである。——巻ゲートル（半分に切ってズボンの下の端だけを巻きつける）、毛皮靴、ゼンネグラス〔＊靴のなかに入れてすき間をつめあわせておくほし草〕、馬毛製の靴下、羊毛製靴下二枚をぬいでゆく。それから足をもんでみて、やっと大丈夫なことを喜ぶのである。凍傷というものはとけはじめるまでは痛まないものである。それから水ぶくれの手あてになり、死んだ皮をとり去る。ビル〔＊ウイルソン〕は心配していた。冬の間にスコットは彼と二人だけで二度も散歩に出て、ウイルソンにこの計画を思いとどまるように勧告した。そのとき彼は隊員を故障なしにつれ帰るのを条件に許しをえたらしいのである。それというのもわれわれはみな南極行進に加わるべき隊員だったからである。ビルはこの点についてスコットにたいし非常な責任を感じていた。そしてこの旅行で帰途につこうとした時、われわれは非常な苦境に陥っていたにもかかわらず、ウイルソンはもうわれわれには不要となり、小屋に帰ればいくらでもあるような科学上の用具さえも、何一つ放棄して帰ることを承知しなかった。「もし私が何かを残して帰ればスコットは許してくれまい」と彼はいった。ソリ旅行のおきてとして、これはそうあるべきことである。これができなかったりあるいは荷物の一部を残しておいて、あとから取りに行くような隊は、決してよいことはないのであって、このおきては十二分に守られなければならない。

それからまたビルはわれわれ二人についても深く責任を感じていた。彼はしじゅう気の毒がっており、これほどまでに悪くなろうとは夢にも思わなかったといっていた。彼はまた何とかして労苦の責を負うことを感じていた。隊長がその部下にたいしてこういう心持を抱いていることは、もしその部下がよかったならば一そうよい成果をえるにちがいなく、もし部下が悪いかまたは可もなく不可もない場合は、彼らの考えをやわらげる利益があるであろう。

七月七日の夜の気温はマイナス五〇・五度であった。

七月八日になってはじめてこの軟かい粉状のクズのような雪が終りに近づいているらしい様子があらわれた。ソリひきは恐ろしく困難であったが、しかし時々毛皮靴は深くふみこむまえに薄いクラスト雪を踏み破った。このことはいくらか風のあることを意味するのであって、時折、足は軟かい雪層の下に堅い滑りやすい層をふみつけた。霧はわれわれをとりまき、われわれといっしょに進んできた。そして頭上に高く月は輝いていた。針路をとることはソリひきと同様に困難であった。そしてもっともはげしい辛労四時間ののちに、午前中わずかに二・三キロを得たにすぎなかった。そして午後には三時間で一・八キロ——気温マイナス四九度。軽風——ものすごい。

その次の朝はやく雪が降りはじめ霧がふかくかかって、起き出した時にはあたりは何一つ見えなかった。いつものとおりに朝の仕度に四時間かかったが、中継で行くことは困難だと思われた。とても第二のソリをとりにもどることができないに相違なかったからである。二台のソリをいっしょにしてひけるようになったのは非常にありがたいことであった。わたしはこれができるようになったのは主としてその時マイナス三八度まで上った気温のおかげであると思う。

ただでさえくらやみのうえに霧がかかることとこれで四日目であった。われわれは陸地に近づいていることがわかった。テラー岬のあたりらしく、霧はおそらく氷脈のさけ目やわれ目をとおして海から上ってくる湿った温かい空気のためにうまれるものらしい。ここでは氷原は浮いていると考えられていた。

できることなら静かな晩、真夜中の太陽が沈んだばかりの時に、読者をこの大氷原の上につれてきてロス島の秋色を見せてあげたいと思う。一日の気持のよい行進ののちに、ねむりにつくまえに最後に景色をながめまわし、テントのうちに入っては、おいしい油の多いペミカンをたべてよろこび、家郷の香りをただよわす煙草をくゆらし、やわらかい純毛の感触をたのしんで深い眠りにおちる。そうして神が作りたもうたあらゆるものやわらかい色彩が雪の上にあらわれて、西にはエレバスが噴煙をわずかに風になびかせ、東にはテラーがそれほど高くないが斉整な形にそびえている。何もかもがなんと平和に荘厳に見えることであろう。

それは大氷原の上に四カ月まえに見ることのできた景色である。ずっと左の方、陸地の東の端には黒くきたない岩頭が、大きな吹きだまりからのぞいている。これはコブと名づけられたところでそのすぐ下にクロジール岬の絶壁がある。コブはかなり低く見え、絶壁はここから見えないが、その高さは二五〇メートルほどあって垂直のがけとなって海に落ちている。

われ目の危険

六〇メートルの厚さで南極大陸の端から七四〇キロ流れて来た大氷原が、陸地にぶつかるのはここクロジール岬である。氷原は一年一・八キロを下らない速さで移動して、この陸地にぶつかるのである。氷が陸地に衝突する時に混乱の起こることは想像できるであろう。そこにできる氷脈は海の波がすきかえされた畑のような形になっているのに比較すればよい。クロジール岬ではそれがもっとも悪絶をきわめているが、これはテラー山の南斜面にそうてひろがり、陸地に平行に氷脈ができ、クロジール岬によって起こされた障害は、遠くコーナー・キャンプ、七四キロも氷壁からへだたるところまでおよび、そこにわれ目や氷脈ができてわれわれはそれを横断しなければならないのである。

ディスカバリー探検の時、クロジール岬にぶつかった氷脈によって形成されている小湾内の

クロジール岬

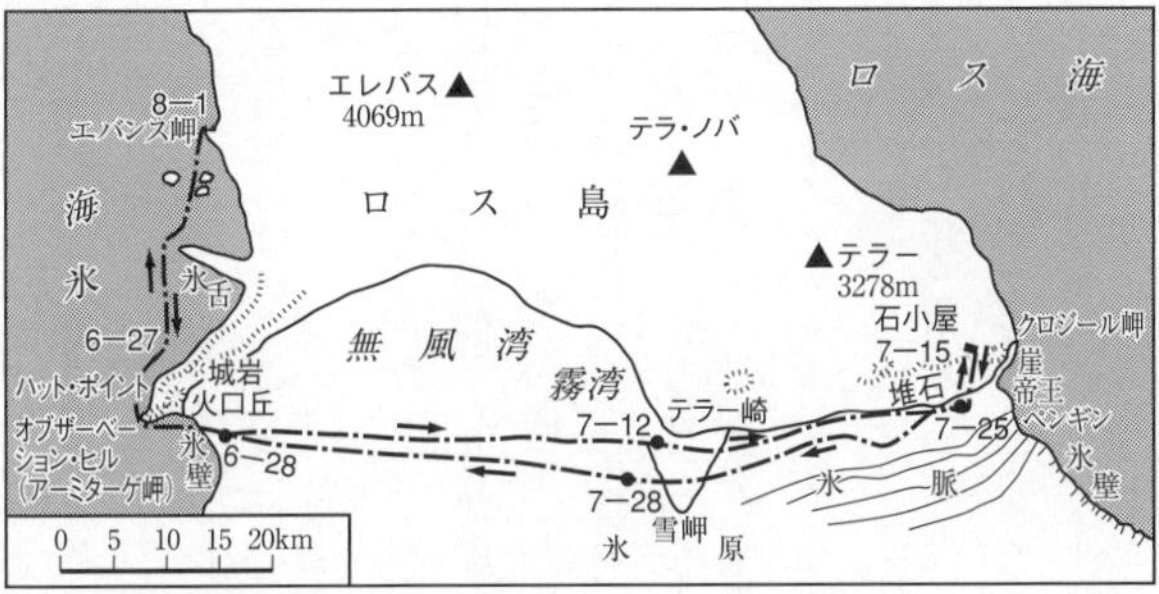
エレバス
4069m
テラ・ノバ
ロス島
ロス海
テラー
3278m
8—1
エバンス岬
海氷
氷舌
6—27
ハット・ポイント
城岩
火口丘
オブザーベーション・ヒル
(アーミターゲ岬)
氷壁
6—28
無風湾
霧湾
7—12
テラー崎
7—28
雪岬
氷原
石小屋
7—15
堆石
7—25
クロジール岬
崖
帝王ペンギン
氷壁
氷脈
0 5 10 15 20km

凍った海氷上に、これまで知られていなかった皇帝ペンギンの唯一の繁殖場が見つけられたのである。ここの氷はロス海を吹きとおる風のために吹きさらわれることがなく、そのうえ開水面や海氷中のさけ目からあまり遠くはないのである。このことは皇帝ペンギンにその卵を横たえるにつごうがよく、また食物を手に入れる機会にも富んでいるのである。それでわれわれはこの氷脈にそうてコブまで行き、そこから氷脈のなかを皇帝の湾にはいりこんで行かねばならぬ。しかもこれを暗黒のなかでやらねばならぬのである。

いまわれわれが霧の中を近づきつつあるテラー岬は、コブから三七キロたらず、岬の端は雪が長い舌状に氷原に出ている。この道はディスカバリー探検の時には昼間かなり何度も往来された道であって、ウイルソンは山のすそとそれに平行に走っている氷脈との間に、われ目のない狭い通路があることを承知していた。しかしそれは陽の出ている時にわずかに歩いて通れた抜け道であって、それを夜間に通ろうとするのは事情がまったく違うばかりか、道をあやまらないように両側に壁があるどころか、ただわれ目があるだけなのである。ともかく今われわれはテラー岬に接近して来たに相違なく、目前には氷壁か山体かよくわからないが一帯の積雪が横たわっており、それにむかって道をすすめて行くよりほかはない。

われわれは今やっと自分たちの眼がちっともきかない時に、足と耳とがどれだけ役に立つものであるかを痛切に知るようになった。毛皮靴をはいて歩くことは手袋をはめて歩くと同じようなもので、はだしでえられるような感触がある。それでわれわれは積雪のどんな小さな変化、足が踏みやぶる雪のクラスト、軟かい雪層の下にある堅い雪層をも感知することができる。それと同時に、またしっかりした足場の上を歩いているのか、われ目の上を歩いているのかを知らせる自分たちの足音に一層たよるようになった。陽光のあかあかと照っているあいだなら、何とかして避けられても、われ目はいやなものであった。陽光があればそのなかに落ちこんだにしても、ともかくも氷のわれ目の壁がどこにあるのか、どちらの方にわれ目が走っているのか、どこから上ればよいかを見ることができる。また仲間は、みなのものがひき綱をもって結びつけられているソリをどうして停止させ、停止したらどうしてソリを確保したらよいか、またかりに一五メートル下に宙づりになったとして、その者はどうして上に救いあげられるかを、目で見ることができるのである。かくてこそそれ相応の対策が立つのである。よく光のあたる、暖かい、風のない、理想的な状況の時でも、われ目地帯とあれば平らな一様な雪面を、いつ底知れぬ孔に落ちこむかもわからずにソリひきをやらねばならず、また不意に見えなくなった僚友を救助するために、ソリよ登山綱よと騒がねばならず、つらいものなのである。わたしは今、ベアドモア氷河その他のところで隊員がわれ目におちこんでひき綱一ぱいにぶらさがり、幾時もすごさねばならなかった不吉の日のことを想いおこす。ある時など、わたしと同じソリをひいていた先頭の一人がいちど墜落してから、二五分の間にさらに八回もわれ目に落ちたことがある。そしていつも自分のひき綱は、落ちたときに自分を引きとめる力があるかどうかを心配しなければならぬ。しかもこれくらいは、クロジール岬のわれ目地帯をこえて皇帝ペンギンとめくら打ちをしたわれわれにくらべると、まったく日曜学校のようなものである。

着衣の状態のためにわれわれの困難はさらに増した。もしわれわれが鉛の着物を着ていたらこれよりももっとたやすく腕や首や頭をうごかすことができるであろう。もし衣服についているのと同じ量の氷がかたまって脚についていたとしたら、わたしは動かれずにじっとしていなければならぬであろう。ところが幸いにわれわれのズボンの股はまだ動くのである。帆布製のひき綱のなかに入るのはもっとも困難な仕事であった。この旅行のかなりはじめから、われわれはこうした困難にぶつかったのであるが、ある時は愚かにも中食のときにはひき綱をとらなかったことさえもある。ひき綱はテントのなかではとけ、外に出るとまた板のように凍ってしまう。同じように衣類もまた板のように固くなり、あらゆる折れ目や曲り目で身体をつっぱるのである。一つの板を他の板の上にかさねるためには、ひき綱をかけるものと他の二人の僚友とでおきまりの骨折りが必要であった。これを一人一人について一日二回ずつやらなければならぬのである。それがどんなに長くかかるかはおよそ想像ができるであろう。すくなくとも一人について五分以上もはげしく打たなければできない。

霧のなかをテラー岬に近づくとともに、幾つかの隆起を上り下りしたように思われた。そして時おり、堅い滑りやすい雪層のあるのを足に感じた。また表面に皮をはっている雪層をいくたびも踏み破った。そのうちに突然にぼんやりとした形のわからぬ大きなものが目の前にあらわれてきた。われわれはひき綱をソリからはずしていっしょにむすび、登山綱でつなぎあって氷の方にあるいて行ったが、その時は幽霊にであったような気持だったことをおぼえている。月は霧のなかに頭上にものすごくぎざぎざした山稜のあるのを照らし出していた。われわれは登っていってそれが氷脈であることを知った。立ちどまって周囲を見まわしているとき、打つような音が足元からおこった。どすんどすんといい、きしみとどろく音がつづいてくる。氷が動いてガラスのように砕けているのである。割れる音は周囲からおこり、なかには数百メートル彼方から伝わってくる。後にはこれに慣れてしまったけれども、はじめて聞いた時は非常にビクビクした。このソリ旅行では、はじめから終りまで実にいろいろなことに出あった。そこには夏に氷原上の長い距離を旅行するような単調さというものはまったくなかった。ただ一つだけ恐ろしい寝袋に横たわっているあいだ、この低温の毎夜毎夜を、毎時毎時をふるえていなければならなかったこと、それだけが単調なものであったといえる。後になっては寝袋のなかにいてさえも凍傷をおこすようになった。寝袋のなかにいても凍傷をおこすようになっては事態はよほど悪化してきているのである。

空は月のあるところだけが明るくなっていた。われわれは霧中、月光のもとに立っていたのであるが、そのあかりで十分に前方にある氷脈やまた左手にある氷脈を知ることができた。氷のごうごうたる音はなおつづいていた。ここは海岸氷からは数キロへだたってはいたが、潮もこの音に関係しているもののようであった。われわれは引きかえしてまたソリに綱をむすび、よさそうな方向にソリをひき出した。われ目地帯に入っているのであるからいつ何どき、大地が裂けて落ちこむかも知れないという気持を抱いて。だがわれわれは雪や氷の盛り上りや堤のようなところを次々と迎えて行った。それはわれわれの目にうつったと思うと、もう足下にあった。われわれはあきらかに途方に暮れた。それは夜半に近かった。気温は午前一時のマイナス三八度から上って今やマイナス三三度になり、降雪があって付近は何も見ることができない。テントの下から巨人が大きな空缶をたたいているような音が聞こえて来る。どうもあらしがきそうな模様であったが、夕食を終って間もなく、寝袋に少しずつはいりこもうとしている時に果して風が吹き出した。風がでる前にわれわれは黒い岩の姿を認めることができた。それによってテラー山にせまっている氷脈のなかにいるのに違いないと知った。

三日つづいたあらしのなかで、第二日（七月一一日）の朝に気温はマイナス一三度まで上り、風級九を示したことがわかってびっくりした。第三日目（七月一二日）の朝には大あらし（風級一〇）になった。気温は華氏の度盛で八〇度も上ったのである。

それは気持の悪いことではなかった。湿ってなまあたたかく、気温が上ったので、まわりの氷という氷はみな水になってしまい、われわれは湯気を立てて見事にずくずくになってしまった。そして時々、こんど凍ったらどんなことになるだろうかと思いわずらった。しかしそれほど心配はしなかった。というのは間もなく眠ってしまったのである。こういう点からいって、このあらしはまったく神の賜物だったのである。

食糧の問題

われわれはまた日々の食糧にも変更をくわえた。このソリ旅行の準備をはじめた時から、これをつぎの夏の極点到達行進の高原部と見なして実験を試みるようにスコットから命ぜられていた。高原部の行程は極点到達行進でも、もっとも骨の折れる部分だと考えられていたのである。この冬の旅行で出あうであろう極端な悪条件、天候の点からいえば極点到達行進で遭遇するいかなる天候よりもはるかにひどい条件にあうに違いないことを知っていたので、われわれは食糧の点でも、ぎりぎりまで簡易化することにしたのである。われわれはただペミカンとビスケットとバターと茶とをもって行っただけである。もっとも茶は食物ではなく、うまいあたたかい興奮剤にすぎなかったが。ペミカンは優秀なもので、コペンハーゲンのビーバイス製であった。

探検隊の食糧。一番左がペミカン

この改良による直接の利益は食事のたびに食糧袋を扱うのがすくなくてすんだことである。もし気温が華氏目盛で氷点から一〇〇度下っていたら、あらゆるものの温度も同様に一〇〇度下っているのである。摂氏マイナス五七度のもとで食糧袋の口ひもをあけるのには、（いくつかのマッチ箱——金属製——を試みたのちに）ろうそくに火をつけた上で凍った足、凍った手の感覚をとりもどしてからやるのがよい。

砂糖なしというのは目にみえて日ましにつのる不快なことである。読者は夢の間も忘れがたい糖分の欠乏にあったことがあるだろうか。これはやりきれないものである。実際上はこのソリ旅行で、われわれは甘味の欠乏のために、それほどひどく支障を感じなかったし、またビスケットのなかにいくらかの糖分が入っていたので、中食の茶や晩のお湯のなかにこれを割って入れると甘味が出ておいしかった。このビスケットはハントレーとパーマーとでつくられ、その組成はウイルソンと会社の技師とが相談して考えたもので、その内容は秘密にされていた。だがともかくこのビスケットはかつてない満足すべきもので、これ以上に改良の余地はないものとわたしは思う。それには非常用、南極用の二種あったが、焼き方が違っているほかは、大した変りはないようであった。ソリ旅行の場合、食糧が十分にあるときには、よく焼いたビスケットが好ましいが、しかし非常に空腹をおぼえている時は、焼き足りないものの方がよかった。このような極端な悪条件のもとに人間が要求する蛋白質、脂肪、炭水化物の割合がどうであるかを試験するために、ビスケット、ペミカン、バターについては各人が異なった分量のものをとることになった。そしてウイルソンは脂肪食として一日ペミカン一二、ビスケット一二の比率で、ボワーズは蛋白食として一日バター八、ペミカン一六、ビスケット一六を、そしてわたしは炭水化物を主としてやっていくように命ぜられた。わたしはもっと脂肪がほしいことがわかっていたのですすまなかったが、必要があれば途中でかえてもよいし、やってみるだけならば害にもなるまいと考えて、ビスケット二〇とペミカン一二の割合でやった〔＊以上の比率一にたいして二八・三五をかけたグラム数が一日の摂取量である〕。

ボワーズには異状はなかった（これは彼のいつものことであったが）。しかし彼は余ったペミカンは食べなかった。ビルも彼の余りのバターを全部食べきれなかったが満足していた。わたしは空腹を感じ、そのため確かに他の人よりはひどく凍傷をうけた。そして脂肪をほしいと思った。また胸やけをも感じた。しかしわたしは脂肪をふやすまえにビスケットを二四の割に増した。がそれでも満足することはできなかった。やはり脂肪がほしかった。そこでビルとわたしとは同一食をとることにした。すなわち彼のたべきれないバター四をわたしにくれ、わたしは自分のほしくないビスケット四を彼にまわすことにした。それで二人はペミカン一二、ビスケット一六、バター四の割合の食糧となった。この組合せは非常によかった。われわれはこのソリ旅行の大部分をこれをもって満足した。これでなければ恐らくこのような悪条件には打ちかつことはできなかったであろう。

このひどいソリ行進の最中でも、まだわたしは毎晩二〜三行ずつ記録を書きつけていたが、それには次のように書いてある。

「この日〔＊七月一三日〕行進一四キロ——すばらしい滑走のように思われた——テラー山のどこかの山稜を上下する——午後、突然そのうちの大きなわれ目に遭遇——すでにテラーのかなり高いところに来ている——月が歩行を助けてくれた——ソリも一度にひくことができた。」

一日に一四キロというのは、これまでの調子なら一週間もかかるところであり、とても気をよくした。気温は終日マイナス二九度からマイナス三四・五度を往来し、これもありがたかった。われわれは山のむこうから吹きおろしてきた風がこの波状地形の頂にあたって両方にわかれ、一方では北東風を、一方では北西風となっていることを知った。高いところにはなお風があり、ふぶきはまだわれわれが望むほどにすっかり晴れあがったわけではなかった。

われわれはもうこの時までに料理用に、許されたより以上の油をつかってしまった。いつも料理がすんでからも、しばらくプライマスをつけておいて、テントを暖めた。そのおかげで、凍った足を手当して感覚をとりもどしたり、そのほかいろいろな処置をすることができた。またしばしばわれわれはそのかたわらにすわって、お互いにあまり熟睡しないように気をつけあって、居眠りをしたものであった。だがそのために油を使いすぎたのである。われわれは四・五五リットル缶を六個もって出発したのである。（それについてスコットがかれこれいったのであったが）今そのうちの四個を使ってしまった。はじめ、われわれはすくなくも二缶はもって帰らなければならぬといっていたのに、一ぱいの缶一個とプライマス二杯分をあますだけとなった。しかもわれわれの寝袋は恐ろしい状態であって、この旅のまだはじめであるこの時分でも、すでにわたしは自分の寝袋にはいれるようにこれをとかすのに、毎日押したり打ったりまたこぶらがえりをおこしたりして、一時間もかかったのである。それでもまだそのころは中にはいれたらそれほど悪くはなかったのである。

目的地につく

翌朝（七月一五日）出発した時、われわれは左前方の頭上にコブを見ることができた。このコブは大きな丘であって、海に面した絶壁がクロジール岬になっているのである。この斜面の一部は今われわれがソリをすすめている路までゆるやかにのびてきており、ここで方向をかえて、その方へソリをひきあげることにした。そこにはもうわれ目はなく、ただ大きな雪の吹きだまりが非常に堅くなっているので、氷の上でしたように金カンジキをつかった。五・五キロほど努力して、ついに岩と雪とで小屋をたてようと考えている堆石堤から一五〇メートルばかりのところに来た。この堆石堤はわれわれの左上手にあって、右下にはコブの双峰が横たわっている。標高二五〇メートルのこの山腹に最終のキャンプを張ったのである。

到着したのである。

われわれの小屋を何と名づけようか。どうして、速かに着物や寝袋をかわかそうか。脂肉ストーブはどんなふうに作ろうか。「ペンギンはいるだろうか。一九日目でここに来たのは結構すぎることといわねばならぬ。まったくだれだって、このようにぬれたものはいないだろう。寝袋はほとんどその中へはいることができなくなり、防風衣は箱のように凍ってしまった。バーディーの特許バラクラバ帽は鉄帽のようである。数々の注意もそのかいのなかったこと驚くばかりである。」〔著者の日記〕

もはや晩であったがじっとしていられなくなって、キャンプの上の方にある稜線までまっすぐに登って行って見た。そこは雪のなかから岩がのぞいていた。その岩は多くは基岩であったが、また転石も多く小石もあった。もとより氷のように堅くなった雪が多量にあって、テントのところまで下って来ており、一・八キロばかり先には、大きな氷脈が横たわっていた。氷脈とわれわれとの間には、それはあとから気づいたのであるが、大きな氷のがけができていた。数々の氷脈と大氷壁とは眼下にあったが、ロス海の端は七・四キロほど彼方になっていた。皇帝ペンギンはそのコブの肩をまわったところにいるのであろうが、コブにかくされてクロジール岬は見えない。

われわれの考えでは石を積みあげた小屋をこしらえ、雪で周囲をかこい、三メートルソリ一台を使ってはりとし、これに大きな緑色のウイレスデン帆布をかけて天井にするつもりであった。戸口のはりにする木まで持って来ていた。ここにストーブをすえつけてペンギンからとった脂をもやして、七・四キロばかりはなれたペンギンの営巣場へ採集行の暖かい基地とする考えであった。テントは営巣場までもっていって、その場で科学上の仕事をすることにして、立派な小屋は夜間の用にあてる心組みであった。

山腹二五〇メートルからのながめは壮大なものであった。わたしは何度も眼鏡を取りはずして氷をぬぐい去ってはながめた。東の方には大きな氷脈地帯が見おろされた。それは月光に照らされて、あたかも巨人がスキですいたように、深さ一五～一八メートルもあるあぜになっていた。その氷のあぜは氷原の端までつづいていて、その端には凍ったロス海が、ふぶきなどは何も知らぬげに、平らに裏白く平和に横たわっていた。北方と北東方にはコブがあり、背後にはテラー山がそびえている。灰色の無限にひろがる氷原は底しれぬ寒気と夢幻と沈滞とをつぎつぎと送り出し、風とふぶきと暗黒とのうまれ故郷のごとくに見えた。実に何と名状すべきところであろう。

「今は月の光も日の光もきわめて乏しいのであるが、この四八時間というもの、その両者を極度に利用し、ものを見るのに非常に困難な時間にもしばしば作業をつづけ、船の耐風灯をたよりに雪掘りをやった。二日目の終りに壁ができ上り、雪の堤も上から数十センチのところまで積みあげた。もうあと屋根の布をとりつけて、それから残りを積みあげればよい。雪が堅いのでこの雪積みは非常に困難であった。積石のすき間を雪でつめあわせることはできなかった。垂れのついた戸口を壁にちかくによせてとりつけ、その間を雪や岩ですきまのないようにした。上の方は板をかさね、下は地中に埋めた。」〔著者の日記〕

バーディーはその日のうちに仕事が完成しなかったので非常にがっかりし、いかにも腹立たしそうであった。しかしまだしなければならぬことはたくさんあり、われわれは疲れてしまった。つぎの朝（火曜日、一八日）われわれはこの小屋を作りあげてしまおうと早く起き出したのだが、とても強い風が吹いていた。上に登って行って雪掘りをはじめたが、屋根を張ることができなかったので、そのままにして帰って来た。われわれのテントのあるところよりも、上の方がさらにひどく風の吹くことをこの日はじめて知った。作業場ではこの朝とても寒く、風級は四～五、気温はマイナス三四・五度であった。

油の問題はいよいよ重大化してきた。われわれは今や六缶あるうちの五缶目にもかなり手をつけており、できるかぎり節約を旨として、一日二回しか暖かい食事をせぬように努めている。早く皇帝ペンギンのいるところに出かけ脂をとって来て、小屋のなかに作りあげたストーブをもやしつけなければならぬ。一九日は静かな晴天だったので九時三〇分に、からのソリとアイス・アックス二丁、登山綱、ひき綱と皮はぎ道具をもって出発した。

第一と第二の氷脈の間の低いところを通り、第二の氷脈の上に出たと思った。ここのところで絶壁は十数メートルの高さになっていた。これからのちわたしはどこをどう通ったか知らない。気温は低くて（マイナス三八度）わたしは眼鏡をかけることができなかった。これはわたしにとって恐ろしく行進が困難であったばかりでなく、隊そのものにも障害となった。ビルがわれ目をみつけるとそれを指さす。バーディーがとび越える。それからわたしはいくどもソリの上をまたぎ、あるいはよじのぼる。それでもわたしはわれ目のまん中へ足を踏みかけるのである。この日、わたしは少なくとも六回はこうしてはまりこんだ。一度は海に近くなってからであるが、わたしはすっかり落ちこんで急な斜面をころがって、ようやくバーディーとビルに綱で引きあげてもらった。

こうして進んで行くうちに、恐らく二つの氷脈が海につき出ていっしょになっているらしい大きな袋小路のようなところにぶつかってしまった。そこはぐるりと高い氷の壁になっていて、中央には急な雪の斜面があり、われわれはずるずると滑りながらうろつきさがしたのである。左手にはクロジール岬の大きながけがつっ立っていたが、われわれのいるところとそのがけとの間には二つも三つも氷脈が横たわっているのか、それとも横たわっていないのか、すこしもわからなかった。われわれは、すくなくとも四度も道をさがしたが、前進できる見こみが立たなかった。

その時、皇帝ペンギンのなき声をきいた。叫び声はわれわれのところからは見えない海氷上から聞こえてくるものであったが、その騒々しい声のおこるところは一・八キロくらい離れていたに違いなかった。その声ががけにあたってこだまするのをききながら、われわれは途方にくれていらいらするばかりであった。そして帰るより仕方がないとさとった。そのころはもう正午前後だけがすこし明るくなるのであったが、その光が消え去って、真のやみになってしまうと、事態は恐ろしいことになるからである。そこで足跡をたどってもどることにしたが、ひき返しかけるとほとんど同時に、わたしは足場を失って斜面を転がり落ちてわれ目のなかに落ちこんでしまった。バーディーとビルがよくもちこたえてくれて、わたしは彼らのもとへよじ登ることができた。足跡は実にかすかになり、ついにはそれを見失ってしまった。バーディーは足跡づたいの名人で、わたしはこれ以上の人を知らない。彼はまたしてもそれを見つけるのであったが、それでもとうとうしまいには彼もまったく見失ってしまい、あたらしい進路をとらねばならなかった。しかし最後には再び路を見つけて危地を脱することができ、テントを見てやれやれと胸をなでおろした。

ペンギンの巣へ

その次の日（木曜日、七月二〇日）は午前三時から小屋の方に行って仕事にかかり、風があるにもかかわらず、屋根に帆布を張るのに成功した。風は終日ふきつづけた。

早朝三時からの朝飯まえの仕事は身を切るようにつらかったが、これを終って大よろこびでテントに帰って食事をした。われわれはこの日さらに、また皇帝ペンギンのところに行くつもりだったのである。光がさしそめると同時にふたたび営巣地にむかっていた。

われわれはみな曳綱をつけて、ビルは長い綱をつないで先頭に立ち、次にバーディーが、わたしは後からソリのかじをとりながら出発した。がけに終っている斜面を下って行くのである。が、もちろんがけは見ることはできない。小さいわれ目を数限りなく横断して行ったが、間もなくがけの近くに来たらしいことがわかった。大した困難もなしにこれを下って、ちょうど思っていたとおり、陸地のがけと氷脈との間に出ることができた。

それから氷脈のなかの、およそ想像できる限りのきわどい登りがはじまった。はじめのうちは前日と同じような調子で、ソリをひきながら稜線を越えたり斜面をずるずる滑り落ちたり、われ目やそのほかさまざまの孔に墜落しては、はい出して道をとって行った。われわれが近づけば近づくほど、クロジール岬そのものを形成している黒い熔岩のがけは、いよいよ高くなっていった。かみそりの背のような雪稜の上を、ソリの平均をとりながら進んで行った。右手には底しれぬ深さの大きなわれ目が口をあけていたし、左手にも小さなのがあった。そこを進んで行ったのであるが、これはまったく半分以上はくらやみのなかで行われたはらはらする仕事であった。そして最後にはわれ目の一ぱいある一つづきの斜面に出、ついに堆石堤につづく岩原にやって来た。ここにソリをおくことにした。

われわれは登山綱でくくりあって、すでに氷から岩になった高さ二五〇メートルにも達するがけの下にそうて先を急いだ。このがけにぶつかってかき登っている氷脈は、もうここでは順序も何もない混乱状態を示していた。はるばると七四〇キロ動いて来た氷層が、この巨大な山稜にぶつかって波瀾重畳した有様は、ヨブ自身が造化の神にたいして叱責の言葉を投げかけるかと思われるばかりである。アイス・アックスを片手にその上をよじ、その下をはい、金かんじきで足場をえられないところは、アイス・アックスをふるって足場をきざみながら、ペンギンの居場所にむかって進んで行った。今度こそはそこに達するかと思われたが、またもちょっと見ただけではとうてい越えられそうもない氷壁にぶつかってしまった。それは最後にこのがけにぶつかっているもっとも大きな氷脈の一つだったのである。われわれは前進をはばまれるかと思われたが、ビルは氷の底にはいって行くキツネの穴のような真暗な穴を見つけた。われわれはしばらくそれを見ていたが、「よし、ここを行こう」といって、ビルはその中に頭をつっこみ姿を消してしまった。だがそれはゆうに通り抜けられるものだった。むこう側へ行ってみてわたしは片側が氷になっている狭いみぞのような谷が足もとにあるのを認めた。「背中を氷の方に圧しつけ、脚を岩の方につっぱって、からだを支えながら降りて来たまえ」とビルはもうずっとむこうの平らになったところの、しっかりした氷の上に立って叫んだ。われわれはその孔を通りこすのに五〇も足場をきざんだ。そして今われわれは前途の容易なことを見とおして、すっかりよろこんでしまった。またペンギンのさけび声がきこえてきた。こんなふうにして、氷だらけのぼろをまとった三人は、皇帝ペンギンの住処《すみか》の上に立ったのである。われわれはみな無事につくことができた。そして今や彼らのそばに行こうとしているが、さて数千羽の声のしたところはどこなのであろうか。

われわれはいま四メートルばかりの高さの小さながけになっているすそ氷の上に立って、足もとに多数の氷塊の散乱している海氷を見おろしている。このがけはまっすぐおちていて、あるところでは張り出しになり、吹きだまりの雪さえ少しもとどめてはいない。このがけをまた登るのにはどうしても助力がなければならない。そこで誰かが一人登山綱をもって上に残ることになった。この役は当然にわたしがやることになる。というのはわたしは近視であり、眼鏡は曇ってかけることができないので、これから先の仕事をするには隊中わたしが一番後に立たぬ隊員であったからである。もしソリをいっしょにもって来ていたら、これをハシゴにすることができるのであるが、それは数キロもあとに堆石堤のはじめのところに置いてきたのであった。

数百メートルむこうの氷壁の下のところにペンギンが群がっているのが見えたが、わずかばかりの光線はもう消えかけてきた。もう一足で勝利というところで暗やみが近づき、南からの風が出そうな気配が見えたのでわれわれはひどく興奮していた。名状しがたい努力と苦闘ののちに、自然の驚くべき事実を目撃し、いまだかつてこころみられたことのない仕事をする最初の、そして唯一の人間となろうとしているのである。そしてまた科学上この上もなく重要な事実を立証する材料を手にし、学説を事実に移す各種の観察を試みるまぎわにきているのである。その時になって仕事をやめなければならぬとは。

邪魔物の訪問をうけたペンギンは奇妙な金属的なすさまじい低い声を出してなき立てた。彼らが卵をもっていることは、足を立てないで地上をごそごそ動こうとしていることからも疑問の余地はなかった。そしてペンギンがその場を立つと、あとには多数の卵が落ちて氷の上に残された。そのうちの幾つかは、卵がなくて、卵を抱く機会をねらっていた他のペンギンによって早くもぬすみとられるのであった。このあわれな鳥にとっては母性の仕事は生活の他のあらゆることを押しのける必然のことなのであった。これこそは強い母性の力によってのみ達しえられる生存闘争の姿なのである。こんなことが果して生活の幸福とか満足とかをもたらすものかどうかを知るのは興味あることである。

今われわれが立っているこの営巣場を、ディスカバリー探検隊の人々がどうして見つけたか。彼らが春はやくそこまで旅しながら、なお卵を手に入れるほど早期には到着できず、わずかに親鳥とひなとを見つけたにすぎなかった。彼らは皇帝ペンギンは、その理由はともかくとして、南極大陸のさなか氷点下五十数度の寒気のもと、休みなく吹きつづけるふぶきに背をさらして巣を営む不敵な鳥であることを明らかにしたのである。そしてまた彼らはペンギンが大事なひなを脚でかばいながら、母性愛または父性愛（というのはこの鳥は両性ともにそうする特権をもっているのである）からその飾りのない胸でおしつけるものであることを発見した。そしてまた親鳥が近くの海氷のわれ目まで何かちょっとものを食べに行った留守の間に、ひなをもたない鳥が二〇羽も集まってきてこのひなをわがものにしようとお互いに争いあい、ひっかきあうので、ひな鳥はあるいは死に、あるいは割れた氷の間に逃げこめるものは逃げこむが、そこで凍えて死んでしまうのである。同様にしてまた多数の破れ卵や腐れ卵が見つけられ、これによって死亡率が非常に高いことが明らかにされた。しかし生き残ったものは夏になって、もはや大ふぶきがこなくなると（彼らは天気のことはすっかり心得ているのだ）、親鳥はひな鳥をつれて海氷の上を数キロも横ぎって、開いた海の端のところまでつれて行く。そこで彼らは風が来て波のために氷が割れて沖に出て行くのを待っているのである。彼らはその流氷を自家用ヨットのようにして沖の群氷へと風にまかせて出て行くのである。

このような生活をする鳥をもって興味深い生物とすることはだれも異存はあるまい。七カ月まえ、われわれはここの大きながけにボートをこぎよせ、一羽のペンギンのひながまだうぶ毛のままでしょんぼりとしているのを見て、なぜペンギンが真冬のうちに営巣しなければならぬかをはっきり知ることができた。なぜならば六月に卵からかえったひな鳥が、一月のはじめにまだ本羽をもっていないくらいならば、夏にかえったものは次の冬を本当の被毛なしに迎えなければならないであろう。それゆえに皇帝ペンギンはその子の生長速度が遅いために、あらゆる困難をしのぐことを余儀なくされるのである。このような原始的な鳥類の幼年時代がこんなに長いということは興味ある問題である。

もとよりこれらの鳥類の生活史がこれほどに興味のあるものでなければ、われわれは三週間もかかってその卵をとりに来はしないのである。われわれは彼らの胚盤がほしかったのである。彼らのできるだけ若い時期のもの、新しくて凍結していないものがほしかったのである。それを本国の専門家は顕微鏡用の薄片に切り、これを材料にして進化過程における鳥類の発生史を学ぼうとするのである。さてビルとバーディーは大いそぎで五個の卵を集めて来たが、それをわれわれは毛皮の手袋のなかにおさめて、テラー山の中腹にあるわれわれの小屋までもち帰り、上の目的にそうようにアルコール漬にするのである。またわれわれは脂肉ストーブの燃料にする油がほしかったので、二人は三羽のペンギンを殺して皮をはいだ。そのうちの一羽は体重四一キロにも達していた。

ロス海はすっかり凍っていて、アザラシは一頭も見えなかった。そして一九〇二年、一九〇三年には二〇〇〇羽にもおよんだペンギンはわずかに一〇〇羽くらいしかいなかった。ビルは四〜五羽ごとに一つずつ、卵を抱いているのを認めたが、これはほんの大ざっぱの推定にすぎない。われわれはむやみに彼らをおどかしたくなかったからである。なぜそんなに少ししか鳥がいなかったのかは疑問であるが、氷が張ってからそう長くたっていなかったことは確かであった。彼らが一番乗りなのであるか、それとも今まであった営巣地が海上に吹き送られて、これが二番目のはじまりなのか。あるいはこの湾の海氷が彼らには不たしかになりつつあるのか。

以前ペンギンがひなを抱いているところを見たものは、彼らは生きたひながない時には、死んで凍っているひな鳥を育てているのを見たという。またなかには一たん凍結してしまってから抱卵されたに違いないと思われるような腐敗した卵をも発見した。いまわれわれはこれらの鳥は卵をかかえずに氷の上にすわっているよりは、何かをかかえていた方が安心なのだということがわかった。ビルもバーディーも、卵だと思ってちょうどそれくらいの大きさと形をしたきたない堅い氷塊を拾い上げたことがたびたびあった。彼らはまたある時は一羽の鳥が、こうした氷の卵をとり落したところを目撃したが、鳥はまたすぐに別なのをくわえこんで帰って来たということである。

その間にもペンギンの列はわたしが立っていたがけの下までやって来ていた。もはや光線は非常にくらくなりかけていたので、われわれの仲間は大いそぎで帰って来て、万事てっとりばやくやらなければならなかった。わたしは手袋のなかに入れた卵を引きあげ、それからペンギンの皮をたぐりあげたが、ビルを助けあげることをすっかり忘れていた。下から彼は「引っぱってくれ」と叫んで来た。「引っぱってますよ」とわたしは答えた。「こっちじゃ綱はすっかりたるんでるじゃないか。」彼はそう叫ぶのであった。そして彼がバーディーの肩にのぼってがけの上に出て来た時に、なおバーディーの手元にある綱はゆるんだままであった。氷の間にくいこんでしまった綱に一所懸命に力を入れていたのである。これは氷のわれ目で作業する時に起こりがちな障害で、われわれはアックスで綱をはずそうと努めたけれど、思うようにいかなかった。事態は重大化しそうになってきた。バーディーは見こみのありそうなところを探し歩き、その間に片脚を裂け目から海中につっこんだりしたが、最後にがけが張り出しになっていないところを見つけた。彼は自分でここに足場をきざみ、われわれが上から引いてやって、とうとう一同が無事にがけの上に集まることができた。バーディーの足はこの時、固い氷の塊のようになっていた。

われわれはできるだけの馬力を出して帰途をいそいだ。五個の卵を毛皮の手袋におさめ、バーディーは二枚の皮をからだにしばりつけてうしろに引きずり、わたしが一枚をもった。われわれは綱でつなぎあって稜線をよじた。穴のところを通りぬけるのには骨をおった。ある時は小石と雪の急な斜面をおりる途中で、わたしはアックスを落したり、また他のところではあまり暗くて前の人がアックスで切った足場が見えずに運を天にまかせたりした。それでずいぶん我慢をしたあげくにビルはわたしに「チェリー、君はアイス・アックスの使い方を教わらねばならぬよ」といった。

やっとのことでソリのあるところまで来た。その時はあとにも先にも卵は三つしか残っていなかった。二つともわたしのもっていたのが手袋のなかで壊れてしまったのである。一つはわたしがたべてしまい、もう一つは手袋に入れたまま料理に使おうと思って残してきた。だがそれはそうはいかなかった。帰りのソリ旅行でわたしの手袋はバーディーのよりも（ビルは毛皮製手袋をもたなかった）ずっと氷がとけやすくなったが、それは卵の油のせいだったと思う。氷脈の下の穴にはいった時はまっくらで、ひたすら道をたどるのがせい一杯であった。それからも幾つかの氷脈をはらばって越えた。上に出るとすこしは見えるようになったが、間もなく足跡をたどることができなくなった。まっすぐに進んでいって、幸いにも先におりて来た斜面を見つけることができた。終日しめった冷い風が吹き、気温はマイナス二九度からマイナス三四度で、かなり寒かったが、今はさらに悪化し、天気はくもり出して、われわれがテントを探しはじめたころは事情ははなはだかんばしくなかった。風級四の風が吹き出して、道がさっぱりわからなくなってしまった。われわれの石小屋のしるしである岩石地帯へまっすぐに登って行ったが、ずいぶん探しまわってやっとその石小屋を見つけることができた。

テント吹き飛ぶ

その次の日ビルは「これからはいくらかよくなるに違いない。僕はゆうべがどん底だったと思う」といった。

まったくそのとおりだったのである。

われわれははじめて石小屋に引越しをした。脂肉ストーブを使うことによって油を帰りの旅行のために節約しなければならなかったからであり、脂肉ストーブを使用すればきまって黒いすすがたまるので、テントをよごしたくなかったからである。ふぶきは夜どおしふき通し、沢山のすきまからはいりこんでくる粉雪におおわれてしまった。この風通しのよい場所では、堅い雪塊の間をうずめる軟かい雪を手にすることができなかったからである。ペンギンの皮から脂をはぎとっている間にも、何もかもが雪だらけになってしまった。

これは気持がわるかったけれども別段いそがねばならぬことでもなかった。ふぶきがもってくる吹きだまりの雪は、岩とその岩の下に建ててある小屋との風かげ側につもって、小屋を風雪から保護するのに役立った。それから非常な苦労をしたのちに脂肉ストーブを燃やしつけることができた。その時、沸騰した油の小滴がビルの眼に入った。それからその夜中、彼は横になっていたが、もちろん非常な痛みのためにうめき声をとめることができなかった。あとで彼のいうところによると、視力が駄目になるのかと思ったそうである。われわれはどうにかして食事を料理することはでき、バーディーはそののちストーブをよく燃えるようにはしたが、しかし小屋をあたためることはまったく徒労に帰した。わたしは外に出て、戸のそとの緑の帆布を切って屋根布を石の下に入れるようにし、そうして吹き込む雪を大方はとめることができた。

この人生においていかにしばしば天使と馬鹿者とが同じことをするかは驚くべきことである。この旅行でもいずれがいずれであるか定め難いものがあった。わたしはめったに怒りの言葉を聞いたことがなかった。ただ一回（この同じ日、ペンギンの営巣場からがけの上にビルを引上げられなかった時に）一言、我慢しきれないでいわれた言葉を聞いた。ビルのうめきはほとんど病状を訴えるだけのものであった。たいていの人ならばほえ立てるところである。「わたしは昨夜でどん底にきたと思う」といったのはビルにとってはよほどの言葉であった。彼はスコットへの報告で「わたしはしばらくは我慢がならなかった」といっている。忍耐力はこの旅行であらゆる状態のもとに試練された。そうしてこの二人は責を少しもわたしに負担させることなくすべてを双肩におい、確かに成功にみちびいたものは克己心ただ一つといえるくらいにふるまったのである。

次の日、それは七月二一日であったが、われわれは終日、堅い雪塊のあいだのすきまをつめることのできる軟かい雪をあらゆるところから集めにかかった。それはかわいそうなほどわずかしかなかったが、ともかく小屋をすきまのないように仕上げることができた。それから風で天井の布が上にあおられるのを防ぐために、堅い雪を平板状に切りとって梁の代わりにしてあるソリの上において帆布を定着させた。それからテントをこの小屋の入口の前に移した。すなわちテントも石小屋もテラー山腹二五〇メートルばかりの高さにあって露出した岩石の下手に位置し、その背後から山は急傾斜をもって氷壁の方に落ちており、この方向からふぶきがやってくることとなる。前方には二キロあるいはもう少し先の氷のがけまで斜面が下の方へつづいており、そこは風がふきつけるのでわれわれはここを往来するのに金カンジキをはいた。テントの大部分は小屋の風かげにあたっていたが、しかしその頂上は小屋の屋根よりはすこし出ており、また横も小屋の壁よりは張り出していた。

その夜われわれはたくさんの衣類道具をテントにもち込み、そこで脂肉ストーブを燃やしつけた。わたしはたえずストーブが不安で、今にも燃えさかってテントを焼きはせぬかと思っていた。ストーブがはげしく燃えつづけると、二重張りのテント内にすえられていることとて、かなりの熱をあたえてくれた。

ねむるために凍った寝袋をとかしにかかったのは朝の四時だったか、晩の四時だったか、それはどちらでもよかったが、たしかにわたしは金曜日の午後に寝たに違いないと思う。料理道具や毛皮靴や沢山の足ごしらえの装具とボワーズの私物袋そのほか多数の品々をテントのなかに残しておいた。石小屋の方はもうあたためる要がなかったので、ストーブもそのまま残しておいたと思う。石小屋のなかでは寝袋の下にテントの床敷がしいてあった。

「これからはよくなろう」とビルはいった。とにかくこれまでになったのは何といってもありがたいことである。わたしは誰にしてもこのような堅い雪塊と石とでもって、これ以上に立派な石小屋が作れるとは思わない。小屋はおおいに空気がもれないようになるであろう。脂肉ストーブはよく燃える。そしてわれわれはその燃料をもっているのである。すでにペンギンのところに行く道を見つけ、三個の凍ってはいるがしかし完全な卵を手に入れた。二個はわたしが眼鏡をかけられなかったために倒れて壊してしまったけれども。そのうえ正午ころ水平線下の太陽があたえる薄明の時間も追々に長くなってきている。しかしながらわれわれはすでに過去のもっともながい春のソリ旅行にくらべても、それの二倍にあたる期間をこの冬季ソリ旅行に過したのである。春の旅行をした人々には日中の光があったが、われわれはくらやみである。彼らにはこのような低気温はもちろん、これに近いものもなかったし、またこのような悪絶の場所で仕事をすることもまれであった。この一カ月ちかくの間で健康な睡眠にやや近いものを得たのは、あらしの間で気温が上り、わずかに自分の体温で衣類と寝袋の氷の幾分を水にとかせるようになった時だけである。心の疲れは非常なものであった。われわれはたしかに衰弱していた。そして帰還のためには一缶と少しの油しかなく、しかも氷原を横ぎって帰るソリ旅行でどんな困難に直面しなければならないかを知っていた。それは新手が新しい装備をもって立ちむかっても打ち勝ち難いものなのであった。

やがてわれわれは三〇分あるいはそれ以上の時間を費して寝袋へはいった。北の方から巻雲が星空を横切って飛んでいる。南の方はうっとうしく曇っているようであるが、しかし暗黒のなかで天気を判断するのは無理である。風はなかった。気温はマイナス二九度であった。われわれはこれといった不安も感じなかった。テントは十分に掘りこんであり、石をおいておもしにしてあり、その上に念のために重いソリが置いてある。われわれはこの小屋の厚い壁を動かし、あるいは圧しつけてしばってある周囲の筑堤のさ中から、天井の帆布を引きはぐほどの強大な力が、この地上にあろうとは思いもよらなかった。「これからはよくなるだろう。」ビルはそういった。

わたしが目をさましたのは何時だったか知らない。静かだった。まったく静寂で、あたりの気配は非常になごやかでもありまた非常にものすごくもあった。そのうちに一陣の風が吹いて来た。そしてまた静かになった。一〇分して世界はヒステリーの発作がはじまったようなありさまになった。大地は千々に砕けるかのごとく、名状すべからざる狂乱と想像を絶した怒号とがおこったのである。

「ビル、ビル、テントが飛ばされた」つぎにわたしが記憶しているのはこの言葉が戸外のボワーズの口から何度もくりかえされたことである。この早朝の衝撃は非常にこたえたことはいうまでもない。われわれは内心これはいよいよ死が迫ってきたのかも知れないと思った。ボワーズとわたしとは何度もテントと小屋とをわけへだてた数メートルの間を往復した。わたしは、いくらか小屋の風下側だとはいいながら、どうしてまたこれほど沢山のものをテントのなかに残しておいたのか了解に苦しんだ。テントの張ってあった跡にはいろいろな品ものが散乱していた。あとでよく調べてみると何もかもあったが、ただ料理器の底と外ふたとが見当らなかった。この二つはどうしても見つからなかった。何といってももっと不思議だったのは毛皮靴がおいたままのところにそのままあったことで、それはちょうど小屋の風かげにあたるところのテント内の地上においてあった。またバーディーの私物袋と甘いものの缶もそこにあった。

バーディーは二缶の甘いものを携えてきていた。その一缶はコブに到着したお祝いにたべてしまい、これは二缶目のものであった。それについてわたしは何も知らなかったが、実は次の日がバーディーの誕生日にあたっていたのである。しかしわれわれは土曜日からそれをたべ出した。そしてこの缶はのちにビルのために役に立った。

これらの品々を手にするために真暗ななかにはげしい雪と戦った。あらしはともすればわれわれを斜面にふき倒そうとした。一度ふきとばされるとなかなか止まらなかった。わたしは一度、バーディーが吹きとばされて、やっとのことではって帰って来るのを見た。すべてのものを運びこんでから、われわれは小屋のなかに入り、ビルのそばにすわった。そして品々を整理し、また自らの乱れた心持をとりつくろった。われわれがひっかきまわされたことはいうまでもないが、それはまんざらわれわれの過失からではなかった。われわれはできるだけは岩の手に入るところにこの石小屋を建てたのであった。もとよりわれわれは小屋もテントも強力な風に耐えるように努めた。だが今やそれらが風のあたるところに建てられたというよりは、それに耐えるに不十分だったために危険にさらされることとなったのである。暴風の主力は背後の山稜のためにそらされて、われわれの頭の上を吹き通ったのであるが、その結果、下に吸いあげられた真空部を作ることになった。このためにテントが上に吸いあげられたのか、それともテントの一部が風あたりに出ており一部は風かげにあったので、風に吹き倒されたのかいずれかよくわからない。小屋の天井は上に吸いあげられたかと思うと、えらい勢いで圧し下げられてきて、雪が吹きこみはじめた。それは外から吹きこむというよりは内からすいこむといった方が適当であった。というのは風衝面よりは風かげ側の壁の方がひどかったからである。すでに何もかもが一五～二〇センチも雪をかむった。

間もなく石小屋も危険にさらされていることを感じた。われわれはたびたび重い雪塊をもって来て天井布の上に積みかさねておもりにした。しかしそれもじりじりと狂暴な風のために動かされるようであった。風あたりはとても耐えられそうになかった。耳をすましていると、その吹きすさぶ声は狂気のごとく、一刻また一刻、時また時と雪塊はもち去られて、屋根布は猛烈に打ちあげ打ちおろされた。このような力に耐えるような帆布などあるものではない。

この土曜日の朝、食事をとったが、これはその後の長いあいだの最後の食事であった。油は非常に貴重なものとなったので、脂肉ストーブの方を使おうとしたが、それははじめ数回もえ上っただけで、ハンダ付けが離れてめちゃくちゃになってしまった。この方がむしろ幸だったと思う。というのはそれは役に立つというよりも危険のほうが多かったからである。そのためプライマスで料理をした。油の欠乏のために次回の食事はできるだけあとにしなければならぬと考えた。実際それは否も応もないことであった。

われわれは全力をつくして雪の吹きこんでくるところを、靴下や手袋やその他の衣類をつめて防いだ。しかしなかなかうまくいかなかった。小屋は一瞬、真空になったかと思うとまたすぐ一杯になった。雪が吹き込んで来ないときには、その代わりにこまかい黒い堆石粉が吹きこんで来て、われわれやまわりのもの一切をおおうた。二四時間というものわれわれは天井が吹きとばされるのを今か今かと待ち構えていた。こうなってはあまりひどいので戸をあけて見る勇気もなかった。

ビルが、もし天井がとばされてしまったら寝袋のなかにはいり込んで吹きさらしに寝て、凍るがままに雪に埋められるより仕方がないと思うと語ってからでももうだいぶんたつ。

石小屋の危機

事態はいよいよ悪くなるばかりであった。張りきった天井の帆布と、その上に乗せてあるソリとの間のすきまはいよいよ大きくなってきた。これは帆布がのびてきたのと、その上の雪塊がなくなったためで、壁がゆるんできたせいではなかった。下方へ圧しつけられたり、上へふくらんだりする音はますますはげしくなった。手袋や靴下やその他の小さな布切れを悪いところへ詰めこみ、戸の上の石と屋根との間にジャケツを押し込んだにもかかわらず、壁をとおして入ってくる雪はさらに多くなった。石はもちあげられてゆらゆらするので、落ちて来やしないかとびくびくした。

われわれは大声で叫んで話しあった。この時、外側から屋根の上に登山綱をかけたらどうかという案をもち出したが、ボワーズは、この風のなかでそんなことはとてもできないと反対した。「船の上では滅多にそんなことは人に頼まれない」とボワーズはいった。彼はしじゅう袋の口をあけては孔をつめたり天井のバタバタいうのを押えつけようとしたり、しきりに工夫をしていた。実に見上げた人である。

しかしとうとうやっつけられた。

天井の布が入口の板のところに折込んであるのが、どこよりも具合が悪かったのでバーディーはそこにいた。ビルは寝袋からとび出して何か長い棒のようなものをもってそれを押えていた。わたしは寝袋から半分はい出していたことを覚えているが、何をしていたのか自分でもわからない。

入口の上のところにちょっとした切れ目ができたかと思うと、その緑色をしたウイレスデン帆布は一秒の何分の一という間に数えきれないほどずたずたに引きさかれてしまった。それから出るうなりはなんともいえないものであった。あまつさえすさまじい音を立てて山腹から吹きおろす強風は、帆布の綱をほそひものように切りさいなんでしまった。壁のなかにとりかこんでこしらえた一番高い石がわれわれの方に倒れてきて、それとともに一塊の雪が吹きこんで来た。

バーディーは自分の寝袋に恐ろしく沢山の雪片をくっつけたままもぐりこんでしまった。ビルもまたそうしたが、彼は幾分ましであった。わたしはすでに半分入っていたのでよかった。でわたしはビルの方へ手を貸してあげた。「自分のへ入れ」と彼は叫んだ。そしてまだわたしが彼を助けようとする手をとめないので、彼は口をわたしの耳に押しつけるように寄って来て「どうぞチェリー」といった。彼の声はとても慈愛にみちたものであった。彼はこのようなどたん場に追いこんだのは自分であるという責任を痛感していることがわたしにはよくわかった。

その次に、わたしはボワーズがビルのからだをこえて頭をさしのべ、「われわれは大丈夫だ」とさけび、そしてわれわれもそれにしかとこたえたことはおぼえている。事実のいかんを問わず、ただそういっただけである。なぜならばわれわれはみな事態の救われ難いことをよく知っていた。それからぐるぐると寝返りを打って寝袋の下が上に来るように、また入口の垂れのところが上になるようにした。こうしてじっと横たわり、考え、時には歌をうたったりした。

われわれ一同はテントなしでどうして帰還したものだろうかと考えあぐねていたと思う、とウイルソンはかいている。われわれはただ一枚の床敷を持っていたにすぎなかった。今われわれはその上に横になっているのであった。もとよりその時は話をすることもできなかったが、あらしがやんでからのち、われわれは毎夜、雪を掘ってその上に床敷きを、おおいかけてやっていけるかどうかについて相談した。このような気温のもとで、今のように氷だらけになっていて、そうしたやり方で本当に帰れるものだとはわたしは思っていなかった。しかしだれ一人としてそんなことをほのめかすものはなかった。バーディーとビルはずいぶんいろいろな歌や讃美歌をうたっていた。時折はそれがわたしのところまで聞こえてきて、わたしも怪しいものであったがどうにかそれに調子をあわせた。いうまでもなくわれわれの上には追々とひどく雪が積ってきた。バーディーのところはよけいに雪が吹きこんだ。時々背を丸くして寝袋の上に積った雪を払いおとさなければならなかった。また寝袋の垂れをあけて軟かい雪を少量とりこんで小さく押しかため、口のなかへ入れてとかした。手が暖かくなったらまた雪をとりとりしたので、あまり渇は覚えなかった。帆布のリボンのように切れたのがまだ頭上の壁に残っていて、時々ピストルを撃つような音をたてて鳴った。帆布はなかなか壁からちぎれなかった。風の音はちょうど両側の窓をあけたまま急行列車がトンネルをとおる時と同じような音をたてた。

わたしは自分の僚友は二人ともたとえ一時でも希望をすてるような人物ではないと信ずることができた。彼らは驚ろかされたに相違ないが、しかし決して当惑はしていなかった。わたし自身はまったく希望をもてなかった。天井が吹き去られた時、これはもうおしまいだと思った。それよりほかどう思えるだろうか。われわれはここへ来るまでに暗黒のなか、いまだかつて人類が経験したことのないような寒威のもとに幾日かを重ねたのであった。われわれはすでにこれまでに人が耐えしのんだことのないような、たといあっても一両日を出ないような条件のもとに、四週間もすごしてきたのである。この間、われわれは拷問台の人が眠るように、極度の疲労から来る睡眠のほかは、ほとんど眠っていなかったのであり、まただ生きるためのどん底の必要をみたすべく分秒も気をゆるめることなく、常に暗黒のもとに戦いつづけたのである。足や手やからだをかばうために、油をもやし多量のあたたかい脂肪に富んだ食糧をとってやって来たのである。しかるに今はテントはなく、油は六缶のうち一缶を残すだけで、料理道具は一部しかないのである。幸いに気温がそう低くないときには、着物をしぼって水をたらすこともできたのである。が、しかし一たび寝袋から外に出るとたちまち凍って、よろいのような堅い氷におおわれてしまうのであった。気温の低いときには頭上をおおうテントのおかげがあってさえも、寝袋のなかに入るためには非常な力を出して一時間以上も苦しまなければならなかったほどに、それほどに堅く凍り、それを融かすために長い時間がかかったのである。いや、いや。テントなしではわれわれは死んだ人間である。

そうしてわれわれのテントを二度と見るというのは一〇〇万に一つも期しがたいことである。われわれは山腹三〇〇メートルに登っているのである。アイス・アックスの先も跡をつけられないほどに堅く、毛皮靴をはいたまま、もし滑り出せば、とまることができないほど滑りやすく、しかもその先は百数十メートルの氷の絶壁になっていて、下にはわれ目が口をあけて、いりくんだ氷脈が何キロもつづいており、そのうえ海が横たわっているのである。テントが空中高く舞いあがって、この海の上におとされたとしたら、あるいはニュージーランドまで運ばれてゆくかも知れない。何といってもテントはいってしまったのである。

わたしは不信心にも、坐して死を待った。もう長くはあるまいと思って、暖かくしようという気にもならないで、そしてもっとひどくなれば薬入れからモルヒネをとり出そうなどと考えていた。ちっとも英雄的な心持にはならず、まったくありのままに、まことに安穏にぬくぬくとしている読者のように。人は死を怖れない。人は死の苦痛を怖れるのである。

そうしてまた当然のことながらわたしの最後の苦痛を読もうと思っていた人々には落胆となることはいうまでもない。（死によって人に気休めをあたえないものがあろうか）わたしは眠りにおちた。この大あらしのあいだ、気温は非常に高かったように思われる。氷点下一七～一八度ならわれわれは大いに暖かかったのである。

この気温とわれわれの上に積った雪のおかげで、寝袋のなかは小さな湿地のように、一種の気持のよいしめっぽさをあたえられた。そしてみなかなりよく居眠りをむさぼったと思う。そこにはもうこれ以上悪くなる心配はなかった。われわれは腹をへらしていた。われわれはあまりにも疲れていた。われわれは腹をへらしていた。われわれは前日の朝に食事をしたのが最後であったのだが、しかし飢えはそうひどくはなかった。

こうして湿ったなかにかなりあたたかく、じっと横になっていた。時々刻々と風は吹きまき、あらしはやすみなく、時には名状しがたい狂暴な突風を送ってきた。風級は一一にも達した。この風級は最大一二まで記録されることになっているのである。ボワーズはこの時のあらしを一一と記録したが、しかし彼はいつも過度に見積ることをおそれて内輪につける傾向がある。わたしはこのあらしはまったく台風に相当すると思った。ある時はさめ、ある時はうつらうつらとして、わたしの記憶する限りではさほど不快な思いはしなかった。わたしは感覚をなくしていたのだ。わたしはなんとはなしに自分の心にいいきかせた。ペアリー〔＊アメリカの探検家、一九〇九年に北極点初到達）は吹きさらしのところであらしにたえて生還したではないか。しかしまたそれは夏ではなかったかとも反問してみた。

テントがうばわれたのは土曜日（七月二二日）の早朝のことであった。その朝にわれわれは最後の食事をしたのであった。天井が吹きとばされたのはその日、正午ころであった。それ以来、われわれは油の欠乏のために食事は何もとっていないのである。またさしせまった必要がないかぎり、寝袋のそとへは出なかったのである。こうして日曜の夜まで三六時間、ものもたべずにすごした。

天井が飛んでゆく時に落ちてきた石では幸いに怪我はなかったが、寝袋から出てそれを動かすことはできなかった。けれども大して苦労もせずその間にうまく身をよこたえた。それよりも悪いのはからだの上やあたり一面に積る雪の吹きだまりであった。もちろんそのために暖かくはあったが、同時にまたわりあい高い気温のために寝袋を飽和させるので、前よりは具合が悪かった。もしテントを見つけなかったならば（その発見は奇跡であった）これらの寝袋と下に敷いていたテントの床敷きだけで氷原を横断して帰らなければならなかったのである。そして思うにその結果はただ一つだったのである。

しかしながらわれわれは機会を待たなければならなかった。基地までは一三〇キロ近くもあり、ここまで来るのにたっぷり三週間はかかったのである。こんなことになるまえから、すでにわれわれは帰還の途のことを思いわずらっていたのである。しかしわたしはいまこの時のことをよくおぼえていない。日曜の朝は午後になり、夕方になり、月曜の朝になった。その間、あらしはおそろしくたけり狂った。それは世界中の風が集ってきて気違いになったように思われた。われわれはこの年すでにエバンス岬でひどい風にあい、次の冬にはもっとひどい、戸口まで海水が打ちよせるあらしを経験したのである。しかしわたしはこんな風を聞いたことも経験したことも見たこともない。大地を吹きとばさなかったのが不思議なくらいである。

月曜の朝早く、ちょっとしたなぎがきた。冬の大きなあらしのなかに幾日も夜昼とおしてすごしてきたものには、ざわめきよりはなぎの方がたえがたいものであるということである。「感じないという感じである」〔キーツ〕しかしわたしはそんなことに気がついたかどうか今は覚えていない。七～八時間たってもまだ風は吹きつづけていた。しかし今度はお互いの話声をさほど苦労せずに聞くことができた。食事をとってから二日と二夜がすぎた。

寝袋を出てテントをさがしてみることにした。われわれは探した。しかしだれもそうとはいわなかったけれども、恐ろしく寒くまたこの上もなくみじめであった。暗がりのなかではほとんど何も見えず、テントは跡形もなかった。われわれは風にさからって帰って来て顔や手をいたわった。そしてともかくなんとか食事の工夫をしてみようということになった。そしてあとにも先にも、この上なく奇妙な食事をとったのである。寝袋の下にしていた床敷きをひっぱり出し、そいつを上にかぶり、寝袋のなかに入って、その下でプライマスをどうにかしてともし、部品が二個ふきとばされたままの料理道具をその上にのせて手でもっているのである。炎が空気抜きからゆらゆらと見える。非常にゆっくりだが雪がその中で融けてゆく。そこでたくさんのペミカンを入れた。その香りはこの世のうちで何よりもありがたいような気がした。ひと時たつとお茶もペミカンもできた。そのうちには寝袋の毛やペンギンの羽毛や、そのほかごみや土ぼこりなどがはいっていたがおいしかった。料理器に残った油脂がよく燃えて、お茶は舌を焼くほど熱かった。だれだってこの食事の味は忘れないであろう。わたしはこうした食事を味わえるだけ味わってたべた。この焼けつく味はいつでも記憶によみがえってくるであろう。

まだ暗かったので再び寝袋のなかで横になっていた。しかしまもなくすこしあかるくなってきたので、起き出してテントさがしを試みた。バーディーはビルとわたしよりも一足先に出かけて行った。まずいことに、わたしは羽布団を足にひっかけて寝袋から引きずり出した。それはすっかりぬれていたが、なかなか元へ返すことができなかったので凍るにまかせたら、たちまちのうちに岩のようになってしまった。南の方の空はこの上なく暗く不気味に見えた。いつ何時あらしが再びやってくるかわからない形勢であった。

わたしはビルのあとから斜面を降りて行った。われわれは何も見つけることはできなかった。だがさがしているうちに右手の下の方から何か叫び声のするのを聞いた。われわれは斜面をすべるように、まったく自分でも止まらぬくらいに急いで降りて行った。そしてバーディーがテントをもっているところに来た。テントは外おおいがまだ竹についたままであった。われわれの命は一たん奪い去られ、今ふたたびとり返されたのだ。

うれしくてだれも何もいわなかった。

テントは空気中に引きあげられるあいだに閉じてしまったに違いない。内張りの布をむすびつけてある竹が、外おおいともつれあって、全体が傘を閉じたようになったのである。そのおかげでわれわれは救われたのである。もし空中で開いたならば、とても壊れないでいるはずはありえないのである。そんなわけで、テントには氷が一杯くっついていたから結構四五キロぐらいの重さになっていた。見つけたのは急斜面の下一キロたらずのところで、うまい具合に閉じたままでくぼみのなかにおちていた。風はそのくぼみの上を通りすぎていたのである。竹と締具ははなれてねじれ、支柱の両端は折れていたが、絹地はいたんでいなかった。

今度テントがとばされるようなことがあったら、われわれはテントといっしょに行こう。われわれはテントを、厳粛にうやうやしく、何かこの世のものでない貴重な品であるかのごとく抱いて、その斜面を登って帰った。そうしてこれまでにいまだかつてしたことがないほど深く掘ってテントを立てた。その場所は石小屋のそばではなくずっと下の、はじめて到着した時に立てたところであった。ビルがこれをしている間、バーディーとわたしとは石小屋へ帰って雪を掘りのけ、かきのけ、払いのけて、ほとんどあらゆるもちものをとり出した。天井がとばされたのに、なくなったものが実にすくなかったのは不思議なくらいであった。たいていのものは屋根の一部になっていたソリにぶら下げられているか、雪の吹きこむのを防ぐために、穴に詰め込んであり、南からの風に吹きとばされても、北の方から吸いこまれても小屋のなかに落ちるだけであった。それらはみな、すっかり雪をかぶっていた。もちろんいくつかの手袋や靴下は吹きとばされて見えなくなっていた。そのうちで一番おしかったのは、石の孔に押し込んであったビルの毛皮の手袋だった。ソリに荷物を積んで斜面をおし降って行った。バーディーはどんな気でいたか知れないが、わたしは弱っていたので、この仕事は大変だった。雪雲はちょうど真上にあるように見えた。われわれはもう一度食事をした。それでもまだ足らなかった。おいしいごった煮が足や手に下ってゆき、ほおや耳や頭にまわってくると、われわれは次に何をなすべきかを相談した。バーディーは何よりも、もう一ぺん皇帝ペンギンのところへ行こうとの説である。敬愛すべきバーディー、彼は断じて打ちひしがれることを承服できなかったのである。わたしは彼が一度でも打ちまかされたのを見たことはない。「彼〔ウイルソン〕はわたしらをこのような目にあわせたのは自分だと思い、わたしがいま一度、営巣場へ行ってみようというのに、彼はまっすぐ基地に帰ることに決めてしまった。しかしもともとわたしはこの旅行にあたって自ら進んで彼の統御のもとに入ったのであるから、わたしらは次の日、おとなしく帰途についた。」〔ボワーズ〕そうするのは常識上あたりまえのことであった。われわれは帰らなければならなかった。しかもわれわれは非常に低い気温のもとで、果して自分の寝袋のなかにもぐりこむことができるかどうか、大いに疑問だったのである。

世界最悪の旅

明朝、帰途にのぼるつもりでわれわれはちゃんと荷造りをした上で、非常にくたびれてねむりについた。その夜の気温はわずかにマイナス二四・五度にすぎなかったが、羽布団なしに寝袋にはいったうえ、寝袋がわたしには大きすぎることも手伝って、とうとう左の足の親指に凍傷を起こした。片方の足に片方の足を打ちあわせて、何時間もかかって感覚をとりもどした。いつものことであるが、寝袋ではほとんど寝るにたえなかったので、できるだけ早く起き出した。その時はかなりひどく風が吹いていて、ふぶきになりそうであった。することはたくさんあった。ソリの荷造りをし、不要のものを石小屋の一隅を貯蔵所としてそこに残しておくこととして、これに二～三時間を費した。第二のソリは残しておくこととした。そしてとび口の柄に書置きを結びつけておいた。

われわれはこの日（七月二六日）終日、恐ろしく暗い光のもとに、氷脈のなかやテラー山の斜面の上をまごまごして歩いた。気温はマイナス二九度からマイナス四三度まで下った。

正午ごろテラー岬へ登っていった。エレバスはだんだんと見えだしてきた。この日はじめて日光らしいものを感じた。しかしまだ太陽は地平線からは顔を出さない。それはまだ一月も先のことである。しかしこの光がどんなに力づけになったかわたしは記すことはできない。以前のわれわれの道よりはさらに外まわりの道をとって、往路で三日間もふぶきにやられた氷脈のあるところをさけて、テラー岬を通りすぎた。

次の夜の最低気温はマイナス五四・五度であった。いまや氷壁の風のない小湾までやって来た。そこでは雪は軟らかく気温は低く、霧がかかっていて、雪層のなかに硬雪があって、道ははかどらなかった。土曜と日曜（二九日と三〇日）の二日間われわれはこの広々とした氷の上に足を運びながら、城岩が追々と大きくなってくるのを見た。それは時には霧や風のために見えないこともあったが、大ていはっきりとしていた。われわれはいよいよ衰弱してきた。今になってどんなに弱っているかがよくわかった。しかしながら行進は遅々とはしていたが相当にはかどった。このころ一日の行程はおおかた八、一三・五、一二・五、一二、一四キロといった調子であった。このあたりは往路には中継行進をして、一日わずかに二・八キロぐらいしか進めなかったところである。

行進の途中でよくひき綱をつけたまま粉雪の上にそれをたらして休んだ。氷だらけになった山のような荷物に背をもたせかけて立ったままあえいだ。風はなかった。ほんのそよ風しかなかった。無駄な会話は少しもかわされなかった。わたしはなぜ自分の舌が凍らなかったか不思議なくらいであった。歯はみんな神経がしびれてしまって、こなごなにひびが入ったようである。中食ののち三時間はあるいた。

「足はどうだ。チェリー」とビル。

「とても冷いです。」

「そんならいい。僕もそうなんだ。」われわれはバーディーのことはちっとも構うことはいらなかった。彼は出発からしまいまで決して足の凍傷はおこさなかった。

三〇分も行進してからビルはまた同じ問いをわたしに向けた。私はもうすっかり感覚がなくなったことをつげる。彼は片方はまだいくらか感じがあるが、片方はなくなっているという。そこでテントを張ることにきめ、われわれは恐ろしい夜を迎えるのである。

暖かい食物を口にするまでには一時間より早いことはなかったと思う。ペミカン、次に暖かい湯にビスケットをつける。中食にはお茶とビスケット、朝食にはペミカンとビスケットと茶。われわれはそれ以上の食糧袋を扱うことができなかった。三つでもたくさんであった。何かにつけてひもは針金のようになったからである。そのうちでもテントの入口のひもはもっともひどかった。しかもそれは、ことにふぶきが吹いているときは、しっかりと結ばなければならなかった。はじめのころはテントをたたむとき、その縁の氷をおとすのに非常に苦労をしたが、今はもう慣れてしまった。

雑炊で足の先まであたたまってきた。われわれは凍傷の手当をした。乾いた履物とはきかえたので、食事の前よりはずっと暖かくなった。それからいよいよ寝袋に入るのである。

バーディーの寝袋は羽布団をなかに入れると少し小さかったが、ちょうどよく彼にあっていた。彼はほかの者よりもたしかに余計な熱源をもっているに相違ない。というのは、ほかの者がいつも凍傷になやまされているのに、彼は一度も足に故障をおこしたことはなかった。彼はよくねた。あんなに事情のさしせまった日でも、どんなに彼がよく眠ったかはわたしはむしろいいかねるのである。実に夜どおし眼をさましながら、彼のいびきをきいているのは、かえって心持のよいものである。彼はこの旅行の間、たびたび寝袋の毛の方を外にしたりまた内側にひっくりかえしたりしていたが、こうして雪や氷の塊になる湿気を多く放出していた。われわれが寝袋を裏むけにしようと思えば、その方法はただ一つそれから出る時にやるのであるが、それも寝袋が凍結しないうちに、すばやくやらなければならない。夜間にテントのそとに出る場合には、それはまったく寝袋が凍るのと競争であった。もちろんこの時刻は一番に気温が低いのであるから。

寝袋は焼ける気遣いはないからわれわれは火のついたプライマスをそのなかに入れて袋の氷をとかそうとしたが、これはあまり成功しなかった。以前は朝あまり寒いときには、まだ寝袋に入っている間にプライマスに火をつけた。また夕方はわれわれが寝袋にはいってしまうまで、あるいは寝袋の口をこじあけることができるまで、ともしておいたこともある。しかし帰りには油が最後の日まで、もつかもたぬかというくらい乏しかったので、そんな真似はできなかった。

病人であろうと健康な人であろうと、このような寝袋のなかで寒さのためにがたがたふるえ、ほとんど背中が裂けるかと思うくらいつらい目にあったわれわれより以上にひどい目にあった人はあるまいと思う。帰途にはなおその上にもう一つの面倒がくわわった。それは夜中、寝袋のなかでも手が湿っていることである。われわれは手袋と半手袋とをもっていたが、それは湿るだけ湿ってしまっていて、朝、起きるとわれわれの手はまったく洗濯女の手のように、白くふやけて湿っていた。これは一日の仕事をはじめるのには宜しくないことである。われわれは実際、足に用いるのと同様に、手にもいくらかのゼンネグラスをほしいと思った。そういうものが恵まれていたら、これで湿気を追い出すことができるのであるが、それはみじめな足に使うだけがやっとであった。

帰還旅行のおそろしさについてはわたしの記憶のなかににじんで消えてしまっている。ペンギンのところへ出かけた日には、わたしはわれ目に落ちようが落ちまいがどうでもいいと思った。それ以来はたいていずっとそういう気持をもっていた。わたしは行進しながら眠っていたことをよく知っている。わたしはバーディーに衝突して眼をさました。バーディーもまたわたしにつき当って眼をさました。ビルは先に立って針路をとっていたのだから、起きていたことと思う。プライマスがともされてテントが幾分あたたかくなった時に、皿やプライマスを手にもって待っていると、かならず眠りにおちたことをわたしは知っている。また床敷きの上にのべてある寝袋は、すっかり氷だらけになっていたので、その上で片輪の料理道具で料理をして、水や雑炊がこぼれても心配しなかったことを覚えている。寝袋はとてもひどくなっていたので、朝それから出たあと普通のように巻きこまないで、凍るまえに袋の口をできるだけ大きく開け、そのままいくらか平たくしてソリの上に乗せるのである。われわれ三人は各自の寝袋をあげるのに力をあわせたが、それはおしつぶされた棺おけのように、かなり堅くなっていた。テントを張るときに、気温がわずかにマイナス四〇度くらいならば、われわれはまじめにあたたかい晩だと思い、また朝おきる時マイナス五〇度くらいならば、とりたてて何度かなどと聞きもしなかったことを覚えている。夜間の休息にくらべて、昼間の行進の方がまだましであった。いずれおとらず恐ろしいものであった。われわれは人のたえうる最大の悪条件のもとにあってよくも旅をつづけたものである。しかしわれわれは一語のなきごともきかず、一片のうらみごとをも耳にしなかったと思う。私は犠牲の精神があらゆる試練にたえたことを知った。

われわれは一歩一歩と基地へ近づきつつあった。行程はよくはかどった。われわれはひたすらにソリをひいた。ただこれをもう幾日かつづければよいのである。六日、五日、四日……今は恐らくもう三日ひけばよい。もしふぶきがなかったら。しじゅう霧が発生しては吹きとばされている山稜のむこう側に、われわれの根拠地小屋があるのである。城岩もその間に立っている。オブザーベーション・ヒルも明日は見えるであろう。そのむこうにはディスカバリー小屋が奇麗にとり片づけられていて、エバンス岬からだれかが乾いた寝袋をもって迎えに来てくれているであろう。

われわれはあらん限りの力を出してソリをひいた。そしてほとんど一時間三・六キロくらいの速さですすんだ。五キロばかりは塩をふくんだ氷面で具合がわるく、ついで大きく波うったかたい波状雪がつづき、それからのちは引きやすくなった。われわれは歩きながら眠った。午後四時までに一五キロをすすみ、氷舌をとおりすぎた。そこで中食にした。

最後の荷造りのために、物をあつめかけた時に静かにビルはいった。「君たち二人がしてくれたことにたいして、わたしはお礼をいわなければなりません。二人より以上に立派な仲間はえられなかったし、またえようとも思わなかった。」

これをきいてわたしはうれしかった。

南極探検は人々が想像するほどひどいことはめったにないものであるし、うわさほどに悪絶なこともまれである。しかしながらこの旅行はわれわれの文章のおよぶところではなかった。いかなることばもその恐ろしさを表現することはできない。

さらに数時間、ソリをひいて足を運んで行ったが非常に暗くなってしまった。エバンス岬がどちらの方にあたるか、議論があったが、とうとうその先をまわった。それは一〇時か一一時ころであったに違いない。われわれが小屋にむかってソリをひいて行くところがむこうから見えるはずであった。「広がって」とビルはいった。「そしたら三人、人がいることが見わけられるだろう」だがわれわれは岬にそうて、潮でひびのはいった海氷のうえを音もたてずにソリをひいて、小屋の戸口のすぐ前に上って行った。馬小屋はことりとも音がしなかった。上手の吹きだまりからは一頭の犬のほえるのも聞かなかった。われわれはとまってそこに立って気をしずめ、おたがいに凍ったひき綱をはずしあった。いつものとおりそれは長いことかかった。戸を開けて「おうい！　クロジール隊が帰ったぞ」一声そういってかくれた。

かくして世界最悪の旅は終りをつげたのである。

第二の夏

南進隊の出発

理論上は太陽は八月二三日には出るはずであった。しかし実際には四辺をとざすふぶきのほかには何も見えなかった。それから二日たって太陽の上縁がのぞいた。スコットの言葉を用いていえば、陽光はわれわれにむかって突撃してきたのである。二つの春の旅行が計画されていたし、南極行進の準備もあったし、基地の平常の仕事もあって、隊員たちはいずれも手いっぱいのいそがしさであった。〔＊九月になってエバンス少佐ら三名の隊はコーナー・キャンプまで食糧を運び、スコット隊長ら四名は西部山脈の方へ探検に出かけた。極点を目ざす行進隊はスコット隊長の本隊が一一月一日に八台の馬ソリで基地を出発した。このほか二台の発動機ソリと、二台の馬ソリとが先発しており、また二台の犬ソリが後発した。発動機ソリは間もなくシャフトが折れて使えなくなり、寒さと食欲不振のため、もはやソリをひく力を失った馬はつぎつぎと射殺されていった。犬ソリ隊はベアドモア氷河の登り口から帰途につき、一二月一〇日以後は、四人一組の人力ソリ三台が南進をつづけて、クイーン・マウド山脈をのぼり、南極高原へとすすんでいった〕

ベアドモア氷河はシャックルトンがこれを発見するまでは世界で最大の氷河とみられていたアラスカのマラスピナ氷河の二倍もあった。フエラール氷河〔＊西部山脈中にある〕を見たものにはベアドモア氷河の景観はそれほどおどろくべきものではないというが、わたしにはともかく壮大なものだった。その広大さは周囲のものことごとくを小さく見せ、他のところでなら驚嘆の声を出させるほど大きな支氷河やくずれおちる氷瀑も、所によっては岸から岸まで七〇キロもあるような本流からは、ほとんど目につかぬくらいである。経緯儀をすえて見てはじめて、われわれをとりまいている山々がいかに大きいかがわかるのであって、そのうちの一つは六〇〇〇メートル以上にも達していることが知れ、そのほかにもこれくらいのものがたくさんあった。〔＊現在ベアドモア氷河の周辺の最高峰はカークパトリックの四五三〇メートルであり、南極大陸きっての最高峰はビンソン山で五一四〇メートルとされている〕エバンス少佐とボワーズとは機会のあるごとに測量をやり、ウイルソンはソリの上で、あるいは寝袋をひろげてその上にすわって写生をした。

スコットの日記のこの高原地帯の最初の二週間のところは、人間の限りないおし強さを示している。彼は一センチでも多くすすもうとし、隊員の一グラムの努力も無駄にはしなかった。また彼は元からせっかちではあったが、とりわけ先を急いでいた。入口の前では風のために行進をはばまれ、氷河の下のところでは走路面が悪くて遅延した。彼の頭の中には今日はずいぶんあるいた、あすはもっと進もうという考えが流れているのをだれでも見てとることができた。この氷脈はいつになったら終りになるだろうか。真直ぐに行けるかそれとももっと西へ行かねばならぬのだろうか。一五キロものくぼみの幅をもったこの大きな起伏、氷雪にうずもれた山々、氷の渦巻。あまりにも壮大な、あまりにも気ふさぎな景観ではないか。単調な行進、心は常に障害物のなかをよけてすすむことに集中されなければならぬが、また時にはさまたげるものがなく、ただひたむきのソリひきができるかと思うと、やがてまた多くの氷稜とわれ目にぶつかるといったふうで、たえず盲滅法にすすみ、もう一歩、もう一歩とすすむ。……

一二月三〇日に彼はこう書いている。「われわれはシャックルトンの日付に追いついた」と。一行はすばらしい行進をした。一月四日に第二帰還隊が帰途につくまでの一日中の行進を平均するとおよそ二四キロになる。スコットは一二月二六日に「満載の荷をひいて一八キロ以上なお何ほどか進みうれば可なりと考えいたりしに、一日の進度二七キロと知りても落胆を感ずるにいたれるは驚くべし。」〔『スコットの最後の探検』第一巻、三三二ページ〕

最後の帰還隊がもって帰った報道によると、スコット隊はやすやすと極に到達するに違いないということであった。たしかにそう思われたに相違なかろうが、しかし今になってそれは思い違いだったことがわかる。スコットの計画はその地帯でのシャックルトンの平均にもとづいていた。むかい風で予定はいちじるしくさまたげられたが、それにもかかわらず彼はシャックルトンの行程に追いついた。もちろんスコットは彼が思っていたよりもずっとすくない日数で行くだろうとはだいたいかんがえられていたことに違いない。しかしわれわれはそのとおり実現するとは思っていなかった。スコットは自分の払った代価をよく知っていたとはわたしは考えない。

ベアドモア氷河の末端を出発してからの四人一組の三つの隊のうちでは、スコットの組が非常に長い距離の間、もっとも強かった。そしてその組に一人をくわえて極へ行ったのである。エバンスの組は人ひきソリとしてはできる限りのことをして、すでに飢餓を感じ過労のために弱っていた。ボワーズの組は、だいたい元気よくやっていたが、一日の終りになると疲労がはなはだしかった。スコット自身の組はわりあい、らくにやっていった。氷河をのぼりつめてからは二週間にわたって二組が行進したのである。そのうち第一のスコットの組は完全で、氷河登進中と同様であった。第二の組はスコットが最強と認めたもの、すなわちエバンスの組から二人とボワーズの組から二人をとって編成された。スコットの組のものはみな氷河登進にかかるまではソリをひかなかったのだから元気があったといえる。しかし他の組の二人、エバンス少佐とラッシュリーとは一一月一日第二発動機ソリの破損この方、ソリをひいて来たので、彼らは他のものにくらべて、六四〇キロ以上も長くソリひきをやってきた。ことにコーナー・キャンプから南緯八七度三二分まで行き、引返してきたラッシュリーのソリひきは、極地旅行の一つの大きな功績とみなければならぬ。

スコットの組はたしかに目にみえて他の組を弱らしはじめていた。彼らがやすやすと前進しているのに、他の組は非常に苦労し、時にはずっと遅れたりした。修正された観測によると、この二週間に彼らは海抜二一八〇メートル（上氷河デポ）から二八六二メートル（三度デポ）まで登ったのである。高原のうすい空気と寒い風と夜間のマイナス二四度、昼間マイナス一九度内外の気温とが第二の組にはこたえ、無理押しの行進をさせたようである。これはスコットの日記からも、他の人たちの日記からも明らかである。第一の組もまたそろそろ弱りはじめていたが、しかし最後の支援隊が帰途につくまでは表面に出てこなかった。第一の組は氷河の登進に強引さを示し、また高原部へ来てからも驚くほど好調に行進したが、八八度以南の行進で意外にもそしてある点から見てまことにはやく破局をまねいたのである。

一番はじめに弱り出したのは水兵エバンスであった。彼はわれわれのうちでもっとも体重があり、もっとも体格がよく、もっともたくましい男であったが、彼があああなるについては恐らく彼への食糧のあてがいが、他の人たちと同じであったことがおもな原因の一つに数えられるであろう。しかし彼の意気をおとろえさせるにあずかって力のあったらしく思われる一つの不幸が、高原行進のこのはじめの一四日のうちにおこった。一二月三一日に三・七五メートルのソリを三・〇〇メートルに改造する作業が行われ、氷河の登りで傷だらけになった三・七五メートルのランナーをとり去って、新しく三メートルのものが代わりにとりつけられた。この仕事は水兵たちによってなされ、エバンスはこのとき自分の手に怪我をした。その怪我がこれからのちしばしば問題になる。

そのうちにもスコットは、極点到達にだれとだれをつれて行くかを決心しなければならぬこととなった。それは極点到達の可能性がいよいよ明らかになってきていたからである。「今や頭に築きうる楼閣は、極点はわれらのものなりとの希望に満ちたるものなりき」と彼は、支援隊が去った翌日の日記に書いている。極への最後の行進は、予定では四人でなされるはずであった。われわれの組織は四人単位で、食糧は四人一週間ずつになっていたし、テントも四人入り、料理具にはコップが四つ、お皿が四つ、さじが四つ入っていた。支援隊のかえる四日まえに、スコットは第二の組の四人にスキーを残しておくように命じた。わたしの想像では、この時はまだ彼は極地隊は四人編成のつもりであったことは明らかである。また極点へ行くものの一人が彼自身であると考えていたことも疑問の余地がないと思う。「これもあなただけの話であるが、自分はとても調子がよく、彼らのうちの選り抜きの人といっしょに行けるつもりだ」と彼は氷河上部から書き送っている。

ところが彼は気がかわって、スコットとウイルソンとボワーズ、オーツス、水兵エバンスの五名で前進した。たしかにスコットはできるだけ多くの隊員を極までつれて行こうと望んだに

違いない。彼はエバンス少佐を隊長に水兵のラッシュリーとクリーンとつごう三人を帰還させた。一月四日八七度三二分から帰途についたこの三人の話はまことに真に迫るものがある。スコットはこのとき、家郷へ書き送った。「希望に満ちた場所よりの最後のしらせ。万事好調にゆくものと信ぜられる。申し分なき隊を率いて前進せんとす。配備は何事も好都合なり。」〔『スコットの最後の探検』第一巻、五二九ページ〕

一〇カ月ののちにわれわれはこの人たちの遺体を見つけ出したのである。

最終支援隊（ラッシュリー）の日記

一九一二年一月三日「今日はすすむのが非常にえらかった。僕らがいっしょにすごすのは今夜が最後だろう。というのは明日は午前中は極への行進に選ばれたスコット隊長、ウイルソン博士、オーツス大尉、ボワーズ少佐、エバンスらとともに行進し、それから帰還の途につくことになっている。隊長はわれわれのすべては旅行を継続するのに好適な状態にあるのを満足に思うが、さりとてたくさんで前進はできないから、エバンス少佐とクリーンと僕とが帰るようにと希望した。このことは面倒な問題になりはしないかとスコットはかねがね考えていた。しかし僕らは隊長にそんなことはちっともかまわない、われわれはできるだけの助力をして極点到達が成功するようにしたいものだということを申し出た。隊長は僕らのテントで長い間、いろいろなことについて話していった。隊長は非常な自信をもっているようであった。隊長は僕らが途中から引きかえすことにずいぶん気をつかっているらしかった。また隊長は僕ら皆のも

ボワーズ

スコット

オーツス

エバンス

のにたいしてこの旅行に協力してくれたことを誠心誠意をもって感謝し、かつまた別れなければならぬことを悲しんでいた。無論ぼくらは手紙をあずかったが、それをさし立てるまでにどれくらい時日を要することか。僕らはシャックルトンのソリ旅行とほとんど同じほど遠くまで来ているのである。もう今晩はこれ以上書くまい。非常に寒い」

一九一二年一月四日「僕らは極点まで行く組とおよそ九キロばかりともにすすんだ。何もかも非常に調子よくいっているようであった。そしてスコット隊長は、一行は順調に荷をひく自信をえたから、もはやこれ以上遠くまでついて行ってもらう必要はないといわれたので、僕らは立止まった。一同は短い間にできるだけ話をとりかわした。僕らは彼らにあらゆる成功と無事帰還とをいのった。また僕らが帰ってから何かしておくことがあればとたずねたが、彼らはし残したことは何もないと、みな満足していた。そしてついに最後に手を握りあう時が来て、別れをつげた。僕らはみな心から感動した。それから彼らは僕たちがはやく安全に帰ることを望みつつ出かけていった。僕らは三たび歓声を送り、寒さが身にしむまで見送っていた。かくて僕らはくびすを返して帰還の途にのぼった。そしてお互いに間もなく姿が見えなくなった。」

南進隊を出迎えに

アトキンソンからあたえられたわたし〔＊著者ガラード〕への指令は次のようなものであった。

1　極地隊にたいする食糧とともに、二人二四日分の食糧と二組のソリ犬にたいする二一日分の飼料を携行すること。
2　一トン貯蔵所までできるだけ急いで行き、そこに食糧をおくこと。
3　われわれより前にスコット隊が一トン貯蔵所に到着していない場合は、その後の行動は自分たちで善処すること。
4　スコットはいずれにしても帰還行程では犬ソリを頼りにしてはいないこと。
5　スコットは来年のソリ旅行には特別の見地から犬ソリにたよらない旨を明らか　にしていること。

二六日午前二時にわれわれ〔＊著者ガラードとディミトリ、犬ソリ二台〕は出発したのである。うちあけたところわたしははなはだ心もとなかった。わたしはこれまで犬ソリを手にかけたことがないので、一台は構わずにおくより仕方がない。また航法についても何も知らなかった。一トン貯蔵所は二四〇キロの遠方、氷原の中央にあって、目じるしからははるかに離れている。しかしその夜、風とふぶきとをついて進んで見て、わたしは思っていたよりは大いに望みがあるように感じた。われわれは好調に行進した。たいていの場合にそうであったがディミトリが先頭にたって犬を追い、非常に鋭い目で目標をとってすすんでくれた。気温は低く、かけていた雪眼鏡はくもって使えない。

一トン貯蔵所に到着して私が第一に感じたのは極地隊がまだ貯蔵所に来ておらず、したがって彼らへの食糧が間にあって一安心したことであった。われわれにはさしあたり次に何をなすべきかという問題があったが、一トン貯蔵所にいた六日のうち四日間の天候は、むかい風にさからって南方に行くことができず、また強いて行ったところで、どんな距離でも他の隊を見つける機会のないような日よりであった。あとの二日のうち一日は南方にむかって進んだが、どうも途中で行き違いになりそうだったのでひきかえして、かならず出会うことのできる貯蔵所にとどまることにきめた。

すでに記したようないろいろな事情からみても、極地隊が食糧の欠乏をきたすようなことを考える理由はまったくなかった。五名よりなる極地隊は彼らのソリの上にも、また途中の貯蔵所にも十分の食物をもっていた。そのうえ彼らは中氷河貯蔵所とそこからこちらの貯蔵所に馬の肉を相当にもっていた。われわれの思いおよばぬことであったが、ベアドモア氷河の下での水兵エバンスの死は、残りの四人のためにさらに食糧を加えたことになる。またこれらの食糧にたいする十分な量の油は各貯蔵所に貯えられていた。しかしそれらの油の一部が蒸発してしまっているのをその時、気づかなかったことを今において知るのである。このことについては後に詳しく考察してみよう。

〔＊ガラードとディミトリの犬ソリ隊は食糧の関係から、一トン貯蔵所で、スコット隊を迎えることをあきらめて、三月一〇日にそこを出て帰途についた。一方、三月四日に母船テラ・ノバ号はエバンス少佐ら九名の隊員をのせて出帆し、二名の新顔を加えて、一三名の隊員が、基地エバンス岬に二度目の越冬生活をすることとなった〕

対策会議

次のシーズンにいかにして最善をつくすべきかという問題が、われわれ全員の胸中をふさいでいたのは間違いないことである。不明の南進隊とキャンベル隊のうちいずれを先に手をつけ発見すべきであるか。キャンベルとその五名の隊員を救うために冬季ソリ行進を試みることは問題にならない。どんな強健な人間でも、エバンス入江にむかって旅行できるとはとてもわたしには考えられない。またもしわれわれがここから彼のところまで往復旅行ができるくらいならば、キャンベルもきっとこちらへやって来られるであろう。そのうえ西部山脈の下には開水のあることがわかりきっている。もっともこれはわれわれの決心には大した影響をあたえるものではなかった。それよりもわれわれに現前する問題は次の通りである。

キャンベルの隊はテラ・ノバ号に救い出されたかも知れない。ペンネルは北航の途上でもう一度、彼の隊に接近をこころみるはずであったが、その後は氷の関係から船とエバンス岬との間の連絡がつかなかった。したがってまた同船はキャンベル隊を救えなかったのかも知れない。海岸をつたってやって来ることも海氷の状況から推してこの時期としては不可能のことに思われる。キャンベルとその部下の生命の危険は何よりもこの冬中にあり、冬を越せば一日一日とその危険性はなくなってくる。彼らを救うために一〇月の終りにここを出発すれば、船の入港するよりも五～六週間まえに彼のところに到着できるであろう。いずれにしてもキャンベルとその部下は命あって冬を越しているであろう。そして救助隊の到着は彼らの生死の分れ目をなすであろう。

一方われわれは極地隊は死んだに相違ないと考えていた。彼らはハット・ポイントと極との間のどこかにふぶきに埋没されたか、あるいは氷のわれ目の底に横たわっているであろう。もっともありそうなのは、この二つの場合である。南緯八五度五分の上氷河デポから極までの高原部で彼らがとったコースと貯蔵所の位置は、最終帰還隊をひきいてきたエバンス少佐が病気になって帰国してしまい、あとに残ったその隊の水兵たちはほとんど知っていなかったので、われわれにはまったくわからなかった。

二つの支援隊がかえりにベアドモア氷河を下った経験から推して、この恐ろしいわれ目のある地帯で極地隊はきっとそのわれ目に墜落したに相違ないというのが皆の一致した意見であった。帰還隊が、四人と三人の隊であったのにくらべて、五人の隊の重さからもこの説は支持された。ラッシュリーの意見は、彼らは壊血病に犯されたに違いないというのであった。しかし本当のところはわれわれには解くことはできなかった。それは彼らの八七度三二分までの平均速度からみて、彼らが旅にある予定期間よりもはるかに長い間の食糧をもっていたからである。

探検の第一の目的は極点にあった。もし何らの記録も発見されなかったら、彼らが成功したか失敗したかは不明のままに残される。彼らの運命を極力たしかめることは、彼らとその家族たちにたいする義務であるばかりでなく、探検隊自身への義務ではないか。

南進隊の遺体を発見する機会が非常に大きいとは考えられない。同時にまたスコットは食糧置場に几帳面にノートを残す人であるから、ベアドモア氷河を下りはじめる前に、上氷河貯蔵所にそれを残したに違いないと思われるのである。彼が果してそうしたかどうかを知るのは興味のあることである。もしわれわれが南方へ探しに行くのならば、ここまでは行く用意をしなければならぬ。これより南方へは、彼らを追跡することはできないだろう。一方もしわれわれが上氷河貯蔵所まで行く用意のもとに南進するとすれば、途中に貯蔵食糧がないということから、ソリひきのために多数の人手が必要であり、これではキャンベル救出のための第二隊を出せぬこととなる。

これらのことを腹に入れた上で、ある夜われわれは小屋で、いかになすべきかを決定する会議を開いた。まことに至難の問題であった。われわれが南方へ行くとして極地隊の痕跡をなにも発見することなく失敗し、ひと夏を空しく旅に費している間に、キャンベルの隊は救助をまちかねて死に果てることになるかも知れない。またわれわれが北方へ行くことにして、キャンベルの隊を無事に発見しても、反面に極地隊の運命とその業績は永久に不明のままに残されることとなる。死んだとわかっているものをさがすために、生きているものを見すててもいいだろうか。

これはアトキンソンによって全体会議に提案された問題であった。彼は、南方に行くべきであるとの自身の所信を表明したのちに一人一人にその考えをたずねた。北へ行こうというものはなかった。ただ一人だけは南方へ行くことに賛成しなかった。彼は意見を明らかにすることを避けたのである。問題の複雑なことと考えあわせると、わたしはこのように意見の一致したのに驚かされた。われわれは今や一つの南方への旅の準備にかかった。

第三の夏

捜査隊出発

神は暗黒のなかの悪魔を追い散らすべくその光を送ってくれた。ベアン氷河の上の方に太陽が顔を出し、人影が雪の上にくっきりと見えるようになった八月のある日のよろこびをわたしは今もなお忘れない。日照計にはこの春はじめての日射の跡がえがかれた。そしてわれわれはこれからの行進や測量班のことについて話しあい、きれいにふかれた窓をとおしてさしこんでくる日の光のもとで食事をするのだった。

帰ってこなかった南進隊を捜査するための今度のソリ旅行は上氷河貯蔵所まで行けるように組織されることとなり、その計画は去年の極地隊を基準にしてなされた。ただこんどは氷原上に去年のような食糧貯蔵所をもたなかった。それでこの春のうちに犬ソリによってコーナー・キャンプまで二回にわたって食糧運搬をするつもりであった。またベアドモア氷河の登進には四人一組の隊を二つ出し、そのうちの一隊は途中でとどまって他の一隊が上に行っている間に、地質その他の学術的研究をするものであった。

われわれの心のうちは、疑問と憂慮とで一ぱいであった。

「ラッシュリーと長い時間話しあった。彼は南極隊に何事が起こったかについてわたし〔＊著者ガラード〕の腹蔵のない考えをたずねるのであった。わたしは氷河のわれ目におちたものと思うといった。彼はそうは思わない。それは壊血病だという。

ラッシュリーのいうところでは五人ともわれ目のなかに墜落してしまうなどということは実際にはありえない。三人ともはまりこむようなところでも、五人ならばかえってやりいい。それに自分らがうち越えてきたより以上に悪い状態などはありえないことだと彼はいう。しかし自分の見るところはそうではない。大きなわれ目をわたる時には、一人の重さでも非常な違いになるものであり、大きな雪橋でソリも人もみなその上をわたっている時に、もし数人が踏み抜いたとしたら、雪橋がよくソリをささえられるとは考えられない。」〔著者の日記〕

一〇月三〇日　ハット・ポイントにて。いま、午後八時。馬ソリ隊はまさに出発しようとしている。馬は見たところ非常に肥えてみな機嫌よく、出発には何の故障もない。今夜からいよいよ去年と同じような夜間行進の日課がはじまるのである。午後から氷原の方は曇り模様で、出発したがよいかどうか疑問であった。雪はだんだん薄れていく。良好な行進ができるだろうと思う。

一一月二日　午前五時。ビスケット貯蔵所にて。アトキンソンとディミトリと自分とで二台の犬ソリをもって昨夜八時三〇分ハット・ポイントを出発。夜間の寒い行進で、中食後の出発の時はかったらマイナス二九・五度。今はマイナス二七度。走路は犬たちには非常に重かった。

壮途にのぼって以来、何もかもが軟かな雪だらけになってしまったが、それはこの両三日、霧深い日がつづいたせいである。ソリの距離計は三〇キロ近くを表示した。

馬隊はわれわれより二日まえに出発したのであるが、彼らの予定は一トン貯蔵所まで一日一二キロとなっている。彼らが通ってからいくらか東の風が吹いたが、足跡ははっきりのこっていた。標識のケルンを具合よく見つけて行進した。ほとんど一日じゅう走りつづけているので、からだがかなり湿っぽくなってきた。

一一月三日　早朝。二五キロ。何の困難もなくコーナー・キャンプまできた。昨日ビスケット貯蔵所を午後六時三〇分に出発し、いま午前四時である。終りの一一キロには四時間もかかった。路が非常に悪く、われわれはおおかた歩き通した。表面が殼雪で軟かく、雪煙が低くあがり、曇って雪がちらついていた。馬の足跡の吹きだまりになったのを苦心しながら見つけて、幸いに終りまでたどってきた。気温はマイナス一八度内外であった。

ライトは昨夜ここに馬についてのノートを残しておいてくれた。彼らは小さなわれ目を二つ見ただけであるが、一頭の馬が氷原の端のところでわれ目におち、綱でつり上げねばならなかった。馬ははじめのうちは速くすすんだが、その日の終りになると停りがちになる。いまは少しふぶいているが、そう悪くはない。みな相当に疲れている。

一一月四日　早朝。よし！　力落しの日だったが、万事につけ先のよくなることを信じなければならない。テントを張った時からずっとゆるい風があったが、昨日午前二時に起床した時にはもうすっかり晴れていた。五時に出発のころは、風とともに低く雪煙があがっていた。行

ハット・ポイントを出発する犬ソリ隊（1912年11月2日）

進には良好なお天気で、走路もはじめの五・五キロをのぞいて非常によく、ことにしまいはすばらしかった。しかし犬どもはここ〔ディミトリ貯蔵所〕まで予定にしたがって六八キログラムずつをひかさねばならなかったのでもてあましていた。われわれの組犬のクリイが駄目になったので、ソリのうしろにくくりつけてつれて行くことにした。そうしないと他の犬が彼にかかっていって困るし、また彼を早く回復させるためにもそうする方がよかった。中食してからあと走路はとてもよかった。それでもしばしばソリを押してやった。われわれは貯蔵所までやってきたけれども走路がよほどよくなければそう遠くまで行ける望みはもてなかった。ライトが残したノートによると、彼らのソリの距離計も役にたたなくなり、これで三隊のうちたった一つの距離計が残るだけになったが、それもいまはあまり頼りにならない。

　犬ソリ隊は八〇度三〇分か遠くとも八一度から引返し、そこからは予定の四頭の代りに五頭の馬で前進することにきめた。そこで犬ソリ隊は自身の荷物の多くをここに残し、その代りに馬の荷を積んでやることになった。

一一月四〜五日の夜半。終日、風があり雪が降っていた。四日の正午に起きて、予定の変更にともなう食糧貯蔵のやり直しをした。これはいやな仕事であるが、のがれられぬことである。夏らしい風が吹いていたが出発する時には凍傷しそうだった。馬の足跡をたどる。標識のケルンはたくさんあった。積荷が減ったのと走路がよいのとで調子よくやってきた。

一一月六日　早朝。きのうは実際、非常につごうがよかった。この両三日、犬どもが難儀なソリひきをした後のこととて自分はひとりでうれしかった。今日われわれはわずかの区間をのぞいてソリから下りなくてもよかった。

もっともすばらしい夜間行進であった。そしていまは陽光がまぶしく、日があたると動物の体はすっかりあたたかくなる。たったいま、犬は食糧のことで一騒動あったところで、うなり声が絶えない。一定の距離ごとに雪づかをきずいてあるので、ともかく天気がよければコースをたどるのは決してむずかしくはない。いまは大きな波状雪の区域へやってきた。エレバス火山は次第に小さくなりだしたが、それでもまだ一日中その異常な大噴煙を見ることができる。

一一月七日　早朝。らくでない日だった。起きた時マイナス二二度で曇り、風は死んでいたが、のち風級五まで上り、一日中雪面から雪煙をあげていた。出発した時は光の具合がわるく、走路もまたこのあたりにありがちな堅い雪面で、大きな波状雪のうえに降雪中の薄い粉雪がおおっていた。これは行進には非常に重く、二二キロの間、ほとんど犬といっしょに走りどおしで疲れた。中食の時、アトキンソンが右の方にテントが見えるといい、おおさわぎになったが、それは思い違いだとわかった。

ただ今の気温はマイナス二五度。晴れた空には太陽が輝き気持よい暖かさが感ぜられる。夜、太陽が沈みかけると空が雲におおわれるのがおきまりのように思える。そして太陽が上りはじめると雲は不思議に消える。

一一月八日　早朝。昨夜の一二キロの行進はこの時期としては寒かった。中食の時マイナス三一度。そしていまはマイナス二八度。しかし晴天で日は輝き、この温度でも暖かい。とはいえ人々は凍傷におかされ、ネルソンとフーパーとは顔をやられている。走路は粉雪の結晶性のもので行進は非常によく、いま絶壁貯蔵所から七キロへだたっている。中食ののち貯蔵所をつくり、新しい旗を立てて雪づかをつみ、帰りの犬ソリのために二箱の犬のビスケットをおいた。けさ四時、グランが寒暖計を見たところではマイナス三四度だった由。ネルソンの顔は見ものである。鼻の先がすこし凍傷し、ほおもやられ、雪眼鏡のふちがあたるところも凍傷をおこしている。かわいそうな男。

一一月九日　早朝。さらに一二キロの良好な行進。われわれは同じようないい走路をもつことができるのを幸運と思わねばならない。

一一月一〇日　早朝。行進には申し分のない夜だった。気温はマイナス二九度。待っていると寒い。馬の調子はよい、今日は今年はじめて表層の雪が音をたてて沈下するのに出あったが、きょうのはとくに大きかった。中食のときのは二度とも数秒もつづいた。犬どもは悪魔があとから追いかけてくるものと思うのか、一度この音が起こると恐ろしくおどりあがるのである。太陽が強くなると急に濃霧がやってきたが、これは好天の兆だと思われる。

一一月一一日　早朝。一トン貯蔵所にて。昨日ライトが緯度観測をやった結果は一トン貯蔵所まで一一キロであったが、われわれのソリの距離計はここまで一〇・五キロを示した。けさは一層かじかんだ。出発したときはかなりの風があり寒く、気温はマイナス二二度であった。相変らず実にすばらしい雪面で、行進している間にも雪の変化はこの上なく美しい。西の方に黒い雲がでて太陽をおおい、日のまわりに灰色とだいだい色の環をつくり、それを垂直につらぬく柱が見え、そうして地平線はオレンジ色をしていた。それは輝かしい幻日であった。お天道さまには二日と同じ日はない。氷原の旅がいかに単調であるとはいっても、空には限りない変化があり、世界のどこへ行ったってこのように美しい色は見られないとおもう。

貯蔵所にやってきたときに自分は非常な恐れを感じた。われわれはできる限りをつくしたことを人は知ってくれるだろうが、それでももう少しやり方をかえれば、彼らを救うことができたかも知れないことがもしわかればそれは恐ろしいことである。

われわれは彼らのためにこの貯蔵所に残しておいた食糧がパラフィンだらけになっているのを発見した。どうしてこんなことが起こったか不思議である。思うにXS缶に入れてあった油は、一杯つめてあったので、これが冬中急激な気温の上昇のためにとび出したのであろう。食糧入れには接していなかったが、それが飛び散ってかかったのであろう。

一一月一二日　早朝。午前二時三〇分中食。行進とともに右手に去年の雪づかを二個見ることができた。そろそろ軟かい雪面になってきた。そのうえラール・カン〔馬の名〕の面白くない報道があった。というのはこの馬を今夕射殺するかどうかは午後の行進の模様いかんにかけられているというのである。一トン貯蔵所から二行進ののちに一頭の馬を射殺する予定にはなっていたのだが、ラール・カンが殺されねばならないとは考えもおよばなかった。この馬はだんだん速度がおち、カン・サヒブといっしょにキャンプへやってきた。疲労の原因は食欲がないことで、ハット・ポイントを出てからやっと一日分たべただけで、もはや何も仕事をすることができなくなったのである。いま、気温はマイナス二七度でゆるい南風が吹いている。

正午近く、一トン貯蔵所から二〇～二二キロの地点にて。彼らを発見した。——表現を超絶した恐るべき日であった。——言葉にするにはあまりに不吉であった。われわれの行路の西一キロばかり、吹きだまりに埋まった去年の雪づかの近くにテントがあった。それは雪におおわれて雪づかのように見え、換気窓のところだけ雪のつき方が違っていたので入口を見つけることができた。風上の側には一メートル内外の吹きだまりがあった。そのかたわらに二組のスキーの板が上半分を雪から出していた。そして一本の竹ざおはソリの帆柱であることがわかった。

極地隊の一行がどうしたかについては自分は多く記すのをやめよう。彼らは三月二一日にここまできて、二九日に全員が死に絶えたのである。

テントの中がどうなっていたかについても多くを語るまい。スコットが中央に横たわっており、ビル〔*ウィルソン〕がその左に、入口の方に頭を向けて、バーディー〔*ボワーズ〕がその右に、入口の方に足を向けて横たわっていた。

ビルは両方の手を胸においてとくに静かに目をつぶっていた。バーディーもまたやすらかに。オーツスの最期はきわめて立派なものであった。われわれは明日その遺体を見つけなければならない。

彼らはアムンセンに遅れること一カ月で極に到達したのであった。

われわれは一切を――記録も日記も何もかも手にすることができた。一行は何よりもまず写真のフィルム数巻、三月一三日までの気象記録、それからわけても多数の地質標本を保存していた。彼らは何もかもに執心していた。このような場合にこれら一切のものを死をかけてもひいてくるのは見上げた行為である。彼らはずっと前から死の至るのを覚悟していたと自分は思う。スコットの枕もとには煙草があった。また茶の袋もおいてあった。

アトキンソンは隊員一同を集め、スコットの日記にしたためられたオーツスの死のところを読みきかせた。彼〔スコット〕の最後の言葉は、

「神よ、われらの家族の上を見護りたまえ」とあった。

それからアトキンソンはコリント書の中の埋葬式の日課を読みあげた。恐らくいまだかつてこのような壮大な僧院で、このような印象深い環境のもとで――帝王をほうむるのにもふさわしい墓場で、それが読まれたことはなかったであろう。ついでいくつかの祈りが捧げられ、それからグランド・シーツの上にのせテントをかぶせて寝袋に入ったままの彼らを埋蔵した。彼らの業績は必ずや空しくはなかったであろう。〔以上著者の日記〕

遭難隊発見

この時の光景をわたしは一生忘れ去ることはできない。犬ソリとともに進んでいたわれわれは、ライト〔隊員〕が自ら行路を離れるのを見、つづいてわれわれより先にいた馬ソリ隊が右の方へそれて行くのを見た。彼は雪づからしいものと、そのかたわらに何か黒いものを見つけたのである。大きな疑問の心がだんだんまことの警報となっていった。われわれはみなそのそばにきてとまった。ライトはまっすぐにこっちへやって来た。「テントだ。」どうして彼がそれと知ったのかわからない。なにげない雪の荒地であった。右の方に去年の雪づかの一つがちょっと盛り上がって残っていた。それから一メートルほどの竹の棒がたった一本、雪の中から出ていた。そしてもう一つ雪の盛り上りが、ほんの少し先のとがったのがあった。われわれはそこへ歩いて行った。わたしはまだ発見したとは思っていなかった。間もなくだれかが雪の突き出たところを払いのけて見た。するとテントの緑色をした換気窓の垂れがあらわれ、その下が入口に当ることがわかった。

われわれの二人が外側のテントのじょうご形の入口から、内側のテントの竹の支柱の間を通ってなかへ入って行った。二枚のテントの間には少し――あまり多くなく――雪が入っていた。しかしテントの中は雪のために光がさえぎられて何も見えなかった。テントを掘り出すより仕方がなかった。間もなく大体がわかった。ここに三隊員がいたのである。

ボワーズとウイルソンは寝袋に入っていた。スコットは寝袋の端の垂れをはねあげていた。

彼の左手はウイルソンのからだにかかっていた。彼の生涯の友の上に。彼の寝袋の頭のところの袋と下敷との間に彼が日記を入れている緑色の紙入れがあった。そのなかに黒ずんだ茶色の日記帳があった。下敷きの上に幾通かの手紙が。

何もかも整然としていた。テントはいつものように、入口を波状雪の風下向きにして竹の支柱をよく張って、しっかりと形を保っていた。そこには料理箱からの小皿があり、テントの付属品や私用品。さらに幾つかの手紙と記録——私的のもの、科学上のものがあった。スコットのそばに缶で作ったランプと毛皮の靴からとった灯心があった。少し残っていたメチールアルコールが燃やされたのであろう。スコットは最後の手記を書く助けにこれを使ったものと思う。われわれはこの人が精神的にも肉体的にもこれほど強い人であるとは今まで思いおよばなかった。

衣類、記録、日誌、着がえの衣類、手紙、クロノメーター、毛皮の靴、靴下、旗などをとり出した。わたしがビルに貸してやった一冊の書物さえも持ち帰っていた。とにかくわれわれはこの時はじめてアムンセンが極点に到達したことを知った。そして彼らもまた極に達したことを。しかしそれらはいずれも大した報道のように思えなかった。そこにはアムンセンからハーコン王にあてた書簡があった。またわれわれがベアドモア氷河で彼らのために書き残しておいたいろいろの私的な書きつけまであった。しかし彼らの立派な手紙よりもさらに重大なものがこの世にあるだろうか。

われわれをこの場所へ導いてくれた竹ざおを掘り下げていった。数メートル掘ってゆくとそこにはソリがあり、竹ざおはその帆柱であった。ソリの上にはさらに雑品があった。ビスケット箱の中から出てきた紙束、ボワーズの気象野帳、一四キログラム以上にのぼる第一級に貴重な地質標本など。吹きさらされたひき綱、スキー、スキーの杖。

刻一刻と――私にはそう感ぜられた――アトキンソンはわれわれのテントの中にすわって日記を読んだ。発見者はこの日記を読み、しかるのち本国に持ち帰るべし。――それが日記の表紙に記されたスコットの指図であった。しかしアトキンソンはただ事件の結末がわかるところを読んだだけだといっていた。そしてそののち日記は開かれず、だれにも読まれないで本国へ持ち帰られた。彼が大要をつかんでからわれわれはそのまわりに集まった。アトキンソンは一同に公衆へのメッセージと、オーツスの最期に関する記事を読みあげた。オーツスの死についてはとくにスコットが人々に伝えられることを望んでいたものである。

遺体は少しも動かさなかった。われわれはテントの竹をとり去り、テントが彼らをおおうようにした。そしてその上にわれわれは雪づかを築いた。どれだけ長くそこにいたかわたしは覚えていない。とにかく一切が片づき、コリント書の一章を読みおわった時は夜半であった。太陽は極点の空、低く下り、氷原はほとんど陰影のなかにあった。そして大空はにじ色の雲の一流れごとにもえさかっていた。雪づかと十字架は金色の輝きを背景にくろぐろと立っていた。

遺体の上の雪づかに残された記録の写し

一九一二年一一月一二日　南緯七九度五〇分

この十字架と雪づかとはイギリス海軍大佐ビクトリア勲章所持者スコット、ケンブリッジ・バチェラー・オブ・アーツ、E・A・ウイルソン博士ならびに英国インド艦隊海軍少佐、H・R・ボワーズの遺体の上に樹てられたるものにして、彼らの極点到達の勇敢、光輝ある業績を永久に記念せんとするささやかなる表示物なり。彼らはすでにノルウェー探検隊の到達を見たるのちにおいて一九一二年一月一七日その地に達したり。彼らの死の原因は天候の酷烈なりしと燃料の不足にありき。

本標は同時に彼らの二人の勇敢なる同僚、その一人はこの地点より南方三三キロにおいて、僚友を救わんがため自ら風雪中に投じて死せるインニスキリング騎兵連隊所属L・E・G・オーツ大尉ならびにベアドモア氷河のふもとにおいて死せる水兵エドガー・エバンスをも記念するものなり。

神はあたえたまえり。しかして神は召したまえり。神の御名にかけて幸あれ。

救援隊
(隊員全部の署名)

わたし〔著者〕の日記はなおつづく。

一一月一二~一三日夜半。自分はこの偉大な三名の人のために――あまりに偉大なるがために、何もしてあげることがないように思う。適当な墓場をさえも。

長い年月のあいだ、残るようにと彼らの上に大きな雪づかを作った。この氷原上では永久的なものは何一つ築くことはできないのであるが、しかしできるだけいつまでも残るような表徴物を作らねばならない。雪づかの上にスキーでこしらえた十字架を立てて埋めた。

全体の形は非常に簡単だが、しかしもっとも感銘深いものである。

そのかたわらの竹にはこの手帳に写しとったような記録が残されたが、それにはわれわれ全部が署名をした。

われわれはここにいくらかの食糧を残し、荷物を軽くしてタイタス・オーツスの遺体を見つけに行き、できるだけの埋葬をしてあげねばならぬ。

もう一時間くらいで出発するが、自分だけのことをいえば、この場所を去るのがありがたい。彼らに燃料不足問題がおこったのはかえすがえすも残念なことである。われわれ第一帰還隊は燃料をはかるのにもっとも注意をはらった。それにはライトのもっていた定規と一本の竹とを用い、いつも油の全部の高さを計っておき、それから定規で幾片かに切ったのであるが、注意して常に割当量よりも少しだけすくなくとるようにしてきた。その割当量はバーディーが貯蔵所記録に記載したところにしたがい、各貯蔵所であらゆるものの三分の一をとることになっていたのである。

どうして不足を来たしたかは不明である。しかももう二〇キロ先の一トン貯蔵所まで行けば豊富にあったのである。

タイタス〔＊オーツス〕は死亡の三日ほど前までは、足を人に見せなかった。彼の足はその時、大きくはれあがっていて、そしてほとんど毎夜あたらしく凍傷をくりかえしたのである。そして最後の日の中食のときに、彼はもうこれ以上行くことができないといった。しかし仲間たちは彼もいっしょに前進せねばならぬという。彼は寝袋に入ったまま自分をすてて行ってくれと願った。その夜、彼は永久に目ざめぬことをねがって眠りについたのであるが、彼はまた目ざめたのである。そして皆に相談した。彼らは皆といっしょに行くべきであるといった。ひどいふぶきが吹いていた。彼はしばらくしてこういった。「それではわたくしはこれからそとへ出て行きます。そしてしばらく外におります。」彼らはオーツスを捜したがもう見つからなかった。

彼らは八〇度三〇分から最後のキャンプまでの間、恐ろしい時を過したのである。そのあいだ、ビルの健康は非常に悪かった。そしてバーディーと隊長とがキャンプのことをやらなければならなかった。

そうして貯蔵所から二〇キロのところで九日間の荒天にあい、それが最後となったのである。テントはよく張ってあった。スキーの杖はちゃんと立ててあった。がスキーは倒れていた。テントはきれいになっていた。ただ支柱のところが、ところどころ擦り切れていただけである。

油がすっかりなくなってからは、アルコール・ランプを使っていたようである。

八八度あるいはそのあたりで出あった気温はマイナス二九度からマイナス三四度であった。それから三〇〇〇メートルも低い八二度のところでは夜間はきまってマイナス四四度くらいに下り、昼間はマイナス三四度であったが、その理由は不明である。

ビルとバーディーの足の凍傷は悪くなっていった。隊長の足は最後に悪くなったのである。それは皆あまりにも恐ろしいこと――自分はいま、恐ろしくてほとんど寝つかれない。
一一月一三日　早朝。ちょうど一三キロやってきたが道々、面をうつ非常につめたい湿気のある風が吹いていた。食糧の大部分は帰りにとっていくように置いてきた。われわれは明日もう二四キロをすすみ、オーツスの遺体を捜して引きかえし、食糧をもってハット・ポイントに帰るつもりである。
この難局にあたってとったアトキンソンの処置はまことに立派なものであった。
一一月一四日　早朝。情けない行進であった。雑炊をたべたのち馬ソリ隊を先にやるのでわれわれはしばらく待っていた。それからつめたい霧とむかい風の下をしじゅうかじかみながら進んだ。走路は一日中、二四キロにわたってずっと悪く、くず粉の中を歩いたらちょうどこんなものだろうと思うくらいであった。中食のとき気温マイナス二六度。
ディミトリは雪づかと十字架とをけさ一五キロ以上も離れたところから見たが、光線の具合がよかったらもっと遠くからでも望めるだろう。
一一月一五日　早朝。われわれはオーツスがテントを出て死におもむいたと思われる場所を表示するために雪づかをきずき、その上に十字架をたてた。十字架には次のような記録が結びつけられた。

この近傍に敢為の士、インニスキリング騎兵連隊付　L・E・G・オーツス大尉の死体あり。大尉は一九一二年三月極点よりの帰途、困苦に悩める僚友を救わんがため、自ら病体を運んでふぶきの中に死におもむけるものなり。救援隊これを書き残す。一九一二年。

これにアトキンソンと私とが署名した。

この雪づかはきょうわれわれが帰り道からも、見とおしの悪いにもかかわらず遠くまで見えた。エバンス岬を出発した時のはじめの計画では、もし極地隊が見つかって、われわれに余裕があったならば、ベアドモア氷河によって作られる氷脈がなくなるところまで十分に東方に行進し、ベアドモア氷河の南方の土地をできるだけ測量する予定であった。これはもともとスコットが今年のソリ旅行の計画としていたものである。しかし事態がこのようになれば、われわれは時を移さずマクマード湾の西方にゆき、エバンス入江まで行けるかどうか、キャンベル隊を救いだせるかどうかを確かめなければならないことは、疑問の余地はないとわたしは考えた。

一一月二六日　早朝。エバンス岬の基地にて。昨午後六時四五分ハット・ポイントを出発、午後九時ここにきた。そしてけさ午前二時までキャンベル隊帰還のすばらしい消息を聞いて語りあった。

晩。極地隊の極点における写真、ノルウェー隊の雪づか〔ノルウェー隊のテント、柱、二本の旗〕の写真は非常によかった。フィルムは一本は未使用で一本はこの二つに使われていた。ボワーズの写真機で撮影されたものである。極地隊員はみな元気で機嫌よさそうに見え、彼らの衣服には少しも氷はついていなかった。南極へついた時は晴れていて、雪面はむしろ軟かそうに思われる。

今日は一年ぶりのもっとも楽しい日、ほとんど唯一の楽しい日であった。

極地への歩み

極地隊最終行程につく

スコット　オーツス　ウイルソン　水兵エバンス　ボワーズ

スコットはディスカバリー探検のとき、極地の仕事に青年の有用なことを痛感して帰ってきたのであるが、今回の南緯八七度三二分からの南進隊の五名は、その体格についてはおおむね若さを基準にしてえらばれたものであるとはいえ、みな壮年の者であった。彼ら四人はつねに強い責任感をもっており、他の人々に先立って行動するたちの人であった。この四人はまたソリ行進についてひろい経験をもち、寒烈な気温にもよく慣れている人々であった。彼らのなかには非常の場合にうろたえたりするものは一人もいなかったし、いかなる事態にもおそれをなし、または精神の平静を失ってへとへとになるようなものはなかった。

スコットとウイルソンとはもっとも高度に隊員をつかんでいた。スコットをなやます心配ごとがあれば、それは彼の精力を消耗させるよりも精神の単調さを破るよい刺激物として受けいれられたであろうと思われる。スコットの年は四三、ウイルソンは三九、エバンスは三七、オーツスは三二、そしてボワーズは二八歳であった。ボワーズは年よりもずっとふけて見えた。一人が役にたたなくなったときには五人の隊はこれを切りぬけるのに四人の隊よりは好都合であるかも知れないが、しかしこのような例外の場合のためスコットが余計な人間を極にまでつれて行っても得るところより失うところの方がずっと多いに違いない。それよりも彼が予定よりも一人多くつれて行ったのはその時、事態がきわめて良好であると考えたからである。彼はできるだけ多くの隊員を極にまでつれて行ってやりたいと思ったのである。わたしはまた陸軍側の代表者をも海軍側のものとともに参加させようと考えたのではないかと思う。隊員を五人にしたのはそういう意味である。最後のぎりぎりにこれを決定して鎖の一環をつけ加えた。かくて彼はこの自らの裁定に満足し、最終帰還部隊とわかれてから四日目にふぶきにとざされたときも、日中気温マイナス二九度というのに寝袋の中でぽかぽか暖まりながら、その仲間たちを極度にほめそやした長い日記を書きつづり、そのなかで「われら五人はおそらく考えうる限りにおいて、この上なく幸福に選ばれたるものなり」とのべている。彼は水兵エバンスのことを、まったくすばらしい頭をもったたいした働

食糧貯蔵所

名　称	位　置
1トン	79度23分
ロス氷原またはフーパー山	80度32分
中氷原	81度35分
奥氷原	82度47分
殺生キャンプ	入口北方
下氷河	入口南方
中氷河	クラウドメーカー山
上氷河	ダーウィン山
3　度	86度56分
1度半	88度29分
最　終	89度32分

き手だといっている。寒さの様子について彼らはその時、全行程のうちのもっとも高所にあったにもかかわらず、何も記すところがなく、食物もすっかり一同を満足させていたようであって、そこには面倒なことが起こりそうな気配はなかった。ただエバンスが手にいやな切傷をこさえていただけである。

この五人一組の隊をつくるについては、人が思うより以上に不利益なことがあったのである。それは南進隊のためには食糧は四人にたいして五週間半のものがあったが、五人ではこれを四週間ほどでたべてしまう。故障のときの危険性を考えに入れても、そこにはかなりの不都合がふくまれていたのである。それというのも、すでに記したように、何ごとも四人単位に用意されてあった。たとえばテントは四人用で内側の布は、かさをひくくするために竹にくくりつけてあって、夜、テントを張れば外側になる二人の寝袋はどうしても一部分、敷物の外にはみ出し、おそらく雪の上にじかに当ることになり、また内側テントに寝袋がふれて、そこにできる霜がつくことになる。また料理も五人分となると四人分のときにくらべて一日で三〇分は長くかかるので、睡眠の時間を三〇分みじかくするか、行進の行程を三〇分犠牲にしなければならない。また氷河のわれ目の上で五人は四人と同じように安全だとはわたしには考えられない。ウイルソンのかいているところによると、五人分の寝袋をソリにつむとかなり高くなって、積荷の頭が重く、足場のわるいところではひっくり返りやすくなる。

しかしまたボワーズ以外の隊員の力を落とさせたことは、一行五人のあいだに四台しかスキーがなかったという事実である。軟かい雪の中を、四人がスキーをはいて調子をとってひいている中間を、歩いてついて行くということは非常に疲れる。むしろ苦痛なもので、ことにバーディー〔＊ボワーズ〕の脚は短かった。そこにはしっかりした足どりというものはなく、ちょっとよそ見をする機会さえもないのである。編成がえをする四日まえに、支援隊のものにスキーをとめおくことを命じた時には、スコットはまだ五人で南進することは考えていなかったのである。

極点への高原行進の一員にえらばれた時、ウイルソンはこう書いている。「自分はそこまで行けるだろうか。来年の今ごろは果して極点またはその近くに自分は行っているだろうか。若盛りの血気な人々とともに目的をはたすことは自分には非常に困難なように思われる。」がスコットは「余はいかにしてもビル〔＊ウイルソン〕と手を携えて極点に到達せんことをねがう」といった。

ウイルソンは果してその地に至った。そして彼の日記には雲や山にたいしては芸術家として、氷や雪にたいしては科学者として、そのほかまた医者として、さらに何にもまして思慮ぶかい人としての彼がよく示されている。それによればこのソリ旅行で彼の心をもっともひきつけたものは、知識の獲得であったことがよくわかるであろう。彼の日記は非常につづめたもので、また多くは単調で、ほんの事実を記録するにとどまっていて、註釈のあることははなはだまれである。したがって、もしそれがついている場合は、とりわけ重要なことが感じられる。それはたとえば「一二月四日　非常に有望、午後の行進まったく快適」「クリスマス、善き日、幸福な長途の行進」「一月一日　一九一二年　手ちがいのため昨夜は睡眠六時間にすぎなかった。

ただし自分はぐっすりと一睡した。六時間まえ眠りに入ったのとまったくおなじ位置に、少しも動かずに目をさました」「一月二日　本日トウゾクカモメの飛んでいるのを見て驚く。明らかに飢えてはいたが、少しも弱っているふうはなかった。ただしその糞は透明な粘液のみで、中には何もなかった。この鳥は午後にあらわれ三十分ほどで見えなくなった。」そしてまた一月三日のところは「昨夜スコットは自分に南極隊の案を示した。スコット、オーツス、ボワーズ、水兵エバンスおよび自分が極点に行く。テディー・エバンスはクリーンとラッシュリーとともに明日ここより帰る。スコットは一週間の料理当番を今夜で終り、明日から自分がこれに当る。」こんな調子である。

その次の日に、ボワーズはこう書いている。「自分はテディー・エバンス、クリーン、ラッシュリーとともに別れの朝食をとった。われわれはいろいろとノートや手紙や書きつけを帰還隊に託した上で出発した。彼らは帰還のまえしばらくわれわれといっしょにきて、順調に行くのを見とどけてくれた。われらの隊は自分を除くほかはみなスキーをはいている。自分ははじめソリの中央にいたが、のちにとまり木に綱をむすんでスコット隊長とウイルソン博士のひき綱の間をひくことにした。自分だけは別の足並みをとらねばならぬので、これが一番よい位置だった。

テディーと彼らの仲間は三たび歓声をあげた。クリーンは半泣きになっていた。彼らは帰るのだからもちろん非常に軽いソリだった。したがってその行程をたやすく進めることができよう〔いずれの帰還隊も極地隊とともに、当然のこととして往路にもったよりもはるかに安易な帰還行進をすることができると彼らが考えていた点に、注意しなければならない――著者〕。われらはソリの荷をらくにひいて行けることがわかった。中食まえ一一・五キロを、午後七時一五分までに二二キロをすんだ。行進時間は一日九時間。満載のソリではこれは相当の仕事であり、ことに自分はスキーをはいていないので、他の隊員よりもひどく疲れた。しかし自分はつづく限りは自分の責をはたし、いずれの方法によろうと意にとめずに努めよう。

きょうは高原上でのはじめての北風であった。そしてソリは鉛をひくようだった。そして行進の後半では雪の氷晶のために雪面は砂のようになった。テントのそとに出て陽光を浴びて立っているとよい気持である。夕方になって静かになったが、気温はマイナス二七度であった。テントのそとに出て陽光を浴びて立っているとよい気持である。こんな静かな時間は、高原部へきてから、はじめてのことである。靴下やそのほかの湿ったものを、夜の間に乾かそうと思ってつり下げると、すぐに長い氷の結晶ができて羽毛のようになる。靴下や手袋や毛皮靴はここでは夜の間によくかわく。春や冬のソリ旅行のときとくらべてこの点は手数がかからない。自分はいつも中食の時、一時間半くらい寝袋をひろげて日にかわかした。それは夜のあいだに凍りついた息や汗でトナカイの毛皮がいたむのを防ぐためであった。」〔ボワーズ〕

豊かな陽光、おもい雪面、にじ色の雪……ハリエニシダのように枝分れした結晶でおおわれている。いままでのうちでもっともひどく風に切りこまれている波状雪……しじゅうまつげが凍りつき、進むとき面にも口にもおそろしく氷がはり……一日中暖かく心地よい仕事、ただしスキー杖のひものなかの手のつめたいこと、八方へひろがったすじのような巻雲の薄いもの、濃いもの、きれぎれのもの、水平線ちかくにふわふわと動く雲。これらはこの孤立の隊のはじめの一〇日間の行進で、ウイルソンの日記のあちこちに見られる印象である。大体において彼は機嫌がよかったようにわたしは思う。

スコットは最終帰還隊と別れてからは、重荷をおろした境地にあったものとみえる。探検の仕事は順次にはかどって今やここまでこぎつけた。何年にもわたる準備、幾月にもわたる憂慮、たいへんな計算、目方はかり、区分けなど、一つとして無駄なものはなかった。いまやこれだけの距離にやってきて食糧はきわめて多く、極点に達してからこの高原を離れるまで、たっぷりした行程をとるに十分以上のものがある。そしておそらくなによりもありがたいことは、発動機ソリの頼りなさも、小馬の悩みも、遭難の可能性のおおい氷河も、みな背後となって、しかも二つのおもな支援隊は無事に帰途にのぼったのである。ここに試練をへた強健なすぐれた一隊が極点まで二七四キロを残して彼とともにあるのである。

わたしには彼らがまったく事務的な気分で何のまごつきもなく、無駄口をたたかずに、おのおのその本分をわきまえて、よく仕事にはげんでいたことが目に見えるようである。テントを張り、キャンプを作ってしまうと、寝袋の上にすわって料理のできるのを待ち、あるいはコーヒー茶わんで手をあたためたり、夜、目がさめた時にたべるように、一片のビスケットを残しておいたり、手ぎわのよい荷ごしらえでソリを用意して、そして力強く行進へと踏み出して行く――われわれは彼らのそうするのをあまりにしばしば見、そして彼らはまったく楽しげにそれをやっていった。

食事をとる4人のメンバー

しかも事態はさほどに悪くなろうとは少しも思われなかった。「今夜は大なぎにて、日の光は暖かく、気温の低きにもかかわらず、外に立ちおればこの上なく心地よし。テントの外に立ちつつ、われらの前に描かれしたえざる憂鬱の情を思いだすもまた一つの楽しみなり。太陽はスキーやそのほかさまざまのものの上の雪をとかしつつあり。高原はこのあたりにて非常に平調なれど、少しずつ登り気味なり。波状雪はいよいよいりくみ来たり、その主走向は南東。今後のことは期しがたきも、現在は何事もきわめて順調にすすみつつあり。……寒気になやむことははなはだ少なく、きわめて快適なるは太陽がすばらしくよく乾かしてくれるためなり。食糧の持続はたしかに安全。かくも優秀なる食糧にめぐまれしはなんというしあわせならん。われわれは実に優秀、堅実の隊なり。……われわれは非常に気持よく、二重テントのなかの居心地よき寝袋のなかにあたたまりて横たわりおるなり。」〔『スコットの最後の探検』第一巻、五三〇〜五三四ページ〕

いま読んだような文章をスコットが書いている間に、彼は高原の頂に達し、それから出発してごくわずかな下りにかかった。彼の気象報告からシンプソンが計算した高さの表は興味がふかい。エバンス岬海抜〇メートル、殺生キャンプ五二、上氷河貯蔵所二一八〇、三度貯蔵所二八六三、一度半貯蔵所三〇〇六、南極二七六五メートル。〔シンプソン「イギリス南極探検報告『気象学』」第一巻、二九一ページ〕

はかどらぬ行路

どういうわけかは明白でないが、行進の雪面が非常に悪くなり、一同は寒気に悩みはじめ、いくばくもなくエバンスがとくにひどく弱りだしたことは疑う余地がない。直接の難儀は悪化した走路であった。いまだ人が歩いたことのない土地、このことは記憶さるべきことであるが、そこでどうしてそのような悪い積雪面に出あったかについてこれから説明をこころみよう。

スコットは一度半貯蔵所〔極点から一度三〇分、一六七キロ〕を一月一〇日に建設した。この日から彼らは下りにかかった。それまでの数日の間は高原はまったく平らだったのである。日記のなかには何度も、氷晶——氷晶——氷晶という字が見える。空中を落ちてくる氷晶、波状雪に氷晶がくっつく、積雪上にふんわりと氷晶ができる。砂のような氷晶、それに日が照りつけてソリをひっぱるのに努力が必要となる。空が曇ってしまった方がひきやすくなるのであった。その雪はあらわれたり消えたりするが、その理由ははっきりしない。そして風むきは大概はむかい風であった。

ライトのいうところでは、これらの氷晶を説明するに足る明らかな証拠が記録のうちに見られる。太陽のかさは氷晶によっておこる現象であるが、これがベアドモアのふもとから極まで行って帰る間、下り坂のところではほとんど連日、記録されている。ボワーズの記載では、氷晶はすべての方向にあらわれるのではない。そのことは空気がどこでもいつも上昇しているのではなく、時には下降気流があって、水分を凝着させない場合もあることを示している。彼らの遭遇した走路は種々の変化をなし、かつ雪面は波状になっていたに違いない。ボワーズは極点につくまえには五〇数キロにもわたる長い起伏があったことを書いており、そのほか気づかれなかったような不斉地があったに違いない。時にはこれらの氷晶はこのような起伏の風上側において作られ、それが強風のために運ばれて風下側に凝集することが明らかに認められる。

大気中で高くにのぼるほど気圧がひくくなるのはだれでも知っていることであり、実際には気圧計を読みとって高さを測ることになっている。そこでこの南極への最後の段階にいて、風は南から吹き気圧は上昇しているから、この高原部はここでは極にむかってゆるい下りになっていることがわかる。南風は斜面に当って上昇せざるをえなくなり、上昇とともに圧力が減ずるため空気は膨脹する。冷蔵庫のように外界からまったく熱の供給をうけることなしに空気が膨脹するのを断熱的膨脹という。かような空気は水蒸気の飽和状態をきたし、やがてその水分を雨雪として降らせることになる。高原部ではほとんどいたるところでこのように上昇とともに空気が膨脹するが、外界からの熱の供給はきわめて少ないか、まったくないという状態が存在するのである。そのために空気中の水分は氷晶の形をとって降ってくることになる。

積雪表面のいちじるしい変化によって（ある時、彼らは海のように広い波状雪地帯に入ったため、スキーをとめおいて前進したが、雪がふたたび平らな軟かい状態になったのでスキーをとりにもどったこともあった）スコットは海岸山脈はそう遠くないものと考えるにいたった。そして実際にはその距離は二四〇キロにすぎないことがわかった。そのころにスコットはまた手記の中で彼らのソリひき能力が弱りつつあることを心配していたが、しかし走路がよくなり、ソリが以前のようにすすむようになって安心させられている。最後の帰還隊とわかれてから八日のちの一月一二日の夜に、彼は「この夜キャンプせし時、一同寒気をおぼゆ。われらはこれをもって寒期の襲来せるものと考えしが、実際の気温はのん気にひなたぼっこをした昨夜よりもさらに高いことを知り驚く。なにゆえ一同がかくのごとく急激に寒気をおぼえしか不可解至極なり。一部は行進の疲労のためならんも、一部は寒気中の湿気によるものと考えられる。小柄のボワーズはなかなかの元気にて、一日中、余らがスキーをはいてらくらくと行進する軟かき雪のなかを徒歩したるのちに、今夜はテントをはりしあと、余の制止にもかかわらず天測を行わんとせり」（『スコットの最後の探検』第一巻、五四〇ページ）一月一四日にはウイルソンは次のようにしている。「南々東からのむかい風をうけて非常に寒い、灰色に曇った日だった。われわれ一同はかなり寒気をおぼえたが、気温は中食時にわずかマイナス二八度、夕方マイナス二六度であった。すでに極点より七四キロあまりとなった。」同じ日、スコットはこう書いている。「またも寒さに気をとらる。本日中食時、一同みな足の冷たきに弱る。これは主として毛皮靴の具合の悪しきためならん。余は素足に脂を塗りしに、非常に効あることを知れり。オーツはことに寒気になやみ、他のものより一そうの疲労をおぼゆるもののごとし。ただし一同、大いに元気なり」そして一五日の中食時には「設営にあたりて全員、困却」と書き（『スコットの最後の探検』第一巻、五四二ページ〕またウイルソンは「中食時に食糧デポ（最後の貯蔵所）をつくり、われらは最終区間を九日間の食糧をもってすすむ。午後にはさらにらくらくと行進し七時半にいたった。積雪は平らな雪面とははなはだしい波状雪との度すべからざる交錯であった。われわれは時としてきわめてゆるやかな下りコースにであったが斜面は西から東へむかっていた。」その後におこった事態にてらしあわせて、このころの隊員の健康状態は、一〇日まえに期待されたほど好調ではなかったように思われる。これが彼らに寒い思いをさせ、ソリひきの困難をおぼえさせた一つの理由でもあるのである。直接こたえたのは走路の悪状態で、その原因は地上をおおうた氷晶であった。

シンプソンの研究によれば〔シンプソン「一九一〇―一三年ギリス南極探検隊報告『気象学』」第一巻、一四四～一四六ページ〕この高原にはほとんど定常的な気圧傾斜があって、北方にむかって東経一四六度線に平行に、また高原の縁辺と思われるところに平行して気流をおこしている。そしてその平均風力は一二月から一月にかけて時速およそ一八キロであった。この高原部の行動でスコットは風級五を二三回以上も記録し、しかもこの風は彼らがベアドモア氷河から極への間にむかい風として、帰途には追い風としてはたらいた。気温が高くて風があるのにくらべれば、寒くとも静穏な方がありがたいものである。しかもこのたえることのない無情の風が、海抜の高いことと気温の低いこととにむすびついて、南極高原の旅行を至難なものにするのである。

この盛夏二カ月間の平均風速がほとんど不変なのに、一方で気温は一月に急に下っている。この年一二月に高原で実際にはかった平均気温はマイナス二三度、観測された最低はマイナス二九度であった。シンプソンによれば「地球の表面で最暖月の平均気温がマイナス二二度以下で、その月を通じての最高気温がマイナス一五度にすぎないような広大な地域が存在することは、南極大陸の驚異の一つに数えなければならぬ」〔シンプソン　同上書、四一ページ〕ということである。しかも一月の平均気温はマイナス二八度と六度も下り、観測された最低はマイナス三四度であった。これらの気温と、上にのべたような風力とをあわせて、行進のことを考えなければならない。スコットの前回の探検の高原旅行、シャックルトンの極地旅行にてらしても、この風はわれわれの前進隊によって予期されたところである。しかしまた太陽輻射の逓減による気温の降下は、一般に想像されるよりも急激なものであることは疑問の余地はない。スコットはこの高原部が事の成否を決する期間にあたり、全行程のうちのもっとも苦難の区域であることを事実、予期してはいたにしても、恐らくこれほどの急激な気温の降下のあること、これほど走路が悪かろうとは考えていなかったであろう。

一月一五日の夜、スコットは「今やそは間違なき事実なるべし。いまやただわれらの機先を制したるノルウェー国旗を見せつけらるるおそるべき可能性あるのみなり」と記した。〔『スコットの最後の探検』第一巻、五四三ページ〕その時、彼らは極点より五〇キロのところにあった。

南極到達

それから三日間のことはウイルソンの日記からとることにしよう。

「一月一六日　午前八時に出発、一四キロをすすみ一時一五分に中食、さらに九・八キロすすんだところで一本の黒い旗を見、ノルウェー隊のソリ、スキー、犬の踏み跡が北東と南西との双方に走っているのに出くわした。旗は一見して不用になったソリからとりはずしたと思われる木材に、ひもで黒布をくくりつけたものであった。足跡の経過時間は判定が困難であったがおそらく二週間——あるいは三週間以上になるらしい。旗ははしの方が相当ぼろぼろになっていた。われわれはここにテントをはり足跡をしらべ、このことについて意見をかわした。午前中は走路は非常によく、気温はマイナス二一度、午後は下り一方であったが、一度だけ西の方に少し登ってそしてひと下りしてからくぼみを東方にすすんだ時に、このノルウェー隊の足跡が、明らかに他の氷河から来たもののようについていたのである。

一月一七日　本夕六時三〇分に極点にキャンプ、今朝は午前五時に起床、アムンセンの足跡を南南西へと三時間すすみ、二個の小さな雪づかをとおりすぎてからは、スキーのあとがあまりに雪に埋められているので、われわれはそこから極点へ別に最短コースをとることにした。一二時三〇分に中食のためテントをはり、三時から六時半までふたたび行進をつづけた。終日風級四〜五のむかい風が、気温マイナス三〇度のもとに吹きつづけて、今まで感じたことのないひどい寒さであった。羊毛製と毛皮製の手袋をはめていても、手の凍傷をふせぐのはむつかしかった。オーツスもエバンスもボワーズもみな鼻やほおにひどい凍傷をし、エバンスの手のためにわれわれは早めに中食のテントをはった。まったくひどい日だった。太陽は出たりかくれたりで、中食の時に観測をやり、また夕食の前後とわれわれの時計で夜七時と午前二時にも測った。天気は晴れわたってはおらず、空気中には氷晶が一ぱいちらつき、南進のときには面に吹きつけ、地平線をぼんやりさせ、暗くもやがかかったようになっていた。雪塚も旗も何も見えず、おそらくアムンセンの足跡の方向から推して、今朝、その位置はここから五・五キロも離れているらしい。われわれは明日の快晴をねがっているが、しかしいずれにしてもアムンセンは極自身に関するかぎり優先権をもつことは必至である。彼がいどんだ極点到達の競争では彼はわれわれに勝ったのである。そんなことにはおかまいなく、われわれはやれるだけのことをなしとげ、作られた予定のとおりを遂行したのである。彼らの足跡からみてスキーをはいた人間は二人で、粗末な食糧ですむ犬をたくさんつれていたようである。彼らは楕円形のテントを使用したらしい。われわれは極点に一夜をあかし、雑炊と最後のチョコレートをたべた。クリスマス煙草はスコット、オーツス、エバンスに非常によろこばれた。労苦の一日だった。凍って少しごわごわしている寝袋に入る時がきた。明日、帰還の途につく。そしてわれわれは全力をつくしてこのニュースが船に間にあうように帰らねばならぬ。

一月一八日　夜の間に観測をして午前五時に起き、この夜のキャンプから南東方に七キロほどすすみ、昨夜の天測から極点と推測される地点にゆき、ここに中食のテントを張った。雪づかをつくり、写真をとり、皇太后のユニオンジャックをはじめわれわれのすべての旗をあげた。われわれはこの地を極点として、国旗を残しておくことにした。しかしのちにさらに天測をした結果、ここよりなお〇・九キロ東南方まで行ってそこを最南点とした。午後ノルウェー隊の最南キャンプを通過する。彼らはそこをポールハイムと命名し、ノルウェーの国旗とフラム号の旗とをたてた小テントを残していた。そしてテントのなかにはかなりたくさんの品物、トナカイの寝袋、夜の靴下、トナカイ皮の上衣二着、経緯儀、水平儀、沸点測高器、魔法瓶のこわれたものなどがおいてあった。自分はその中からアルコールランプをもってきた。それを自分は殺菌に用い、また雪で滅菌液を作りたかったからである。そこにはいくつかの手紙もあった。一つはアムンセンからハーコン皇帝にあてたもので、スコットがそれをもって行ってくれるように記してあった。また彼らの隊を構成する五名の隊員の名簿があったが、彼らの行動については何の記載もなかった。自分は二〜三枚写生をやったが、風が非常に冷たく気温はマイナス三〇度、バーディーは何枚か写真をとった。ノルウェー隊はここにソリ一台を残したと書いてあったが、われわれはそれを発見できなかった。雪にうずめられたのかも知れない。テントは二人用の小さなもので、綱は白、杭は黄色の木だった。テントの縫目から灰青色の絹の細布をとってきた。ノルウェー人たちは一二月一六日極に達したもので、一五日から一七日までその付近にいた。われわれが南極キャンプで中食をとったとき、そこから〇・九キロばかり離れたところにソリのランナーに黒い旗をつけたのがひらめいているのが認められた。スコットはスキーをはいてそれをとりに行くことを自分に命じた。自分はそこにノートが結びつけられてあるのを発見したが、それにはノルウェー隊の事実上の最後の極点である旨が記してあった。自分はその旗とアムンセンの署名のあるノートとをもらった。またソリのランナーの一部も手に入れた。これらのものがどんな位置にあったかは小地図の示すとおりである。中食ののち極点キャンプから一二・五キロふたたび北方へとむかい、ここに夜のテントを張った。」〔ウイルソン〕

南極地域に関する次の記事はボワーズが気象日誌に書いたもので、それは一七日と一八日にかかれたことは明らかである。「極点より二二〇キロ余の範囲において遭遇した波状雪はこの地方の常風の方向を示すもののようだ。南緯八七度三〇分にいたるまでその方向はきまって南東をしめした。この緯度において最高部をなし、それより極にむかって下り一方にすすんだ。この間、南東、南、南西と波状雪の走向は一定しない。のち南緯七九度三〇分付近よりは南々西風が卓越する。この地点よりは氷帽の表面は本隊の行路と大体において直角の方向に起伏をなす。この波状の雪面は広範囲にまたがり（明らかにその波の山から山までは数キロの距離をもつ）かつその表面は一様なる溝と堅雪であって、全表面には氷晶を見る。この氷晶は時には微細なる針状また時として板状の形をとって降下しきたるを見る。ほとんど絶え間なくあらわれたる幻日の原因はこれである。

ノルウェー探検隊により一カ月まえとめおかれた旗はほとんど損傷なく、この間において強烈なる風にさらされることがなかったようで、しるされていた彼らのソリおよびスキーの条痕は犬の足跡と同じく、いくぶん盛り上っていた。極点キャンプ付近にては吹きだまりの方向は南西であったが、天幕の風下側、南々東に一カ所吹きだまりを見る。彼らのテントは南西風にたいして展張されていた。路面は徒歩にてあるくにははなはだ軟かく、積雪は堅雪の層までの深さの変化はきわめて少なく、かつ氷原上にて見たるがごとき殻雪層は存在しない。雪質は至極かるく粘着することなく、融解してもその容積のわりには水の量が少ない。巻雲がたえず千変万化の状を呈すること、その放射状の出現および移動の状態は、一年中のこの時期における

大気の上層部が平静なることのまれなるかまたは絶無なることを示している。」〔ボワーズ　極地気象日誌〕

以上が一点うたがうところのない大衝撃の真相である。考えてもみよ！　彼らは二カ月半のあいだ、旅程にのぼり、根拠地より一四八〇キロをやってきたのである。氷河の登進は非常な骨折りであった。高原部ではあまり悪くなかった。恐らく予期したよりも幾分よかったのであろう。少なくも最終帰還隊が彼らとわかれるまではそうであった。しかしながら標高の高いのとむかい風と平均マイナス二八度の寒気とにくわえて、氷晶が降って、とくに太陽の出ている時に積雪面を砂のようにしたのである。彼らは巻雲のなかに生活していたようなもので、しかも積雪の表面は太陽が照っている時の方が、雲によって太陽輻射がさまたげられている時よりも寒いという特別の状態にあったようである。彼らは下りにかかったが、事は順調にはすすまなかった。彼らは、ことにオーツスとエバンスとは寒さに悩んでいた。エバンスの手の傷も悪化していった。それは水兵たち仲間で新しいソリを作った時からのものであった。このソリをつくりかえる作業はとても冷たい仕事で、彼らの仕事のうちでは最もつらいものの一つであった。これについて十分の注意が払われたかどうか、しかとはわからない。

しかるに「ノルウェー隊はわれわれの機先を制して極への第一人者となりたり。それはわれわれにとりてはすさまじき落胆にして、余は祖国の人々にたいし遺憾至極なり。万感こもごも至り論難回を重ねたり。明日、極点に到達し、しかるのち出しうる限りの全速をもって帰途を急がざるべからず。一切の白昼夢は消尽して帰還は倦怠そのものとなるべし。」「極点。正に然

アムンセンの残したテントの前で立ちすくむスコット（左端）と隊員たち

南極点にて。左からオーツス、バワーズ、スコット、エバンス

り。さりながらあらかじめ期せしところとは大差の状況のもとに。……僚友はごごゆる足と手とをもって努力をかさねゆく……エバンスの手の凍傷ははなはだしきため中食にテントを張る……吹きあるる風、気温マイナス二九度。しかも妙にしめっぽく、寒威はたえず骨にまで透徹し……神よ！　こは恐ろしき場所なり……。」（『スコットの最後の探検』第一巻、五四三〜五四四ページ）

これは絶望の叫びではない。恐ろしい数々の事実によって思わずももらされた言葉である。今日でも南極付近の一月の平均気温は北極の一年中のこれに相応する月（七月）の気温よりも一三度余も低いのである。盛夏においてもかくのごとくであるとすれば、真冬はどれほどであろうか。砂のような積雪面を別にしても、これが彼らを待ちうけていたのであり、探検隊のいかなる部分も同じように調子よくいったとしても、予期されたよりもよかろうはずはないのである。

帰還行程

北方にむかう

ボワーズは気象観測と天測とにいそがしく、それらは恐ろしく困難な事情のもとに遂行され、そのために彼は極点では帰途につくまでは日記をつけることもできずにいた。それから七日間の彼の日記はつぎのとおりである。

「一月一九日　気持のよい南西風の吹くすばらしくよく晴れた朝。朝食時、自分は帽子のうしろに、行進中に風がくびに吹きこまないように垂れ布をぬいつけた。ソリに帆柱をたて、帆をはってアムンセンの雪づかをひろいつつ、のちには自分たちの足跡をたどって、北方へとむかった。そうしていま一つの雪づかに行きあたり、往路の第五八キャンプの跡にたてた黒い旗のところまできた。そこからはノルウェー隊の足跡からまったくはなれて、非常な気安さをおぼえ、われわれだけの踏あとをたどって、中食時まで一五キロをすすんだ。

午後、自分らの行程の第二雪づかを通過し、軽風をついてかなりぐんぐんと進んだ。スキーをはいていないので自分にはつらかったが、行進が順調にいっているあいだは、疲労など気にとめないものである。この日合計三〇キロすすんだ。明日午後には最終貯蔵所まで行かねばならぬ。ひるすぎて間もなく天気は非常に曇ってきて、夕方にはかなり雪が降りだし、氷晶のために霧になりカサが出た。

一月二〇日　けさはまた帆走によい風が吹いてくれた。むかい風にひきかえて背後に風をうけるのは非常にありがたい。のちには曇ってきたが、それでも自分らは、午後一時に最終貯蔵所をみつけ、一時四五分にそこへついた。竹ざおにむすびつけられた赤旗は極からの帰りのわれらを歓びむかえ、これからの生活必需品を供給してやるといわんばかりに楽しくはためいていた。われらは高原部を無事に通過するために、全面的に貯蔵所に依存していたのだから、さびしく立っている小さな雪づかをも心からよろこんで迎えた。最終貯蔵所と名づけられているこの一つの雪づかからは、われらは四日分の食糧と一缶の油（点火用の）メチールアルコールやここに残しておいた個人用の衣類をとり出した。極で発見したアムンセンのこわれたソリのランナーで間にあわせていたのをやめて、竹をまげて敷布につけ帆げたにした。

貯蔵所に到着するため午前の行進がとくに長かったので、午後の行進はいつもよりすくなかった。風は勢をまして風級七の強風となり、突風をともない、かなりの雪を見た。自分らはいよいよ悪い時に立ちむかわねばならなくなった。一時間ほどして自分はソリの動きを加減するためにひき綱をソリの尾端につけかえた。のちになって具合の悪いことに雪面がひどく砂のようになったが、それでも日課を果して三〇キロをすすみ、風の中にテントをはった。二～三時間してから風はふぶきになった。貯蔵所を無事に発見できたのはしあわせだった。

一月二一日　風は夜のうちに風級八に達し多量の降雪があった。朝、風雪が吹きすさび、行進は問題の外であった。風は非常な助けとなるのであるが、ひどい降雪では間違いなく針路をとって行くことがほとんどできない。空模様を待って、少しでも晴れる見込みがついたらすぐに出発することにした。幸いそれはしばらくでやみ、いつものように二日つづきにならないで午後にはおさまり、三時四五分、満帆をはって出発することができた。スキーをはいてはよく走れたが、自分は徒歩でやわらかい雪の上を拾わねばならなかった。足なれた古いスキーが見つかればどんなにかうれしいことだろう。しかしそれはまだ三七〇キロ近くもむこうにある。のちになって風はまったく落ちてしまい、自分はひき綱をもとのとおり五人の真中のところに移した。一〇キロすすんでテントをはった。われらの雪づかは非常な助けであった。足跡はところによっては深い吹きだまりや堅い波状雪のために消えていたが、たやすくたどって行くことができた。

一月二二日　この朝、路すがらエバンスの羊の皮靴を見つけた。それは〔一月一一日〕ソリの上から落ちて以来、あまりに長くなるのでほとんど雪におおわれていた。南南西の風がよく吹いていたが、しだいに弱くなった。一五キロすすんで中食のテントをはった。午後には風はまったくやみ、雪面は太陽のおかげで完全にノコクズのようになった。軽いソリを五人がかりでひいているにもかかわらず、それは動きもいじりもしない地引き網のようであった。七時すぎに、一同やれやれという思いでテントをはった。みんなかなりにつかれたように思われる。きょう一日で合計三六キロすすんだ。一度半貯蔵所までわずか五五・五キロになった。つごうよくいけば二行進で達することができる（この夜の最低気温マイナス三四度〈更正せず〉）。
一月二三日　出発した時はいくらか風があり、少しは助けとなった（気温マイナス二三度）。二時間後には風級四の南南西風となり、満帆をはって愉快にすすみ、中食までに一六・二キロに達した。午後にはさらに強くなり、私はソリのうしろにまわってカジとりと制動係をやらねばならなかった。そして少し帆をさげたが、それでもソリは飛鳥のごとくに走った。
われらは古い雪づかを一つ一つうまく拾いあげて行く。エバンスは彼としてはめずらしくもなく鼻の凍傷をやった。おそくなってからみなみな寒さになやまされたので六時四五分、三〇・五キロの行程をおわった。風が強いのでテントを張るのに苦労する。」〔ボワーズ〕
同じ夜、スコットは次のようにしるしている。「余らは大速度にて行進せり（一度半）。貯蔵所に容易に到達しうるならん。ウイルソンが突如エバンスの鼻が凍傷に――白く堅く――なれるを発見せり。六時四五分、幕営するにしかずと思う。テントの設営に労すること多し。今、うまき雑炊をとりたるのちにてはなはだうちくつろぎおれり。
エバンスが相当に衰弱しおることは疑う余地なく――指はひどくはれ、鼻はかさなる凍傷のため充血はなはだし。心気のすすまざるは面白くなし。ウイルソン、ボワーズおよび余はこの環境下において至極元気なり。オーツスは足を凍傷しおれり。いずれにせよ高原部を去ることを喜びとせざるべからず。……天候は悪化のきざしをしめせり。」〔『スコットの最後の探検』第一巻、五五〇〜五五一ページ〕
ボワーズのいうところを聞けば、

「一月二四日　エバンスの手指はみな凍傷でふくれあがっている。他のものはみな丈夫だが、だんだんやせてゆき、申し分ない糧食をとっているにもかかわらず日々ひもじくなっていく。行進中、自分は思いきりたべられるようになったら最初に何をたべようかと考えつづけることがある。それはまだ一三〇〇キロも進んでからのことであるからちと早すぎるが。

出発した時から風が吹いていたが、次第に強くなってきた。ついには帆を半分おろして一人は進路がかりとして先頭に立ち、自分はタイタス〔＊オーツス〕と二人でうしろで制動役をしたが、ソリをしじゅう走りすぎないようにしていることは困難である。ふぶきは次第に悪化してきたので、一二時ちょっとすぎに一三キロ走っただけでキャンプした。キャンプをはるのは非常に難儀な仕事だった。午後中たえず吹きつづけた。いま午後九時、少し静まってきたようである。貯蔵所から一三キロしかすすまれず、この滞留はまことにいまいましい。」〔ボワーズ〕

スコットは書いている。「これは極を後にしてより二度目の暴風なり。かかる空模様は好ましからず。天気が下り坂となりたるにや！　もし然りとすれば、労おおき高原の行路と乏しき食糧とをもって神に頼るよりほかなし。ウイルソンとボワーズとは余の深く頼みとする僚友なり。オーツスとエバンスの凍傷を思えば余は安閑としてありえず。」〔『スコットの最後の探検』第一巻、五五二ページ〕

「一月二五日　風がいままでになく吹きすきんでいたので、いつもの時刻〔午前五時四五分〕がきても起きなくてもよかった。前進できないのだから。おそい朝飯をとって、中食をやめることにした。食糧はわずか三日分をもっているだけで、もし貯蔵所をすどおりすれば逆境におちるおそれがある。寝袋がおいおい湿ってくる。衣類も同様である。今（朝食時）少し晴れそうになってきたが、どうか進めるようになってほしいものだ。食事について困ったことには、もはや塩がなくなってしまったのだ。もっともだいじな品物の一つなのだが。アトキンソン隊が上氷河貯蔵所から間違って余分の缶を持ち帰ったためである。幸なことに、われわれがそこにいくらかの塩を貯蔵しておいたからもう二週間辛抱すればいいのである。

午後一〇時　おかげでともかく出発することができた。風の助けで一度半貯蔵所までひた走りに行きついた。そこの大きな赤旗は吹きまくる雪煙のなかにはげしくはためいていた。ここで油を一缶四分の一と五人の食糧一週間分のほか、置いてあった個人の衣類などをとり出した。雪づかの上に竹ざおと旗とを残して去る。貯蔵所を見つけて非常に安心した。はてしもない雪の高原でつぎに気にかかることは、南緯八六度五分にある三度貯蔵所を発見することである。

午後一〇キロを進む。ふぶきどおしのなかを波状雪に悩んだり、条痕をはずれたりして情けない行進だった。帆を半分おろしてタイタスと二人でその後にぶら下った。これはとても力を要する仕事で、先に立ってひくよりもずっと寒い。ソリが走りすぎないよう、しじゅうありったけの力を出して制動しなければならないのである。ビル〔＊ウイルソン〕は雪眼鏡なしに歩いてきたので雪盲になってしまった。

去年のきょうは食糧配置旅行にのぼった日である。こんな短い間に、極地旅行の古豪になってしまおうとは考えなかったし、またあの時はいまこうして極心から帰還の途にある自分であるとは思いも及ばなかった。」〔ボワーズ〕

ウイルソンは非常に雪盲にかかりやすく、またふぶきのまえに頭痛がするくせがあった。彼はいつでも何か機会があれば写生をしようと考えており、また足跡や雪づかをさがすために、思わずしらず雪眼鏡をはずすのであるが、これらが多少とも関係があるとわたしは考える。雪盲はきわめてありがちのことで「これは中食のときに書いたのだが夕方にはひどい雪盲になってしまった。」……「午後ふぶき、午前中のみ行進。伝うべき条痕を少しも見ることをえない。明日（今日）まで目はちっとも悪くなかったのに、今日中、足跡を見つけるための過労と非常に冷たいふぶきのおかげで雪盲になってしまった。」……「目が悪くてスキーでは行けず、午後は徒歩ですすむ。非常な雪と風と寒さにあった。夜、硫酸亜鉛とコカインを点眼したが、痛みのため少しも眠られなかった。朝一時間ほどまどろんだだけである。」……「スキーをはいていてはとても進路が見えないので一日中、徒歩で行く。バーディーがわたしのスキーを使った。目はまだとても痛んで涙が出る。夕暮れつかれてしまい夜はすばらしく眠れた。今晩は前額が非常に痛むが目はずっとよくなった。」〔ウイルソン〕

積雪面は恐ろしく悪く、極を後にした日（一月一九日）ウイルソンは日記にそのことをしるしている。「午後はおおかた真うしろからのすばらしい風にめぐまれ六時まで好調にすすんだが、陽が出たので雪面はおそろしく摩擦を示し、七時三〇分キャンプした。風に吹きとばされてくる砂のようなふぶきの上に陽が照ると、気温マイナス二九度で、実に恐るべき表面となり、こまかい砂のごとく、スキーもソリも少しも滑らなくなる。白いちぎれた高層雲が出て天気は終日くもっていた。そして地平線のうえ三度ばかりまでは雪煙があがっているように見えたが、これは実は雪の微細なきわめて小さな結晶がたえず降るために起こるものである。時として板状の結晶のかわりに、小さな針状結晶が集合して微細なウニのような形になって降ってくることがある。板状のものはどんなに小さくても日にキラキラ光り、バーバリー生地の上に点となって見えるのである。しかし針状の集ったものはやっと目に見えるだけである。いまキャンプのなかにおっても、手はこまかい仕事ができるほど十分には温まらない。天気はひき続きたまらなく寒く、風ふき、マイナス三二度。しかしきょうは中食ののち少し絵をかくことができた。」〔ウイルソン〕

かさなる凍傷

彼らのソリ行進からはすべての喜びは消え去ってしまった。彼らは飢え、こごえ、ソリひきは重く、そのうちの二人は元気を失っていた。オーツスが寒気になやみ、ほかの隊員よりも弱ってきているとスコットが書き記したのは一月一四日のことで〔『スコットの最後の探検』第一巻、五四一ページ〕彼は一月二〇日に再びこのことにふれている〔同上書、五四九ページ〕。一月一九日にウイルソンは「われわれは行進中、顔といわず口といわず氷だらけになり、スキー杖をもつ手は実につめたくなってしまった。数日まえ、最後の貯蔵所で指の関節のところに切創をこしらえたエバンスは今夜、かなりのうみを出した」と書き、一月二〇日には「エバンスは四～五本、指の先をひどく凍傷ではらしている。タイタスもまた鼻とほおとをやられ、エバンスもボワーズもやっている。」一月二八日「エバンスは極に達したとき指の先をひどく凍傷していた。

タイタスのはれ上った足先はあお黒くなってきた。」一月三一日「エバンスの指の爪はみながれて非常にうずき痛む。」二月四日「エバンスは寒さに悩み凍傷をしどおしである。タイタスの足は黒くなってきて、鼻とほおは死んで黄色になっている。エバンスの指は一日おきに硼酸軟膏で手当をする。」二月五日「エバンスの指はうんでつぶれ、鼻はとても固くなり、みっともなくなっている。」〔ウイルソン〕

スコットはエバンスのことについて心を痛めさせられている。エバンスは「この夜、指の爪二本を失った。彼の両手はいちじるしく悪化し、驚くべきことに、そのため失神のきざしさえあり。彼はこの出来事以来、うつうつとして楽しまず。」「隊員の健康状態はすこしも好転せず、とくにエバンスにありてはひときわ鈍重、無力化しつつあり。」「エバンスの鼻はその指に劣らず悪化せり。彼ははなはだ疲労しおれり。」〔『スコットの最後の探検』第一巻、五五七、五六〇、五六一ページ〕

先に引用したボワーズの日記は彼らが一度半貯蔵所を見出した一月二五日で終っている。そしてその夜スコットは「余は食糧袋が再びみたされたることをもってよき睡眠をとらん」と書き「ボワーズはこの夜、経緯度観測を行いたり。このごとき寒風のもとにいかにして観測せるか驚くべきことなり。」その次の日には彼らは三〇キロをすすんだが、曲っていたので往路の足跡からはずれてしまった。一月二七日には二六キロを行き「一日中鋭い波状雪のきわめて悪いところをすすんで、午後おそくなってやっとこれを脱した。」〔ウイルソン〕「神かけて、これこそは恐るべき労働なり」とスコットはいっている。

彼らは再びより良好な走路に入り、一月二八日には二九キロを得た。「よい天気のもとに下りみちを良好に行進する。」〔ウイルソン〕一月二九日にはボワーズは彼の最後の全一日の日記を書いている。「今日は記録的な行進をした。申し分のない風とよくなった雪面とで、自分らは支援隊の残していった二重の踏みあとのなかに入った。それからわたしが前進隊のうちに編入せられた思い出の幕営地を通過した。編入がえをせられた時はどんなにうれしかったことか。キャンプはひどく吹きだまりに埋められ、いたるところに南南東から南東にはしる広大な波状雪面を展開していた。中食のまえ自分らは一九・五キロを行く。自分はソリの後で制御に当ったが、おそろしく寒く、手はちぎれそうだった。午後には犬の皮の手袋を用いたが非常によかった。雪をともなう疾風がふきつづけ、気温はマイナス三二度、おかげで今日の仕事も無事に終った。自分らは夕方までに三六キロすすんだから、わが待望の（三度）貯蔵所からわずか五四キロとなった。もし一行進半でそこへ行きつけなかったら、みじめなことになるだろう。」〔ボワーズ〕

一月三〇日また三五キロをすすんだが、きのうの行進でウイルソンは足をくじいた。「くるぶしをひどくくじいて午後中、非常な痛みであった。」「左の脚は一日ことのほか痛み、わたしはバーディーにスキーを貸してやってソリのかたわらをびっこを引いて歩いた。くるぶしのところがはれて、すっかり炎症をおこし、皮膚は赤くなり、すねまでうきがきている。しかしながら勢のいい風に助けられて良好な行進をすることができた。」一月三一日「またはれた足をひきずってソリのそばをすすんだが、そんなに痛くはなかった。三度貯蔵所まで一一キロあった。ここで一週間分の食糧とエバンス少佐のみじかい書きおきをうけとり、中食用の余分のビスケットを手に入れ、中食にはビスケット四個となり、同じくバターの一割増にありついた。午後バーディーのスキー置場の雪づかを通った。スキーをとり出して七時三〇分まで行進した。一日中そよいでいた風もおちて、気温マイナス二九度、気もちよく温かく、日が照ってよく晴れていた。雑炊にもペミカンが一割よけいに入るようになった。足は今夜またはれてきた。」〔ウイルソン〕この日、彼らは二五キロを行進、翌日は二九キロ余にのぼった。「足はだいぶんよくなり痛みを感じなくなった。しかしまだ膿んでいる。きょう標高三〇メートルばかりのかなり急な斜面を下った。」〔ウイルソン〕

彼らはいまやベアドモア氷河の入口に近づき、われ目や氷瀑〔*氷が割れて崖になっているところ〕のある区域に入った。そして二月二日に今度はスコットが事故をおこした。「きわめて滑りやすきところにいたって余は恐るべき転倒をなし、せなかを打った。それは夜に入りはなはだしく痛み、われわれのテントはさらに一人の病者をくわえ五人のうち三人は傷つき、しかももっとも困難なる地域に差しかかれり。大なる傷害をうけずして通過しうれば幸とせざるべからず。ウイルソンの脚は回復にむかうといえども、容易に再発すべく、エバンスの指は……。われわれは三一キロをすすみえたり。余分の食糧はたしかに余らの助けとはなるも、次第に飢餓に陥りつつあり。天候はすでに少しく温かになり、高度は減じダーウィン山まで一四八キロ内外となれり。いまや高原部を去らんとしつつあり。願わくばあと四日間は晴れ渡る空を見たきものなり。寝袋はひどく湿気を帯びたり。われわれはさらに多く睡眠をとらざるべからず。」

〔『スコットの最後の探検』第一巻、五五九ページ〕

彼らは往路の足跡をさがすのに時を費したが、しかし氷河の上の貯蔵所をうまく発見し、二月三日にはさらに北上の途をすすみ、足跡や雪づかのおかげさまで苦労はしなかった。この日は三〇キロかせいだ。ウイルソンの日記には「日が照ってまた軽い風があった。坂また坂を下りつづけ、最後にひと登りして一日を終った。とても深くほられた波状雪と吹きだまりと、てかてかの卵殻状の雪面、風はしじゅう南南東、本日午後一一時、また東方水平線上にはじめて山頂を見た。……きょうはわれ目のある氷脈の最高部を通りすぎた。帰路はじめての氷脈である。」

「二月四日　三三キロ、晴れた雲のない青空。地表に雪煙あがる。午前中はゆるやかな下り坂をくだる。二つ三つ不斉な台地状の斜面があり、その一つの上部には多くのわれ目ができていた。一番南にあったものは大きく、スコットとエバンスとが胸まで落ち込んだくらいで、思いがけずよく雪におおわれていた。その走向は東西で、頂に近いところでは、普通の広い道はばくらいの大きさのわれ目が、よくふたをされてつづいていた。午後になってさらに一つの頂に達したが、そこにも下りにかかるまえ、道幅くらいのわれ目があった。その一つを横断したが、ふたがおちていて二輪車をひいた馬でも落ちこむくらい大きな孔があいていた。たくさんの山頂が右手後方、南に見える。われわれは明らかに山の頂とおぼしい大きなわれ目のある小丘のすぐ下に幕営している。

二月五日　三三・七キロ、難儀な日、広いおとしあなのようなわれ目がおそろしくいりくんでいるさなかを行く。ずっと東にまわってそのなかを右に左によけ、数知れぬ雪橋をわたった。それから西にまがって午後はうまくすすみ、氷瀑の上部の障害をさけてここまできた。〔スコットは「われわれはきわめて障害多き地にキャンプせしも、風は落ちてここにては、はなはだ弱し、われわれのキャンプはここ数週間のうちもっとも居心地よきものとなりたり」と書いている〕

二月六日　二八キロ、午前中またも面倒なところを通って行かねばならなかった。大きなわれ目が東から西に走っているなかに入ってまた出てきた。それから西方にまわり、恐ろしい波状雪の斜面を少し風のある非常な寒気のうちに下った。午後はさらに一そうダーウィン山にむかってすすみ、氷瀑がたくさん連続しているところをまわってこれを後に見あげた。酷寒の行進、多数のわれ目、わたしは徒歩でソリのかたわらを歩く方がずっとよかった。他の隊員はみなスキーで進む。

二月七日　二九キロ。また晴れわたった日。午前は一〜二カ所、平らなところをのぞいて、長い下り斜面をものうく行進、午後は心地よい風におくられて大きな波状雪におおわれた長い斜面を非常に早くかけ降りる。ソリのうしろでかじをとり制動をするのは力のいる仕事である。午後七時三〇分、上氷河貯蔵所につき、何ごとも無事なのを見た。」〔ウイルソン〕

氷河を下る

ここで高原部はおわり氷河がはじまる。天候に関するかぎり彼らの難局はすぎ去ったのである。ウイルソンは進むにしたがっていかに陸地の景色が美しかったかを記している。「ドミニオン山脈の岩は大体は黒味がかったあかね色かまたは赤の濃いチョコレート色であるが、そのなかに黄色をした岩脈の帯がたくさんあらわれている。それは西側と同じく粗粒玄武岩と砂岩とからできているものと考えられる。」〔ウイルソン〕

隊員の健康状態は、その程度をはっきりいうことは困難であるが、もちろん、憂慮すべきものであった。前途のあたたかい天候に多くの期待をかけなければならなかった。スコットとボワーズとがおそらくもっとも元気だったであろう。スコットの肩は間もなく回復した。そして「ボワーズの健康はすばらしく、元気にあふれており、常にいそいそと働けり。」〔『スコットの最後の探検』第一巻、五六一ページ〕ウイルソンはいまではこの二人よりはひどく寒さになやみ、脚はまだスキーをはくまでにはよくならない。オーツスは時々足が冷たくなるので困難していた。しかしスコットが本当に心配していたのはエバンス一人だけであった。「彼の切りきずはうみ、鼻は非常にわるく、総体に疲労し果てたる状態をあきらかに露呈しいたり。」「さてわれらは氷高原の七週間にわたる旅を終り、隊員の大部分は元気なるも、次第に衰弱にむかいつつあるP・O・エバンスにとりては、今後の週日はさらに悪しき結果をもたらすべしと思わる」〔スコット、同上書〕彼らはみな余分の食糧をとり、それによっていくらか助かったが、それでも飢餓と睡眠の不足とを訴えていた。氷河の上にきてやや暖かい天気となるとともに、食糧は一行を満足させた。「しかしわれらはありったけの糧食を用いて前進せざるべからず、われらは休息を欲する。されど事情の許すかぎりは全力を尽してソリをひかざるべからず。断じて屈すべからず。」〔スコット、同上書〕

文明世界からおそらく大気のずっと上層を偶然に運ばれてくるであろう少数のものを別として、南極地方には細菌なるものは存在しない。夜どおし湿った寝袋に湿った衣をきてねむり、昼は氷のよろいをきて一日じゅうソリひきをやっていても、風邪もひかず、また何の病気にもかからないのである。壊血病のような欠陥性の病気にはかかるが、それは内陸部がビタミンのない欠陥性地域であるからである。また空気の温度は氷点よりもはるかに低いにかかわらず、食物は長く放っておけば悪くなるし、貯蔵所の食品も十分に雪でおおっておかなければ太陽のためにいためられてしまうのである。しかし病気にはなかなか、かからない。

これに反して一たび何ごとかが悪くなれば、これを乗り切るのにあらゆる困苦をなめなければならない。とくに創傷において然りである。そして極地旅行者に特有な孤立性は何といってももっとも不利益なことである。救急車もなく病院もない。ソリにのせると人間はべらぼうに重いものである。実際に大きな極地旅行を試みるものは、僚友を助けるために自殺をしなければならないハメにおちいることもある。そしてこれは決しておおげさなことではないのである。事態があまりひどくなれば、生きているよりは何とかして死んだ方がましだということになるのである。冬の旅行でわれわれはこうしたところまで行ったことがあり、わたしはこの問題をボワーズと論じたのを覚えているが、彼は必要とあればピッケルの尖でそれをやる考えをもっていた。どういうふうにしてやりとげるのか知らないが。そのほか彼のいったようにわれ目もあるし何かの薬品によることもできるのである。その時はわたしは恐ろしい気がした。自分はまだそこまでになったことは一度もなかった。

彼らはダーウィン山のふもとにある上氷河貯蔵所を二月八日に離れた。この日、彼らはもっとも大切な地質の標本を採集したのであるが、それは大部分はウイルソンがとったものであり、彼は最後までこれを見はなさなかったのである。ダーウィン山とバックレー島とは実際は高い山脈の山頂が氷河の上から頭を出しているのであって、行路はその上には登らないが、ごく近くを通っているのである。シャックルトンはバックレー島で石炭を発見しており、またわれわれの知るかぎりでは、ここは南極地方で化石の発見された唯一の場所として地質学上の重要な地点なのである。氷河の両側をとりかこむ山脈まで、見えるかぎり遠く氷瀑がうちつづき、見あげるバックレー島のほとりまで長く長く氷の波が砕けていた。ベアドモア氷河の大きな困難の一つは、登るにしたがって氷瀑があらわれることであったが、それは登りには見わけることができた。しかし下りにはそれは氷稜とわれ目のさなかに入るまではどこにあるかわからず、しかもその右を行くべきか左にかわすべきかはほとんどきめがたいところなのである。

この日エバンスはソリをひくことができずソリから離れて歩いた。しかしこれはさまで重大な事態ではなかった。シャックルトンも帰還のときこのあたりでひくことができなかったのである。ウイルソンは次のようにかいている。

「二月八日　バックレー山の絶壁、非常にめまぐるしかった日。午前中は南よりの風に送られてとても寒い行進であった。バーディーは隊と離れてスキーでダーウィン山に行き、一番ちかい露頭で見つけた唯一の岩石、粗粒玄武岩を採集して来た。路面は上にクラストがはって踏めば膝までもぐり、ソリもランナーがめり込むような雪面であった。はじめわれわれはみな薄い雪橋の上にあるのだと思った。それで少し東方へすすんだが、次第に悪くなっていって、一つの氷瀑にぶつかりソリを無事におろすのに骨をおり、どうやら下りきってからは北西ないし北へとり、それからバックレー山の大きな砂岩の絶壁下の堆石のそばにキャンプした。風は落ちてまったくあたたかくなった。不思議な変化である。中食ののち全員で夕食まで地質調査をやった。自分は夕食ののちおそくまで堆石をしらべた。岩の上にひろげた靴下は、みなすばらしくよく乾いた。砂岩の絶壁が大きな標識になる。堆石には多数の石灰岩をふくみ、粗粒玄武岩のわれた面が各所に見られた。砂岩のがけのいろいろの高さに石灰層があり、化石植物をともなう風化した石炭の塊。典型的な野外調査の日、そして短時間にすばらしい標本を手に入れた。

二月九日　堆石地調査、長い堆石地帯にそうて下り、バックレー山のふもとで一行とわかれて、およそ半時間ばかり岩石地をあるき、また写生帖に書きあげたような好標本を手に入れた。それからわれわれは堆石地帯を離れて一日じゅう非常に小さいときれときれの万年雪のあるでこぼこの青氷の上を好調に行進した。そしてそのような万年雪の一つに夜のキャンプをはったのだが、曇って霧が深かった空は、夜中に晴れて日が出た。われわれはマイナス二八度からマイナス二九度のうちつづくもとを高原の風に吹かれたのとは打ってかわって、いまはマイナス一二度前後の風のない日を心から楽しんでいる。

二月一〇日？　三〇キロ、クラウドメーカー山にむかって午前一〇時から二時四五分まで、非常によい昼休み前の行進をした。天気は次第に曇ってきて大きな結晶の雪が降りだし、何の見とおしもきかぬようになる。午後の行進は二時間半で霧が濃く何も見えず、青氷の下りにか

かったのでキャンプした。」〔ウイルソン〕

その次の日は視野のきかぬ走路の悪いところをすすんで、他の二つの帰還隊が経験したと同じ氷脈のなかに踏みこんでしまった。先の隊と同じく彼らが気がついた時は、もうその真中にきていたのである。「ここにおいて東方に針路をとりしが、それはとりかえしのつかぬ決断なりき。われらは六時間にわたり行程の進展を念じて進み、これを果したりと思いしが、後の一〜二時間において打ちつづくおとし穴のうちに追いこめられたり。良好なる雪面にいたるものと思いこみて中食時間を短縮せず万事順調と考えいたりしが、中食ののち三〇分にしていまだかつて見ざる悪絶の氷のいりくめる中に踏み入りたり。三時間にわたってわれわれはスキーに身をまかせて、はじめはあまりに右に行きすぎたりと思い、次いで左にすぎたりと考えつつ、そのうちにも障害はいよいよまさり、余は非常なる精神的打撃をうけるにいたれり。われわれは恐るべき混乱のさなかにあることを見出し、これより逃れ出ずるはほとんど不可能なりと思いたることもしばしばなりき。混乱の状はその性質を変じ、いりくめるわれ目はしだいに雪にうずまりて渡過の至難なる巨大な裂け目となれり。そははなはだしく過重の労働にして、われわれは絶望的にならざるをえざりき。午後一〇時ようやくこれを打ち越えたり。余は一二時間の行進ののちにこれをしたためつつあり。」〔『スコットの最後の探検』第一巻、五六七ページ〕

その後の話をウイルソンによれば、

「二月一二日　氷瀑と数々の障害を打ちこえたのち良き一夜をすごした。そしてお茶とうすいごった煮とビスケットの軽い朝飯をすませてから少し下りの、磨いたような青氷のところを金かんじきをはいてひるまえの行進をはじめた。それからまた氷瀑のなかに分け入り幾時間もまよい歩いた。

二月一三日　氷瀑やわれ目のあいだの非常に堅い不整な青氷の上に一夜のねむりをとってから、ビスケットを一個とお茶をのんだ。テントには一片の雪もかかっていない。午前一〇時に出発して非常にかたいでこぼこの青氷の上をよく行進して、午後二時に貯蔵所を見つけた。半時間ほど一昨日のような障害のなかを行った。天気はどんよりとして降雪があり、貯蔵所への方向がやっととれるだけであった。が、とにかくわれわれは疲れて腹をへらしてそこに行きつき、キャンプをはり、ごった煮とお茶とビスケット三個をとった。それからわれわれはこの赤旗のひるがえる貯蔵所から三日半分の食糧をとり出して、またクラウドメーカーの堆石のかたわらを下って行った。堅い青氷の上を四時間もすすんだ。わたしは終りの一時間ばかりを二個の堆石堤にそうて地質調査をすることをゆるされた。外側の一つはすべて玄武岩と石英で、いま一つは玄武岩と砂岩とであった。……内側の堆石堤にキャンプする。天候は午後ずっと晴れであった。」〔ウイルソン〕

最初の犠牲者

ウイルソンは自分の日記には書いていないがこの間、彼とボワーズとはひどい雪目にかかっていた。またこの夜、スコットのいうところではエバンスはキャンプの仕事を手伝う力をもたなかった。つづいて二月一四日は良好な行進をしたが、しかし「われらは元気よきソリひきをなしおらざる事実から抜け切ることあたわず、恐らくわれらのだれもが然りであり、ウイルソンの足はなお彼を苦しめ、スキーに身をまかそうとはせず、なかんずくエバンスについてはわれらに深刻なる憂慮を抱かしむ。今朝、彼は足に大いなる水ぶくれのあることを明らかにせり。彼の金かんじきをこれにあわさんがために出発はおくれたり。余は時として彼の症状が不良よりさらに険悪にむかえることを感ずるも、本日午後のごとくスキーにてしっかり歩きうるにいたらば、彼もまたふたたび元気を回復するならんと思う。エバンスは飢餓を感じおり、ウイルソンもまた然り。われらはふたたび食物を全部出しきる危険をおかすあたわず。現在の料理当番として余は全許容量より多少内輪にしつつあり。幕営は次弟に手間どる傾向にありて小休止が増加せり。今夜余は事態改善の希望につきて語れり。時間不足にて道程はかどることを得ざりき。」〔『スコットの最後の探検』第一巻、五七〇～五七一ページ〕

この隊には数々の悪いことがあった。それは彼らがこれまでに経験したすさまじいソリ旅行からわり出されたよりもさらに一そうの手違いであった。ベアドモア氷河のふもとのあらしと極付近の走路の悪さがなかったならば、あるいは彼らの期待したものと大差はなかったかも知れない。しかしスコットが隊中の最上のつわ者と考えていたエバンスがすでに弱り果て、残りの隊員も強健というにはあまりにほど遠いことは明らかである。これには何か不明の素因があるように思われる。

ウイルソンの日記はつづく。「二月一五日　二五・五キロ。わたしは足をいためてからこのかた、はじめてスキーをはいて終日九時間を歩きつづけた。なお少々痛み、夕方には、はれてきた。毎晩、雪で湿布をする。われわれはまだキフイン山と肩をならべるにいたらない。下氷河貯蔵所までどれだけあるかが問題になったが、おそらく三三～三七キロであろう。われわれはふたたび食糧制限をはじめ、今晩はビスケット一個とペミカンの薄いごった煮だけだった。あすは一日分しかないが、これで残りの二日をやっていかねばならない。天気は午後になっていよいよ曇ってきて、雪が降りだした。われわれは困難をおして四時間行進したが、わずかに九キロをすこし出ただけであった。しかしすこしでも貯蔵所に近くなった。

二月一六日　二三キロ、ビスケット一個とうすいごった煮の朝食をたべてから、好天にめぐまれて出発し、午前中に一四キロを行く。また天気が曇ってきた。中食は一二月一五日キフインのふもとで中食をしたとほとんど同じ場所であった。ひるになってから天気は次第に曇り、三時間一五分ののち、エバンスは弱りはて青ざめてひょろひょろになり、スキーをはいてソリのそばについて来ることもできなくなりキャンプした。どちらを向いても陸地を見ることはできないが、ピラー岩のかなり近くに来ているに違いない。エバンスが弱ったのは彼がこの年まで病気にかかったことがないという事実と手の凍傷が絶望的となったためであるに違いない。中食も夕食も薄いごった煮。」

「二月一七日　天気はよかった。われわれは邪魔のない道を貯蔵所へむかって急いだ。そしてかなりの道のりを来た時、エバンスのスキー靴がぬげた。彼がそれをなおすのをまってまたソリをひき出した。しかし何度も何度もぬげるのでソリひきからぬけ、ちゃんとなおしてからわれわれのあとを追うてくるようにいわれた。中食のときには彼はずっと遅れていた。われわれはキャンプをして中食をとったのだが彼がやってこないので彼のそばまであともどりしてみた。彼はぶっ倒れ、両手は凍傷していた。それでわれわれはソリをとりに帰り、それをもってきて、あるく力を失った彼をソリの上にのせた。テントのなかへつれこんだ時は気をうしなっており、そのまま意識を回復せず、その夜一〇時に息を引きとった。われわれはその夜は一～二時間、寝袋でやすんで食事をとり、氷脈をこえて七キロばかり下り、下氷河貯蔵所に到着した。ここでやっとキャンプをして、たっぷりとたべて渇望の熟眠に入った。貯蔵所には異状はなかった」〔ウイルソン〕

「この上なき恐怖の日なりき。……思うにエバンスが衰弱の兆を示しはじめしはわれわれが極に到着する少し以前のことなり。しかしこれに拍車をかけしは第一に指の凍傷にして、次には困難なる氷河下降においてしばしば転倒せること、さらに後には彼自身において一切の自信を失えることこれなり。ウイルソンの説にては転倒の際、脳を害したるに相違なしと。かくのごとくして一人の僚友を失うは恐るべきことなり。されど一同の平静さは、週日来の恐ろしき憂慮の終末としてはこれにまさるもののあり得べからざるを示せり。昨日、中食時の善後策協議においても、根拠地を去ることかかる距離において、われわれの手中に一人の病者をかかえおることのいかに絶望的危機なるかは示されたることなり。」〔『スコットの最後の探検』第一巻、五七三ページ〕

苦難つづく

ステファンソン〔＊一八七〇〜一九六二、アメリカの極地探検家で評論家〕はまどろむ妻をかたわらにしてかつての日の思い出のなかに探検の心をよびさましている一人の旅行家のことを書いている。この旅行家はまったく幸福な人であり、平和な旅をした人に違いないとわたしは想像する。ベアドモア氷河の下りにここに記すような幾日幾夜をすごした人々には、年を経ても夜ごと夜ごとの悪夢となり、金切声をあげて目をさますであろう。

もとより彼らはさんざんな目にあい弱りはてた。しかし彼らが直面した悪条件と彼らが長期にわたって旅に出ていたということだけが、彼らが弱りはて、またエバンスがまいってしまった原因のすべてであったとはわたしは考えない。ことにエバンスについては彼が隊中で最大、最重の筋肉的の人であった事実ときっと何かの関係があるだろう。ほかの隊員よりも大きなからだをもち、これを使いながら、別段に食物をおおくあたえられないで、重荷をひかされるということは、正しい生活ではないとわたしは思う。彼らのとっていた食物がもし彼らのなすべき仕事をささえるに十分でなかったとしたら、明らかにもっとも体重のおもいものが、より小さい他の者より一そう早く、一そうひどく欠乏を感ずるであろう。エバンスは確かにもっともつらい時をもったに違いない。日記などから推して、エバンスはすこしも苦悩を訴えないで非常な苦しみをたえていたことが明らかであると思う。家にあっては病床に臥して看護さるべき身を、ここでは彼は凍傷の手とひざとをもって雪上をはってまで進まなければならなかった。

（彼は死のその日までソリをひいていた）おそろしいことだ。もっとも恐ろしいことは、かくなり行く彼を見、テントのなかにすわったまま命はてていく彼を見守っていた人々であろう。聞くところでは単なる脳震蕩ではかくも早く死ぬものではないということである。恐らく脳中で血栓がおこったものかと思われる。

もう一つ考えてみなければならないのは、彼らは全備重量をもって登って行った時とくらべて、はるかに軽いソリをもって氷河をほとんど下りきっていたのである。上氷河貯蔵所から下氷河貯蔵所までは七日分の食糧があてられていた。二つの支援隊はクラウドメーカーの上で恐ろしい氷脈中にまよいこんだが、それでも無事に通過している。最終支援隊が七日半を費したところを、極地隊は一〇日かかっている。しかし後者は前者よりも二五日半だけ多く高原旅行をしているのである。氷河下降の進度がおくれたために、極地隊は三月一九日まで最初のそして最後の食糧制限をやっている。もっともその間にも標準食一ぱいまたはそれ以上をとった日もあるにはある。

彼らの帰還行程で氷原に達するまでの、天候は異常であったとも意外であったともいうことはできない。一トン貯蔵所までは四八〇キロ行かねばならず、一トン貯蔵所からハット・ポイントまではさらに二四〇キロもあった。彼らはその時、五人にたいする一週間の食糧をもっていた。ベアドモアから一トンまでの間にはなおほかに三つの貯蔵所があり、それぞれ五人一週間の食糧が貯えられていた。そして一行は四人となっていた。彼らの行手は陸影のまったく見えぬ氷原の中心部を横断するのであり、そのあたりは前途にある比較的あたたかい海からの直接の影響をうけるにはあまりに遠かった。一年のうちのこの時期の氷原の中央部での天候状況について何も知るすべがなく、三月にそれほどの酷寒があるとはだれも考えなかった。シャックルトンは一月一〇日にくびすをかえして帰途にのぼり、二月二三日に絶壁貯蔵所に、そして三月八日にハット・ポイントに達したのである。

ウイルソンの日記はつづく。

「二月一八日　われわれは五時間ねただけである。午後二時に目をさまして、バターとビスケットとお茶をとってから馬を殺した跡の入口のくぼ地まできた。その途中、フーパー山の堆石を見に行った。

二月一九日　新しく三メートルのソリを装備したり、馬の肉をとり出していたので出発はおそかった。走路は非常に重く一〇キロすすんだ。」〔ウイルソン〕

氷原上の最初の帰還行程がこの雪面の悪さである。この時以後、彼らはすすむにしたがって積雪表面の恐ろしく悪いことを訴えている。しかしその重い重いという苦情の幾分は、彼ら自身の衰弱したのにもよると思われる。後になっておこったような低気温では走路の悪くなるのが当りまえであるが、この時はまだ気温はそんなに低くはなくマイナス一七度からマイナス二七度くらいで、多くは美しく晴れた日がつづいた。注意すべきは、ほとんど風が吹かなかったということである。彼らはひたすら南方からの風の吹くことを待ち望んでいた。「ああ！　少しでも風があれば」とスコットは書いている。「エバンス隊〔＊第二帰還隊〕が十分の風に恵まれしは明らかなり。」彼はすでに憂心に満ちていた。「もしかくのごときことが続くならば、われらは艱苦の時をもつにいたるべし。しかしこの無風地帯は海岸の近づくとともに終らんこと切望にたえず。われらは間違いなくそれにむかいて進みつつあり、短時日のうちにこれを脱することをうべし。行程について憂慮するは早きに失するがごとし（二月一九日）。その他の諸点は改善にむかえり。ソリの上に寝袋をひろげて乾燥させつつあり、さらに何よりもありがたきはふたたび規定一杯の食事をとりはじめしことなり。今夜はペミカンと馬肉の一種のシチューフライをこしらえてそれを入れ、ソリ旅行においてこれまでになき上等のごった煮を作れり。エバンスの不在は食糧係にとりては大助かりなるも、彼が健在ならばわれわれは一そう早く進行しうべしと思う。時期の少し遅れたることにより、われわれの前途にいかなる障害あるやを期し難し。」そして二月二〇日、一三キロを行進した日「ソリとスキーの深く雪を押し分けたる跡のながながとつづくを背後に見つつ行く。そは難渋の業なれどキャンプをはれば忘れ去りて、食物に気をとらるるが常なり。われらは以前のごとく強健にはあらず、季節にも追われる身ゆえ、何とかしてよりよき行路をえたきものなり。」二月二一日には「一六キロを行くにこれほど大なる苦痛をなめたることなし。されどわれらはこの調子にてはもはや進みがたし。」

〔『スコットの最後の探検』第一巻、五七五～五七六ページ〕

二月二二日　午前一一時ごろ突如として風級四～六の南南西の風が吹きはじめたので彼らはすぐにソリの上に帆をあげた。しかし間もなく伝っていた足跡を見失い、正当の道を行っておればぶつかるにきまっている雪づかやキャンプの跡を見つけることができなくなった。このあたりは曇った天候のためにわれわれ〔＊著者の所属した第一帰還隊〕も帰還行進で道を見つけるのに困ったところである。ボワーズは確かに陸地の方によりすぎたといって針路を外の方へむけかえたが、それでも彼らの貯蔵所と彼らの生命とのかかっているコースを拾いあげることができなかった。スコットの意見は、内へよりすぎているのではなく、外へよりすぎているというのであった。つぎの朝ボワーズが観測をしてみた結果、まだまだ陸に近よっていることがわかった。彼らは行路をはずれた不快な行進をつづけていった。「中食すべく決したる時、ボワーズは驚くべき鋭敏なる眼にて古き中食所の雪づかを見つけ出し、経緯儀の望遠鏡にてこれを確かめ、われわれの意気の大いにあがるを見たり。」〔スコット、同上書〕しかしウイルソンはまたも「ひどい雪目にかかり、雪眼鏡のなかでも目を開いていられないくらいになった。脂っこい馬肉のごった煮。」〔ウイルソン〕この日、奥氷原デポについた。

彼らは運が悪かったのである。もしも寒さが彼らの上に、文字どおり青天の雷鳴のごとくに思いがけなく、予告もなく、致命的にやってきたのでなければ、彼らは助かっていたであろう。寒さそのものはさほどに恐怖すべきものではなかったが、しかし彼らが四カ月の長いあいだ旅程にあり、軟かい雪におおわれた世界最大の氷河の上に道を見つけて登り、空気のうすい高原の上に七週間をすごし、その僚友の一人の死におもむくのを寝台にあらず、病院にあらず、野戦病院にあらず、また突如としてではなく、日ごと夜ごとに凍傷の指をかかえ、脳をいためて徐々に死に急ぐを見守りながら、ついには心ひそかに、四人が生きゆくためにはかかる場合、この一人を死神にまかすよりほかに道なきを思うにいたらせた事実を忘れてはならない。エバンスの死は自然死であった。かくて彼らは氷原上へと歩をすすめた。

われわれが期待したような、またそのつもりで準備したような状況どおりであったならば、彼らは無事に元気よく帰還したであろう。ある人は天候が異常であったことをいう。ある点まではそれもそうであった。気温は昼間は氷点下三四〜三五度、夜間は四〇度に下ったという事実がある。また南風がはなはだしく欠如し、そのため地上付近の空気の交流がなく、過度の熱の放射があって、地表ちかくに寒冷な気層ができたという事実もある。積雪の表面に氷晶ができて、これを吹きはらうほど十分な風がなかった。先に記したように気温が下れば雪面はソリのランナーにたいして悪くなる。彼らは砂上をすすむようにしてソリをひいたのである。

彼らの前進をさまたげる困難さにくらべると、彼らの行進は壮絶なものであった。二月二五日には二一キロ、次の日も同じく、二月二七日には二二・五キロ、二八日と二九日にはふたたび二一キロとすすんだ。もし彼らがこの調子を保って行けたら、切りぬけられたことは疑いない。しかし彼らが自ら最後までやりとおしえないと怪しみはじめたのはちょうどこのころであったとわたしは思う。スコットは三月二日の中食時に次のように記している。

「不幸は単独にて来ることはまれなり。われらは昨日午後いと容易に（奥氷原）貯蔵所まで行進せるも、それより三つの打撃をうけて窮地におかるることとなれり。第一われらは油の不足せることを発見せり。こは極度の節約をもって次の貯蔵所までこのごとき走路を一三〇キロかろうじて行きうる量なり。第二はタイタス・オーツスが足の凍傷を打ちあけしことにて、爪先は実にいちじるしく犯されおれり。いうまでもなく時候おくれの低温にやられしなり。第三の打撃は夜になりて来れるものにて、われらが機嫌よく高声に話しあえる時、風とともに暗雲とざす悪天となりしことなり。夜中気温はマイナス四〇度に下る。今朝、はきものをはくに一時間半を費したるも八時まえには出発しえたり。われらは雪づかも足跡も、ともに見失い、ひたすら進路を北微西にとりて行きしも何ものも見出さず、険悪なる状態は来れり。――走路はただただ恐るべきものなり。強き風に満帆をはりしにかかわらず、わずかに一〇キロを得たるにすぎず。われらはいまや窮境にありて、余分の行進をなしえざることは明らかなり。寒気に悩むこといちじるし。」〔『スコットの最後の探検』第一巻、五八二~五八三ページ〕

その日、彼らは一九キロをすすんだが、三月三日にはひどい目にあっている。スコットはいう。

「神に祈る。われらはこのソリひきを遂行することあたわず。そは今や確かなり。われらは僚友としてお互いに限りなくほがらかにふるまいおれど、余は各自の心中に感じおるところを推察するに難からず。毎朝の足ごしらえの次第に手間どりつつあること、そのことのために日一日と危機をましつつあり。」

さらに次の記事はスコットの日記からぬきだしたものである。

「三月四日　中食時。われらは実に緊迫せる事態にあり、われらのうち気を落しおらざるものは一人もなし。少なくも見かけはつとめてよくなしおれども、一人一人の心は波状雪に頭をつっこみて動かざるソリのごとく沈みてあり、その背後には砂のごとき雪のうずたかく積もれる走路が横たわれり。気温は一時マイナス二九度にのぼりて、はなはだ心地よくなりたれど、幾ほどもなくしてふたたび寒気におそわる。余は少なくともオーツスがこのごときに堪えらるるやはなはだ心細きを感ず。神よわれらを助け給え。われらは次の貯蔵所において予定以外の食糧を見出しうる可能性のほか、もはや人の力の頼みがたきを知れり。もしわれらがその貯蔵所につきて同じく油の不足を発見するにおいては、いよいよ困窮に陥るべし。貯蔵所に達しうべきや？　高原部においてかくのごとく短距離しか進みえざりしことありしや！　万一にもウイルソンとボワーズとが万事につけかくもほがらかなる態度を失うにいたらば、余は如何になすべきやを知らず。

三月五日　月曜　中食時。遺憾ながら一段と険悪化したりといわざるをえず。昨日午後は順風をえて五時間を進み、午前のみじめなる六・五キロを転じて合計一七キロとなしたり。一杯のココアと固きペミカンを少しあたためてとりたるのち眠りにつく。……進度はまったくお話にならず、主としてオーツのためなれど、彼の両足は悲惨なる状態をあらわせり。昨夜のうちにその片方はいちじるしくはれあがり、今朝、彼はひどくびっこを引きいたり。われらは昨夜のごとく一杯の茶とペミカンをとりて行進の途にのぼりたり。今朝は高き山形をなせるいくらか良好なる波状雪面を五時間にわたり行進せり。ソリは二回も転覆、徒歩にてひき一〇キロをすすむ。われらは貯蔵所より二回の馬ソリ行進と七キロの距離にあり。燃料はいちじるしく欠乏をつげ、気の毒なる士官〔オーツス〕はほとんど疲れ果てたり。われらは彼にたいして何事もなしあたわざるはまことに残念なり。あたたかき食物のいま少し、ほんの少しあればと思いわずらう。われらのうちだれ一人としてかくのごとき低温を予期したるものはなく、わけてもオーツスの足の治療に全身をうちこみおるウイルソンはとくにこのことを痛感しおるがごとし。

われらはお互いに助けあうことあたわず、かろうじて自らの身を見守りうるのみなり。ソリひきの行歩はおもくして凝寒身にしみ、弊衣を通して烈風は吹きすさむ。余以外の隊員は、テントのうちにては、どこまでもほがらかにあり。われらは終始、適正の心をもちて成り行きを直視せるつもりなれど、生涯のうちいまだかつて経験したることなき過重のソリひきを長時間にわたりて行い、しかも進展の遅々たるを感じつつあり。人はただ神のみがわれらを助くべしといいうるのみ。一見平気をよそおいおれどもわれらは寒気にさいなまれつつ、みじめにも困苦の行路をたどりつつあるなり。テントのうちにてさまざまのことにつき物語りたり。食糧欠乏の危機に臨めるは明らかなれば、飲食につきては語ることすくなし。このきわに当りてはいたずらなる飢えはさけざるべからず。

三月六日　火曜　中食時。昨午後は風の影響にて幾分か良好なる行進をなし、行程一八キロをえ、貯蔵所まで五〇キロとなる。しかし今朝はおそるべき状態なりき。夜中あたたかく、余はこの旅行中はじめて一時間以上も寝すごし、くわうるに足ごしらえに時間を費したり。あらん限りの力を出してソリをひきしも一時間ようやく一・八キロをすすむにすぎず、やがて深き霧となりて、われらはひき綱をはずして足跡をさがすこと三度におよぶ。午前中の進度は六・五キロに達せず。いま、風はやみて日は輝けり。気の毒にもオーツスはもはやソリをひくあたわず、われらが足跡をさがしおる間、ソリに腰かけおれり。彼の足は非常なる苦痛をあたえおるに違いなけれど、彼は驚くべく勇敢にして、痛苦を訴うることなし。されど彼の精神はいまや突発的に作用するのみにして、テントのうちにても次第に言葉すくなになりつつあり。アルコールランプを作らんと試む。油の尽きたる時のプライマスの代用として……。
三月七日　水曜。また少しく悪くなりたるやに思わる。今朝オーツスの足の片方は非常に悪化せるも彼は驚くべく忍耐づよし。われらはなお根拠地にかえりて隊員一同と相会したる時のことなど話しあえり。
昨日は一二キロを行きしにすぎず。今朝は四時間半にして、ようやく七キロを得たるのみ。貯蔵所まで三〇キロとなれり。デポにてわりあて量どおりの食糧を見出すことをえ、かつまたこの調子の走路が継続するならば次の貯蔵所（フーパー山貯蔵所）には着きうべきも、一三三キロ離れたる一トン貯蔵所までは行き難かるべし。われらはフーパー山貯蔵所まで犬ソリ隊の来たりおらんことを切に希望せり。さすればわれらはやりとぐることをえん。もしまたかさねて油の不足することあらば、われらは何の希望をももつことあたわず。気の毒にもオーツスの危機の近きことをみな感じおれり。われらのなしつつある仕事の実に過重なることより考うれば、われらは驚くべく元気なりといわざるべからず。されどわれらのうちだれ一人としてつつがなきものはなし。われらはただよき食物によりて行進をつづくるのみなり。今朝は無風なりしが、間もなく寒き北よりのむかい風となる。日は照りかがやき雪づかはよくてらし出さる。最後までこの調子にてありたきものなり。
三月八日　木曜　中食時。朝ごとに事態は悪化しゆく。あわれなるオーツスの左の足はもはや使いものにはならず、はきものをはく時は実におそるべき有様なり。夜はそれをぬぐにほとんど一時間も待ち、しかるのち余は自身の衣がえにかかるなり。今やウイルソンもまた足をわずらいだせり。こは主として彼があまりに他の隊員の介抱に没頭するためなり。朝のうち八キロをすすみ、もはや貯蔵所まで一六キロのところに来たりたり。困難というにはあまりに馬鹿馬鹿しき短距離なれど、この走路にては往行のなかばをも行くことあたわず、しかもその努力はほとんど二倍の精力を費せり。この貯蔵所にて何を発見しうるやが大なる問題なり。もし犬ソリが到着しおらば余らは長程をすすみうべし。されど万一、またしても不足の燃料をあたえらるるとすれば。まこと、神よわれわれを助けたまえ。いずれにせよわれわれはきわめて険悪の途上にあり。

三月一〇日　土曜。事態は一途に下り坂なり。オーツスの足はいよいよ悪し。彼はすでに元気をふるい立たすことまれにして、やりとげ得ざることを覚悟せるがごとし。今朝、彼はウイルソンに助かりうるや否やをたずねたるにたいし、ウイルソンはもちろん、知らずと答えたる由。彼のことを別とし、かりにこの人すでになきものとみるもわれらがこの難局を切り抜けうるか疑わし。犬ソリの来たりおることに最大の望みを掛く。それよりも他には何もなし。天候はすさまじく、われわれの衣類はいよいよ氷だらけとなりて始末におえず。……

昨日、われらはフーパー山貯蔵所まで行き着きたり。そら頼みなりき。相変らずわれらへの割当量は不足しおれり。余はそのなに人の責なるかを知らず。われわれを救済しくれるべき犬ソリは案のじょう、期待はずれとなれり。ミアース〔＊犬ソリ係隊員〕は帰路、困苦にあいしものと想像さる。

今朝、食事の際には静穏なりしに、キャンプをたたみかけたるころより西北西の風がふきはじめ、急速に風力をまし、半時間ばかり行きしのち、われわれのうち一人もかくのごとき風にむかいすすみうるものなきことを知り、やむなくキャンプをはり、味気なきふぶきの幕営に残りの一日を送りたり。まったくの逆風なり。

三月一一日　日曜。タイタス・オーツスの臨終ははなはだ近きを感ず。彼もわれわれも何をなすべきか、ただ神のみが知りたもう。朝食ののち事態につき意見をかわす。彼は勇敢、心にくき男にして、身のほどをわきまえおれども、さし迫りて助言を求めおれり。われらはただ彼の力のつづく限り遠くまで行進をつづけさすことのほかは何事もいうをえず。考えられたる一つの満足なる結論として、余はウイルソンにたいしてわれらの苦悩をとどむべき方法につき全員に知らせるよう命じたり。ウイルソンはためらうところなくこれを行い、薬箱を開けり。われらは三〇個のアヘンの錠剤と一本のモルヒネとを保存しいたり。われらの愁嘆ついにここにいたる。

今朝出発せる時、空は一面の雲におおわれて見とおし悪く、足跡を失いしため、必然的に右に左にさまようことすくなからず、予期のごとく恐ろしく重きソリひきをもって午前中に五・七キロを行く。風に助けらるるか走路のよくならざるかぎり、余は目下のところ一日の行程一一キロ内外を限度と知れり。われらは七日分の食糧を所持し、今夜、一トン貯蔵所より一〇二キロのところにあり、11×7＝77にて事情これ以上に悪化せずとみても、なお二五キロの不足を残すこととなる。一方季節は早々と移りゆく。

三月一二日　月曜。昨日一三キロを行く。必要なる平均距離に足らず。事態は依然たり。オーツスは多くひくことあたわず、彼の手もまた足と同じくいまは役立たずなれり。今日午前中四時間二〇分にして七・五キロを進みたり。午後にも五・五キロを得たし。13×6＝78 貯蔵所までは八七キロなるべし。ことによればわれらは行きつきうるやも知れず。走路は相変らず恐ろしき状況をしめし、寒気は酷烈、体力は消耗しゆく。神よ救いたまえ。すでに週日以上にわたりてわれわれに幸する一陣の風もなく、かえってともすればむかい風起こらんとしつつあり。

三月一四日　水曜。行路の下り坂なるはいうまでもなけれど、万事はわれらにとりてただ悪化の一途をたどるのみ。昨日、眼をさましたるときは強き北風にて気温はマイナス三八度なりき。この風に立ちむかうはとうてい不可能なりしため二時までキャンプにとどまり、それより一〇キロを行進す。なお行進の意ありしも北風いまだまったくやまず、日すでに没して気温急降し、ために一同いちじるしく凍寒をおぼえしゆえやむ。暗中、夕食をとるに長時間を費す。

今朝出発の際、南寄りの疾風なりしゆえ帆をあげ相当の速度にて一雪づかを通過せしも、風は変じて南よりの西風ないし西南風となり、防風着をとおし手袋を吹きまく。あわれなるウイルソンはひどく寒気にうたれ、しばしはスキーさえ脱しえず。キャンプはおおかたボワーズと余にて作りあぐ。張りおわりてなかに入りし時は皆々寒気に死ぬごとき思いなりき。気温はただ今、正午すぎマイナス四二度にて風強し。われらは前進せざるべからず。しかしいまやキャンプの設営は一回ごとに困難をまし、危険性をくわえきたれるは明らかなり。終局の近きにあることは確実なり。されど立派なる慈悲ぶかき最期にてありたきものなり。あわれなるオーツスはまたしても足をやられたり。明日は如何ならんかと思い慄然とす。他のものはただただ凍傷をふせぐに懸命なり。一年のうちかくのごとき時節に、かくのごとき風とともにおこるとは考ええられず。テントのそとは真に恐るべき世界なり。最後のビスケットの尽きるまでこれと戦わざるべからず。されど食糧は節約しえず。

本隊の最後

三月一六日　金曜、または一七日　土曜。日付は判然とせず、後者の方が正しからん。すべて予期せるごとき悲劇なり。一昨日、中食時、あわれなるタイタス・オーツスはもはや進み難しといい、寝袋に入りたるままに捨て去り行かんことを申しいず。かくのごときはわれらのなしうるところにあらず。午後の行進にも加わるべきよう皆これ勧説につとむ。この行動は後にとりて恐怖すべきものとなりしにもかかわらず、オーツスはよくこれにたえ、われらは数キロを進みたり。彼は夜に入りて、悪化し、われらは臨終のきたれることを知りたり。

この日記の発見されるものとして余は次のごとき事実を記録しおきたし。オーツスの最後の想念は母堂の上にありき。しかしてそれについでは、彼が自若として死に直面したることを所属連隊の人々が知らばよろこびくれるならんと思い、自らなぐさめいたることなり。われらは彼の勇敢なりしことを誓言しうる。彼は数週の間、一言の不満をいわず、非常なる痛苦に耐えしのび、しかも最後まで余事を談ずるの余裕と意欲とを堅持せり。彼は最期のきわまで希望をすてず、すてようとはせざりき。敢為なる精神の人なりき。その最期は次のごとし。最後の日の前夜、彼は再びさめることなき睡眠を望んで寝につきしが、翌朝——昨日また眼をさませり。

時に疾風強し。彼は「外に出てしばらくすごしたし」といい、疾風のなかにいで去り行きて、ついにふたたびその姿を見ることなかりき。

病あつき友のこの最期を、われらが見殺しにしたることにつき、この際、言明しおかん。エドガー・エバンスの死は、食糧すでにつき、かつ精神に異常を呈しいたるゆえ、他の隊員の安全のためには彼を遺棄せんかとも考えられたり。しかし慈悲ふかき天帝はこの限界点において彼を召させられたり。彼の死は自然死なり。われらは彼の死後、二時間はその場を立ち去ることなかりき。われらは弱りはてたるオーツスが死地に歩み行くものなることを知りいたり。彼をして思いとどまらすべく努めたれど、われらはまた彼の行為が勇敢なる人間としての行為なることをもよく知るところなり。われらはいずれもみな彼と同軌の精神をもって自らの最期をとげたきものと祈念しおるものにて、しかもその終末の遠からざることは明らかなり。

余の筆をとりうるはただ中食時のみにして、それとても時々のことなり。寒気は酷烈、正午マイナス四〇度、僚友は皆々快活なれども、いずれも重き凍傷死の瀬戸ぎわにあり、またつねに談笑をつづけおれども、何人も本心よりかくほがらかなりとは思われず。

われらは今は食事時のほかは、行進中なると否とを問わず、たえず寒気に悩まされおれり。昨日は強風のため停滞せしも、本日はきわめて緩慢に移動せり。ただ今、馬ソリ隊キャンプ第一四にあり、一トン貯蔵所より馬ソリ二日行程なり。ここに経緯儀と写真機一台、オーツスの寝袋を残しおく。日記類、とくにウイルソンの希望によりて運びきたれる地質学標本類はわれらとともに、あるいはソリの上に見出さるべし。

三月一八日　日曜。本日、中食時、貯蔵所まで三九キロのところにあり。不運は切迫しきたれり。されど好転を期す。昨日は強きむかい風とふぶきとのため行進をとどめざるを得ざりき。風向北西、風級四、気温マイナス三七度、人間が面とむかいうる風にはあらず。われらはほとんど困窮に陥る。

余の右足もまた犯されたり。爪先のほとんどすべてが――二日まえ余はもっともよき足をもてることを誇りとしたりしに。……健康はボワーズを第一とす。されどいずれにしても大なる相違なし。人々はなお難局を切り抜けうる自信をもてり。あるいはもてるがごとく見せかけおれり。余はその真偽を知らず。プライマス中には最後の半量の燃料あり。それとごく少量のアルコールとが、われわれと飢渇との間に存在するのみ。風一時やむ。たしかにそはありがたき事実なり。往路にくらぶれば一日の行程はまことに馬鹿馬鹿しく短し。

三月一九日　月曜　中食時。昨夜はキャンプをはるに困難せり。つめたきペミカンとビスケットとアルコールにて温めたる半杯のココアの夕食を終るまでの恐ろしき寒気。その後、予期に反して暖かくなり、皆よく眠る。今朝、われらは例のごとくソリをひきて発足せり。ソリは話にならぬほど重し。われらはいま貯蔵所より二九キロのところにあり。しかして三日のうちにこれに達せざるべからず。進度はたして如何。われらは二日分の食糧とかつかつ一日量の燃料をあますのみ。一同の足は次第に悪化し、ウイルソンはもっともよく、自分の右足がもっともわるし。左足は無事。暖かき食をとりうるまでは足の手当をする機会もなし。今日さしあたり患部を切除すること望ましきも、そのためさらに拡大せざるや否や、重大なる問題なり。天候はわれらに機会をあたえず、風は北ないし北西、気温は本日マイナス四〇度。

三月二一日　水曜。月曜の夜、貯蔵所より二〇キロのところに来る。烈しき風のため昨日は終日停滞。本日の最後ののぞみは、ウイルソンとボワーズが貯蔵所まで燃料をとりに行くことなり。

三月二二日および二三日。風はこれまでになくたけりて――ウイルソンとボワーズは出発することをえず――最後の機会は明日にせまる――燃料は皆無、わずかに一～二回分の食糧を残すのみ――死期近かるべし。かくなることと覚悟はきめおれども――われらは成ると成らざるとにかかわらず、貯蔵所への行進をつづけ、その途上にたおれん。

三月二九日　木曜。二一日このかたわれらは絶えず西南西ないし南西の強風に見まわれ通しなり。二〇日には各自二杯ずつの茶をわかす燃料と二日分の食糧をもちいたり。その後、日ごとに二〇キロをへだたる貯蔵所へ出発の構えをなしおりしも、テントの外にはただ荒れ狂うふぶきがありしのみ。今や何ら好転の希望をもちえず。われらは最後まで耐えぬかざるべからず。しかしもとより、身は刻々に弱りゆきて、終局は遠からざるべし。

遺憾千万なれど、もはやこれ以上、書きつづけうるとは思われず。

アール・スコット
最後の書きこみ。願わくばわれらの家族の上を見護りたまえ。」

次にスコットによって書かれた手紙を引用する。

イー・エー・ウイルソン夫人へ

拝啓　縁ありてこの拙筆がお手もとにとどき候節は御主人も小生も相抱きてゆきたるものと思召し下され度候。小生はいまや死に至近のところにあり、御主人が臨終にあたりてまことに御立派なるご様子なりしことをおしらせ申し上げ候。たえずほがらかにふるまわせたまい、身をすてて隊員の養護に当られ、このごとき不始末にまで陥らしめし小生にたいして一言非難の御言葉ももらしたまわず、幸いにも痛苦に悩まさることなく、ほんのわずかに不快を感ぜられたるのみに候。

御眼は希望にかがやける柔和なるあおき目にて、御心は安らかに、天帝の御意にかなえるものとして自ら満足しおられ候。

小生はただ御主人が生けるがごとくにゆきたまいしことをおしらせいたすより以上におなぐさめ申すことかなわず候。敢為、誠実の人、最上の仲間、もっとも頼りとしたる友に候いき。

御身の上を思いて切々の情にたえず候。

アール・スコット

ボワーズの母堂へ

拝啓　生涯のもっとも大いなる打撃の一つをおうけ遊ばしたる後にこの書状のお手にとどくことを恐縮に存じ候。

小生はわれらの旅程の末路ははなはだ近きに臨んでこの状をしたためおるものに候。小生は二人の勇敢なる高傑の士とともに終末を迎えんといたしおり候。その一人は御愛息にして、小生のもっとも親しき、もっとも勇健なる友として今日にいたり、そのいさぎよき性と多才と精力には敬服いたしおり候。難苦の深まるとともにその剛勇の精神はいよいよ輝きをくわえ、最期にいたるまでほがらかに、希望にみち、不屈の態度を堅持せられ候……

ゼイ・エム・バリー卿へ

小生らは今まことに心細き地点において死に臨みおり候。この書状の発見され、御座右に送らるることを念じつつ永別の言葉を書きつらね候……さらば。小生はすこしも死をおそれおらず候えども、長途行進ののち画策いたしおり候そこはかとなき喜びを失うは悲哀に存じ候。小生はついに偉大なる探検家たるを得ざりしも、われらは未曾有の長程をすすみて大いなる成功の一歩手前までこぎつけ候。親愛なる友の御健勝を祈りつつ。

アール・スコット

追伸　臨終近し。されど元気を失いおらず、失わざらんとしつつあり。われらはテントのなかにありて四日間のあらしにあい食糧も燃料も皆無と相成候。われらは事態かくなる時は自殺せんものと考えたりしも、途上に自然死をまつことに決心いたし候。〔『スコットの最後の探検』第

われらは足の凍傷その他にて絶望の状態にあり、燃料はなく、長らく食に飢えおり候。もし貴台がこのテントにおらるるならば、われらがあたかもハット・ポイントに帰りたるがごとく唱いかつ快活に言葉をかわしおるを聞きて心を安んぜらるることと存じ候。

一巻、五八四〜五九九ページ〕

次の抜きがきもまた他の友人たちにあてた手紙から引用したものである。

「……小生はこの仕事にたいして年をとりすぎおらざりしことを貴下におしらせいたしたし。最初に疲れ果てたるは年若き人なりき。……

いずれにせよわれらは、もし窮迫せる境地に入らざりしならば、われらのごときものにてもかくのごとき局面に立ちうることを母国の人々によく示しえたりしに、疾に冒されざりせばわれらはやりとげえたるなり。

好漢ウイルソンは病める隊員のためにしばしば自己を犠牲に供したり。

われらの行程は記録上最大のものなり。しかしその終局においてもっとも例外的なる不運のために生還に失敗するにいたれり。

この旅行につきて語りたきことは山々あり。本国にありて安逸のうちに便々たるよりは如何ばかり有意義なりしならん。

公衆へのメッセージ

遭難の原因は組織に欠陥ありしにはあらず、打ちこゆべきあらゆる危険にあたりて不運なる目にあいしにもとづく。

一、一九一一年三月の馬による輸送の失敗のため、余の意図したるよりは出発を延期するのやむなきにいたり、かつ運搬すべき資材の限度を低下せしめたり。
二、帰路を通じての悪天候、とくに南緯八三度においてわれらを停滞せしめたる長き荒天。
三、加うるに氷河下部におけるやわらかき積雪により進度を減ぜしめられたること。
食糧の給与、衣服および氷原の内奥ならびに一三〇〇キロにわたりて極への往還に作りたる食糧貯蔵所などは細大となく完全に機能を発揮せり。南進隊は好調に十分なる食糧をもって氷河まで帰還せるも、脱落の憂もっとも少なしと思料せる一隊員に意外の破局を生じたり。エドガー・エバンスは隊中、最健と思われし人なり。

ベアドモア氷河は好天時には困難にあらず。されどわれらが帰還の途上においてはただの一日といえども完全に晴れたる日はなかりき。これと一人の病める僚友とはわれらの憂苦を増したり。

別に述べしごとく、われらは言語に絶する荒々しき氷に遭遇し、エドガー・エバンスは脳震蕩を病むにいたる。――彼の死は自然死なり。かくてわれらはいちじるしく季節におくれたる動揺の隊となれり。

されど上に列挙せる事実は氷原部において待ちもうけいたる驚きにくらぶればものの数にはあらず。われらが帰還のための諸配備は完全に妥当なりしこと、ならびに一年のこの時期においてわれらが遭遇せるごとき気温と雪面とを予期する人のありうべからざることを信ずるものなり。気温は南緯八五～八六度の高原部においてはマイナス二九度からマイナス三四度の間なりしに、それより三千メートル低き八二度の氷原において相当規則正しく昼間マイナス三四度、夜間マイナス四四度をしめし、かつ昼間の行進は終始逆風なりき。いうまでもなく、かくのごとき状況はきわめて急激にきたれるものにして、われらの破局もまた何としてもまぬがれうべき道のあるべしとは思われざる、この酷薄の天候の突如たる到来に原因するものというべし。われらが経過せしごとき惨苦の月をいまだかつて越えたる人あるを知らず。しかもわれらはこの天候にもかかわらず第二の病友オーツス大尉をかかえ、貯蔵所における予期せざる燃料の不足にあい、ついには最後の補給を手にすべく頼みとしたる一トン貯蔵所より二〇キロの地点において暴風のために阻止せらるるにいたる。たしかにこの最後の打撃がついにわれらを凶運に陥れたるなり。われらは一食分の燃料と二日分の食糧をもって一トン貯蔵所まで二〇キロのところに到着せり。四日間、われらはこのキャンプを去ることかなわず——あらしはわれらのまわりを吹き荒れたり。われらは力なく、筆をもつことも難し。ただ余自身のことをいえば、余はこの旅行にいささかもくゆるところなし。われらはイギリス人が困難を克服し、相協力して、いまだかつてなき不抜の精神をもちて死に臨みたることを実証したるなり。われらは危険を敢てせり。われらはその危険なることを承知しいたり。ただ事情がわれらに与せざりしなり。さればわれらは何ら不満の意を表すべきいわれな

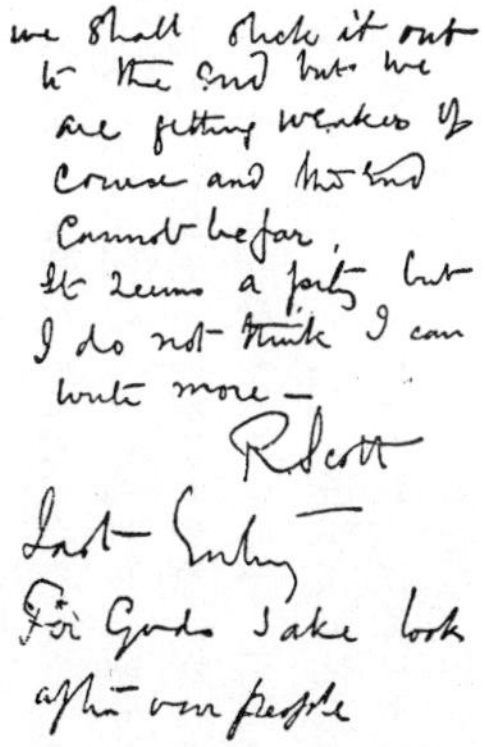
we shall stick it out
to the end but we
are getting weaker of
course and the end
cannot be far.
It seems a pity but
I do not think I can
write more —
R. Scott
Last entry
For God's sake look
after our people

スコットの日記の最終ページ

し。ただ神の御心に頭を垂るるのみ。しかもなお最後まで最善をつくさんと決意しおれり。われらは進んで探検のことに命をささぐるものなりとはいえ、そはわれらの祖国の名誉のためにして、余は祖国の人々にわれらに頼りいたる家族の身の上を援護したまわんことを懇請す。

われらに命あらば余はわが僚友が打ちかちたる酸苦、忍耐、勇気につき物語るならん。それはかならずやいかなる人々の心をも感動せしめずんばおかざるべし。書きのこすいくつかのノートとわれらの遺体とはおそらくことの始終を物語るならん。されど、くれぐれもわれらのごとき大きく富める国は、われらに頼りおりし家族をつつがなく見護りくるることと信ず。——アール・スコット〔『スコットの最後の探検』第一巻、六〇五〜六〇七ページ〕

遭難の批判

二つの探検隊

わたしにこの探検についての行きとどいた批評を要求されるのはもっとも至極のことである。けれども当時のわれわれはみなあまりに事件に近く、わたしはまだ二四歳で、先人を批判する資格はなく、傾聴に値する批評をするにはあまりに若かったので、それはできなかった。われわれはこの上ない悲惨事をひきおこし、その悲惨事ゆえにいつまでも忘れられないであろうが、率直にいうならば、悲惨事はわれわれの知ったことではないのである。一〇年のへだたりをもってする透視画のなかに、わたしは一つの探検隊ではなく、二つのあざやかに、色彩の異なった隊をみるのである。一方はアムンセンが真直ぐに極にむかい、一番にそこにいき、一人の生命をもうしなうことなく、自分はもとより、その隊員にも極地探検の普通の仕事以上にとくに大きな労苦を課することなしに帰ってきた。これ以上に事務的な探検は想像できないのである。他方でわれわれの探検隊は、わかりきった数々の危険にむかい、超人的な忍耐力をもって非凡の業をなし、不朽の名声をえ、ありがたい教会の御説教にたたえられ銅像とまでなったが、しかも極への到達はただおそるべき余計な旅行を結果することとなり、その上、有為の人を氷上に空しく死なせるにいたったのである。このようなきわだった相違を不問にするのは不合理なことであり、このことに触れないでこの探検を書くのはむだな仕事である。

まずアムンセンを十分公平に批評しなければならない。アムンセンがフラム号を北極探検のために装備し、北方に航海するものと信ずるよう仕むけたのち、突如として南極へ船首をむけたとき、われわれが彼にたいしていだいた感情をわたしはいつわろうとは思わない。まことにだましうちほどに人に不快の思いをさせるものは他にはないのである。しかしスコットが極地に到着して、一カ月も前にアムンセンがきていることを見出した時の心痛は、競技にまけた学校の生徒のそれどころではなかった。わたしはすでにスコットとその四人の僚友が何のために極にむかったか、またいかに死に至るまで帰還の途上においてくるしんだかについて記した。太陽は中天にとどまって沈まず、人は軌道を失って焼きぐしの中心の一点のごとくにまわり、どっちをむいてもただ北を指している、といった場所がどんなものであるかを知らんがために、人は幾多の危険をおかし身を切るようなくるしみをなめてきたのである。スコットがノルウェーの旗を見た瞬間、彼は人類にこれまで知られなかった極についての優先的な発言権をうしなったことをさとった。彼の成功はただアムンセンがその帰り途で死んだ場合の用心にすぎなかった。しかもアムンセンの危険率はスコットよりは大きくはなかったのである。極地行進は文字どおり徒労になってしまったのである。それで彼らは仰天してしまったのである。ボワーズが帰り道でノルウェー隊の足跡の見えなくなったのをよろこんだのも、もっともなことである。

　こうした心のいたでのすべてはいまや過去のものとなった。そしてこれからの探検家はこんなことにはあえてこだわらないであろう。それよりもアムンセンの見ごとな成功は何によるものであるか、われわれの隊の難苦と敗北とは何を教えるものであるかを問うであろう。わたしはまずアムンセンの成功をとりあげてみよう。アムンセンその人の非常に傑出した才能があずかって力があったことは疑問の余地はない。探検家にはその特殊の才能を構成する一種の明敏さがある。アムンセンは鯨湾にもロス島と同じように、しっかりした不動の地点があるものと推定することにより、彼がこの種の明敏性の所有者であることを実証した。また絶好の機会をとらえて突込んで行くという、偉大な統率の才というものがある。スコットやシャックルトンによって探検せられ、たしかめられた極心にいたる道から目を転じて、氷壁から高原部へ山脈をこえる第二の道を発見すべく決意したところに、アムンセンの偉大な才能がある。知らるるとおり彼はこれに成功し、さらによりよき道の発見せられない限り、極への最上の道を樹立したのである。しかも彼はその企画において容易に失敗し滅亡したかも知れないのであるが、理詰めと大胆さのくみあわせが、彼をしてかくも成功せしめたことはだれも高く評価しすぎることはできまい。これらのすべてが彼を助けたのである。保守的な捕鯨船長ならば発動機ソリ、馬、人力ソリひき、手におえぬ犬、といったスコットの経験にも、あるいはスキーをはいて犬ソリとともに疾走するというやり方のいずれにも尻ごみするであろう。アムンセンはまったく日常茶飯事のようにこの二つから一つをえらび出して、はなやかにも極点に達してひきかえしてきて、人にも犬にも無理をせず、大きな困苦にも直面しなかったのである。彼は出発から帰還まで一キロといえどもソリをひかなかった。

その功績から軽々しくアムンセン隊の方がわれわれよりも個人的資質が一段と高かったと結論することは早計である。われわれは知能と大胆さの乏しさに悩んだことはない。むしろその多すぎるのにこまったくらいである。われわれの隊は本来は一つの大きな科学的探検隊であって、極点は高原部の他のいかなる地点よりもとりたてて重要なところではなかった。それはただ一般公衆の支持をうけるためのえさであったにすぎないのである。われわれはこの極地探検で、これまでのいかなる探検隊よりも、またスコットのディスカバリー号探検のそれよりも一そう大きな成果をもって帰ってきたのである。われわれの隊はこれまでにイギリスを出発したいかなる探検隊にもまして多数の、そしてもっとも優秀な科学隊員をもっていたのである。その目的は多岐にわたっていた。われわれはあらゆる種類のことに知的関心をもち興味を抱いていた。われわれは普通の探検隊の二倍あるいは三倍の仕事をしたのである。

かように精力を分散するのが不利益なことはわかりきっている。スコットは極点に到着することを望んでいた。それは危険な苦労のおおい仕事であったが、しかしそれには実効があった。ウイルソンは皇帝ペンギンの卵をほしがっていた。しかもそれは三人がかりでやって無事にすんだら奇跡だといわれるくらい恐ろしく危険なまた非道に人を疲れさせる仕事でありながら、決してすぐには実用に役立たないものである。こうした二つの仕事が一つに盛りあげられなければならなかったのである。この二つの仕事の上に食糧配置その他で第二のシーズンのおわりまでにソリ旅行に出なければならなかった。そして最悪の年がつづいたのである。われわれ生き残った者はどこかの氷上でわれわれの救援を待っている生存の見こみのある隊〔*キャンベル隊〕があるのに、死んだものの捜索に出かけたのである。この仕事はまったくうまくいった。われわれが帰った時、キャンベルの隊は自力で窮地を脱してつつがなく生還してわれわれを待っていてくれたのである。しかしもし彼らもまた全滅していたら、われわれはなんといわれたであろうか。

世間の実際家は事後において遠慮のない批評を下すものである。批評家は犬をつれて行くべきであったという。しかし犬ソリでどうしてベアドモア氷河を登りまたは下るかには言及しないのである。彼は死にかけている人間がひいているソリの上にわざわざ十数キログラムの地質学の標本を積んでいたことを中傷する。しかし肝心な点はソリのランナーと雪面との摩擦であって、積荷の重さではなく、重さはこの場合にほとんど問題の外であることを理解していない。あるいはまたこの標本が大陸の地質時代をしめし、植物発生の全歴史を説明するだろうということを知らないのである。彼はまたわれわれ一同が非常に驚異的に、非常に英雄的に、非常に立派に献身的であったことをみとめ、われわれの行動は、アムンセンのまねのできない魅力をもったものであることをみとめるが、しかし彼はわれわれのごとく辛抱づよさをもちあわせていないので、アムンセンが彼の隊員に科学に力をさくことをゆるさず、極に到達してひきかえすというただ一つの目的をちょっとでもさまたげるのをゆるさなかったことをまさに正当であったと、はっきりいうのである。アムンセンはまったくそのとおりであった。しかしわれわれはただ一つの目的をもっていたのではなく、あらゆる点について南極に関する世界の知見に寄与したいとの志をもっていたのである。

資金と装備

もとより事のすべては「もしも」だらけである。もしもスコットが犬をつれて行ってベアドモア氷河を登るのに成功していたら、もしも食糧配置旅行で馬を死なせなかったら、もしも犬ソリをあんなに南まで行かせないで一トン貯蔵所を完備していたら、もしも馬の肉や余分の燃料を氷原上におくことができていたら、もしも四人隊で極地へむかっていたら、もしもわたしが命令にそむいて、必要の生ずるたびに犬を殺しながら一トン貯蔵所よりさらに南方に迎えに行っていたら、あるいはもしもわたしがほんの十数キロでも南方へ行って雪づかの上に旗をたて、いくらかの食糧と燃料とをおいてきていたら、もしも彼らが極に一番のりをしていたのなら、もしももう少し違った季節であったならば……。しかし何といっても、スコットが犬ソリよりもより早くマクマード湾から極点へ行きえなかったこと、イギリス帝国の馬とイギリス帝国の人とをもってしてそれができなかったという厳たる事実は残るのである。そこで実際家はなぜわれわれは鯨湾からでなく、マクマード湾から行ったのであるかとなじる。それはもちろんこの探検の重要な仕事である科学的観測の継続のためであり、またベアドモア氷河を経由する極心への唯一のたしかめられた道の探検をつづける出発点であったからである。

何もかも避けられない事ではなかったのかとわたしは思う。われわれはいかなる人が事にあたるよりも賢明であった。わたしはわれわれがペミカンの消費に用心ぶかく、また人力を恐ろしく浪費したことをみとめる。しかしわれわれはその立案において全体としてはどうあろうとも、いかなる点でも決して無理なことはなかった。そしてともかくも、われわれはすべての仕事をあれだけの人手でやってのけたのである。なすべき仕事はあまりに多く、それを実行する機会はきわめてまれである。一般的にいって、われわれはほかにどんなやり方があったかを知らないし、それをもう一度くりかえしてみる必要があるとも思わない。わたしは国がこの事業をとりあげて、一人一業でやってゆけるに十分な人員を送ることを希望する。カナダではそれをやっている。イギリスでそれがどうしてできないのか。

しかしながらわれわれは人の労力をいちずに用いたが、それはそうしなくてもすむのであった。わたしは事あるたびに応援がもとめられたありさまをしるし、また応援者がいつも用意されていたことも書いた。ところが不幸にも援助に立つ者は危急の場合だけではなく、日々の定常的な仕事を手いっぱいもたされていたのである。そしてそのわかりきった結果として、率先して援助にあたったものが過労に陥ってしまったのである。これは決してかしこいやり方とはいえない。人々はあまりに多く仕事をやらされながら、後になってあまり多く仕事をしすぎたといったが、それは本意ではなかったのである。彼らにはあまりに多く仕事をさせてはいけなかったのである。最後の年までわれわれは定めの仕事だけしかしないなどと主張したことは決してなかった。

資金も十分ではなかった。もし目標を極点におかなかったら、スコットはこの探検の基金を集めることはできなかったであろう。あらゆる上陸用、ソリ旅行用、科学用の第一級の装具などは大商店の勘定場をとおって何一つ欠けずにそろったが、第一にもっとも重要な船が、コロンブスさえ断るようなほとんどわれわれを海のもくずとしかねないものなのであった。

コロンブスがカナリー島から西の方へ出帆して行った時、人々はその装具の貧弱なことを笑ったが、それでも彼の三隻の船はわれわれが乗って行った一隻の貨物船よりははるかにましであった。われわれはこのぼろ船で一年は朝と夕方とで日中のない、そして北極熊もトナカイもすんでいない氷の沙漠へ出かけて行ったのである。アムンセンは極地探検のためとくに作られたフラム号をもっていた。スコットにはディスカバリー号があったが、しかし木造船市場から拾いあげたニムロド号、テラ・ノバ号のことを思ってみるがよい。これらの船が体裁をつくろわれて、馬や犬や発動機ソリやそのほか極地探検用のすべての物資をはこぶために用いられたのであって、その船中で科学的の作業ができるとはだれもいえないのである。人はロンドン橋とラムスゲート〔＊ケント州、ドーヴァ海峡に面した一小港〕の間の航行に適する船に人をのせて、氷海に行かせたことにたいして、極地工場法を制定してこれを罰すべきであるとの世論さえおこしたく思うであろう。

そしてまたこのような装備品をととのえるために寄附をあおいでまわることも必要であった。シャックルトンは富豪の門をたたいて歩いた。スコットは幾月もかかって手紙を書いた。国はこのことを恥と思わないのだろうか。

近代の文化国家は、探検をふくめて科学的研究の基金のために関心を払うべきである。すべての国々は探検の科学的方面の利益を同じようにうけるものである。したがって国際的に協力を要する仕事もたくさんあり、これは単なる領土宣言だけでは無意味のような地方についてとくにそうである。どこの国の外務省でも、エドワード七世高原とハーコン七世高原との境界を定めることはできないであろう。南極大陸はなお大部分は未探検である。ただ普通の開拓移民やプリマウスに移った清教徒またはこれに類したものが問題の外であることだけは十分にわかっている。ロス島は植民のための場所ではなく、念入りに装備された科学的研究の基地としてせいぜい続けて一年くらいしか住むことができないところである。そこにわれわれが三年もいたのは長すぎた。もう一年おればもっとも健康な者をも気ちがいにさせたであろう。われわれがやらなければならないはめになった五つのおもなソリ旅行のうちで、その一つの冬の旅行はわれわれの装備からいえば、やるべからざるものであったのだし、そのほかの二つ、犬ソリの行進と捜索隊とは新手の隊員で行われる方がよかったものである。くりかえしていう必要もないことであるが、われわれはいかなる命令にも責任をおい、あるものは死をかけることもいとわない。しかしその場合はいつも代償が支払われなければならぬ。わたしの場合にはそれはわたしの生命的資本の永久に完済されない当座貸越であったし、五人のもっとも偉大な強健なもっとも適応した人たちには、それは死であった。極地観測所の設立やその運営は個々の有名人や熱心家の手によって富豪の小切手を血眼になって求めあるくことやあるいは民間の科学団体の保証のごときによって成しとげられるものではない。これはネアズ北極探検隊〔＊一八七五〜六年アラート、ディスカバリー二艦により多数の学者を乗せグリーンランドの西海岸を北上し、コロンビア岬の北方まで探検し、当時の最北記録を樹立したイギリス海軍派遣の探検隊〕のように公的組織のもとに行われる事業なのである。

この航空時代となっては次の南極到達が、徒歩でソリをひき、あるいは犬や馬などにソリをひかせて、それに人が乗っていったり、またおなじ方法で食糧貯蔵所が設けられるというようなことがまたとあるまいと考える。〔＊その後、アメリカのバードによって高度に機械化された大仕掛けの南極探検が、数次にわたって行われたけれども、探検の科学的データをつかむためには、やはり氷雪の地上を動力車とソリによって行動する方法が行われている〕また古船市場から拾いあげられたふるめかしい、石炭をたく船で氷海の氷が破られていくことがないように希望する。探検のために特別に建造され十分に装備された船、特殊機関をそなえたトラクターと飛行機、そのために訓練された十分の人員。これはみな人間らしい文化的な方法で探検を行うのに必要なものである。そして政府も議会もともに、災害や死によっておびやかされない知識の価値を学ばねばならない。わたし自身の矢はもう放たれた。わたしは死ぬまでにもう一度南極へ行くとは思わないが、もし行くならばもっと適当な合理的な条件のもとに行くであろう。英雄となって帰還せずとも、以前よりは悪くならないで帰らなければいけない。くりかえしていえば、滞在期間の長さが適当であり、近代文化の力によってたやすくえられる装備のもとでは、南極大陸は赤道地方の最悪の軍駐屯地の勤務のつらさのなかばにもいたらぬものである。わたしはスコットが本国に帰還するとき——彼は正に帰還の途上にある。というのは南極氷原は移動しており、われわれの作った埋葬雪つかの跡は一九一六年のシャックルトン探検隊員によって発見されなかった——彼が命をささげた苦難はもはや過去の恐怖にすぎず、苦労のはてはやがてピカデリーへの道とおなじ実用性をもつにいたることをわたしは念願する。

さてここでわたしは肝心な点についてふれよう。これから後、よい探検をするためには、その組織者は油のことや寒さのことや食物のことなど何かにつけてわれわれが語りうるすべてのことを何よりも聞きたがるであろう。まず油についていおう。

油の問題

スコットは最後の数個所の貯蔵所で油の不足を訴えている。これはパラフィン油を入れていたブリキ缶の革座金のこわれていたことによるのは疑問の余地はない。これらの缶は夏の太陽の暖気と意外に寒かった秋の気温にいためられていた。スコットは『ディスカバリー号の航海』の中で、ソリ旅行のときの油の容器であった缶について次のようにかいている。「各缶には小なるコルク栓を付しありしもこははなはだ弱く、パラフィンはもれ出でてやっかい至極なりき。かくして油の相当量は無駄となり、とくにソリが不斉地を行進するとき、ソリの動揺するとき、またはたびたびおこる転覆の際にいちじるしき損失をみたり。この栓はいかほどよく合ったものにても完全に閉めおくことは不可能にして、いくらかの重量増があろうとも金属性のらせん口金が好適ならん。新しき油缶を開くたびにその容量が三分の一にすぎざることを知るは、はなはだしき力落しなり。もとよりこのためさらに一そうの注意を料理器にむけざるべからず」〔スコット『ディスカバリー号の航海』第一巻、四四九ページ〕アムンセンは彼の隊のパラフィンについて次のように記している。「われわれはいつものごとき缶に入れていたが、それはあまりに弱く、ある程度のパラフィンを失ったばかりでなく、ビヤーランドはしじゅうハンダづけをして漏れないようにしていなければならなかった。」〔アムンセン『南極点征服』第二巻、一九ページ〕

われわれの缶はスコットの意見によって金属性のらせん金でとめてあった。これについてはわれわれが捜査隊として一トン貯蔵所にくるまでは何の故障もきかなかった。〔*ラッシュリーの日記には第二帰還隊が中氷原貯蔵所で油の不足を発見したことを記している〕ここには極地隊のため昨秋から食糧と油とが貯蔵してあり、それは一つのカンバス製の容器に入れられて二メートルあまり雪の下にうずめ、油はその赤缶が貯蔵所の目標になるので雪の上においてあった。ところが、われわれがこの容器をほり出して中の食糧を手にした時、それは冬と春の間に二メートル余の雪をとおしてしみ込んだパラフィンのためにほとんどたべられなくなっていた。

そののちわれわれは極地隊を発見し、油が不足していたことを知ったのである。われわれがエバンス岬に帰ってから木箱に入れたパラフィンの四・五リットル缶八個が雪の中から掘り出された。それは一九一一年の九月にそこにおかれたもので、テラ・ノバ号がきたらクロジール岬に陸上げする予定のものであった。ところが船はその荷をとりあげることができず、油はそのまま雪の下になって冬を越し、見失われ忘れられて、掘り出されるまでに一五カ月もたっていた。そのうちの三個は一杯で、三個は空になり、一つは三分の一、一つは三分の二のこっていた。

いうまでもなく揮発性の油は気化する傾向をもち、口からにげ去る。これは容器が破損したり革座金が堅くなってちぢんだ場合にとくにはげしくなる。今後の探検隊はこの点について大いに注意しなければなるまい。油を埋蔵することによってこの危険性はさけられるであろう。注意しなければならない第二のことはスコットが氷原上でであった予期しない寒気であって、これが遭難の直接の原因であったのである。「一年のこの時期においてわれらが遭遇せるごとき気温と雪面とを予期する人のありうべからざることを信ずるものなり。……かくのごとき状況はきわめて急激にきたれるものにして、われらの破局もまた何としてもまぬがれうべき道のあるべしとは思われざる、この酷薄の天候の突如たる到来に原因するものというべし。」〔公衆へのメッセージ〕彼らはマイナス一八度以上の気温をもって氷河を下ってきたのである。彼らは氷原上にきてからも一週間以上は異常の気温にはあわなかった。ところが二月二六日の夜に最低マイナス三八度という急降に出あった。このころ太陽は夜半、南方の水平線下に没しはじめていたことは注意すべきである。「氷原の中央部が相当に恐怖すべき位置なることは疑を容れず」とスコットは記している。

シンプソンは彼の気象報告で極地隊が遭遇した気温が異常なものであったことにすこしの疑問も残していない。観測記録は「二二度以上も気温の高い海洋よりもわずか十数キロのところで一年の極端に早い時期に、非常な寒さの襲来する可能性のあることを明らかに」している。「三月においてマクマード湾と氷原南部との間につねに二二度ちかくの差があるとはまったく信じられないことである。」そのうえ一九一二年三月に他のソリ隊に記録されたものとエバンス岬での記録は、シンプソンの意見によれば、スコットが出あった気温が決して普通、秋の季節に予期されるものではないことを明らかに証拠立てているという。

シンプソンの説明はマクマード湾で自記機をとりつけた気球をあげて観測したものを基礎にしているので、それによると冬季積雪の表面からの輻射はきわめて早く、そのためすぐ近くの空気は冷され、地上付近につめたい空気層ができ、その気温は上層の空気とくらべて非常に低いのである。しかしこれは風のない時におこることであって、風が吹けば低温層は吹きはらわれ、空気が混合され気温は上昇する。

スコットは南方からの風がなくなったことを書いているが、シンプソンの意見によれば、これが彼が出あった低気温の原因であるという。気温はエバンス岬では普通よりも五・五度ぐらい低かったから、スコットのあたりではおそらく一一度は低かったのである。

〔以上の諸点および南極大陸の気温に関する十分なる討究はG・C・シンプソンの『一九一〇～一三年イギリス南極探検科学報告　気象の部』第一巻、第二章にくわしい〕

食糧の検討

第三の問題は食糧である。これは今後の探検にもっとも重要な関係のある問題である。事実はこうだ。極地隊は衰弱をきたしたために彼らの旅行距離を完成することができなかった。そして彼らはベアドモア氷河を下る両三日の間に食糧制限をやったほかは予定一ぱいの量を、時にはそれ以上をとっていて、それでも衰弱を招いたのである。第一に弱ったのは、隊員中もっとも大きくもっとも体重の多いもので「よもやおくれはとるまいと思われていた人」であった。

食糧には二種類あった。氷原用食糧（Ｂ）は、極心へむかう往路の氷原上の区間に用いたものであり、高原用食糧（S）は冬の旅行の経験から作られたものである。わたしはそれはその時までに作られた食糧として最上のものと信ずる。その一人一日の量はビスケット四五四、ペミカン三三九、バター五七、ココア一六、砂糖八五、茶二四、合計九七五グラムであった。

ベアドモア氷河のふもとから一二人のものがこのS食糧をもって進発したのであった。そして彼らの帰還のための貯蔵所にはみなこれがおいてあった。これは氷原用食糧よりもずっと満足すべきものであった。そして真の氷原部のソリ旅行のはじめに、馬や犬ソリをひかせている間は、これほどは食べられなかった。しかし人力でソリ引きをする場合は馬や犬のときとは、はなはだしく異なる。

人体は一定の条件のもとで仕事をするには脂肪と炭水化物と蛋白質とを一定の割合でとらねばならぬといわれている。極地隊の仕事は労力おおく、気温（これがもっとも大切な条件であるが）の変化は、わりあい暖かいところから氷河を上って高原部のうすい空気のもとでの平均温度マイナス二九度にまで達する。彼らが帰還の途、氷原上に出てから一週間以上のあいだはさほどの低温には出あわなかった。それからのちに昼間は平均マイナス三四度、夜間はさらに下って、太陽が地平線下にあるしばらくのあいだは平均マイナス四〇度にまでなったが、しかしこういう気温も新規の顔ぶれで衣服が新調のものであれば、それほど怖ろしいものでないが、四カ月のあいだ日夜ほとんど休みなく不自由な食物をとって骨折ってきたものには恐るべきものであった。このような気温が彼らを殺したのではなかろうか。

低気温が彼らの死の原因であったことは疑いの余地はない。気温がもっと高かったなら彼らはもっと生きのびていたであろう。もっともエバンスだけは別であろう。彼は低気温がおこるまでに死んだのだから。それでは何がエバンスを殺したのか。そしてまたなにゆえに他の人々は、十分の食糧、十分以上の食事をしながら弱っていったのであろうか。彼らは衰弱がはなはだしくなって最後には飢えて死んだのであろうか。わたしは天候だけがこの悲惨事をひきおこす十分な原因であったかどうかについて、疑問をもっているものである。規定どおりの食糧をとっていた彼らは、二月のおわりまで現に彼らが出あった状況のもとで、消耗せずにやりとげるに十分な栄養のある食事をたべていたものと思われる。彼らは規定以上の食糧をとっていたのであるが、三月になってからの事情は、彼らが想像したよりはるかにわるく、五人のうちの三人の生き残りが最後のテントをはった時には、ものすごい状態にあったのである。ずっと後になって、わたしはアトキンソンがわたしと同じようにこのことに疑問をもっていることを知った。否、彼は最近の知識と標準とにしたがって化学者の手になるわれわれの食糧の分析表をもっていてさらに確信していた。思いあわせば、スコットが死んでアトキンソンが指揮者となった時、彼は次の年のソリ行の食糧をふやすよう命じた。この時すでに彼はこれまでの食糧は十分なものでなかったと判断していたようである。次に彼から得た資料の一部をかかげるが、これらのすべては彼によって研究されたもので、その成果は別に詳しく出版せられるはずである。

最近の標準によればマイナス一八度前後の気温のもとで筋肉作業を行うために必要な食物は七七一四カロリーで、われわれが実際に用いた氷原用食糧は四〇〇三カロリーに相当する。またマイナス二八度のもとにおける勤労作業に必要なもの（それは高原部での平均気温にあたる）は八五〇〇カロリーである。実際の高原部用食糧は四八八九カロリーしかないものであった。これはすべての食物が吸収されるとして計算されたものであるが、実際はそうでないことはだれの目にも明らかであって、ことに脂肪の場合にこれはいちじるしく、人でも犬でもその一部分はかならず消化されないものである。

われわれの食糧が十分なものでなかった例を二つ三つあげてみよう。第一番に、われわれは長いソリ旅行をしたあとは、見かけほどには健康ではなかった。ソリひきをすると他の筋肉を犠牲にしてある種の筋肉が自然に発達することはいうまでもない。たとえばソリひきをするには終日、腕を使わずにやって行けるので、数カ月のソリ旅行ののちには重いものを持ち上げる力がなくなってしまう。これに関連してつけくわえたいことは、一九一二年二月に救援船が到着したときエバンス岬にいたわれわれ四人のものは、ちょうど三カ月の極地ソリ旅行から帰ったばかりのところであった。われわれ四人は陸上隊員にまじってソリで貨物の陸上げに従った。この仕事というのは毎日三七キロずつソリをひくことであって、朝の五時から夜は非常におそくまで、不規則な食事をたべ、少しの休みもなしにやる、気ふさぎのつらいものであった。わたしは今なおこの仕事が自分にとってどんなにつらかったかを記憶しており、これまでソリひきをやった他の人たちも同じであったとわたしは思う。船員組は「彼らはソリひきになれていないから」という理由で一日おきに従事しただけであった。これはとても面白くないやり方であった。ことに秋にはさらにそのうちの幾人かがソリ旅行に出なければならないのを考えると、実に馬鹿馬鹿しいことであった。もう一つ極地隊の人力ソリひきの経験をあげよう。御承知のようにベアドモア氷河まで行ったもう一つの人力ソリひき隊があった。この隊の人々は軽いソリで行進したのであるが、氷原部用の食糧では体重をへらしたのに、高原用食糧を用いはじめると元気を回復し、ことにラッシュリーがそうであったことは重要な意味がある。

極地隊と二つの帰還隊とは、ベアドモア氷河のふもとから旅行を終了するまで高原部用食糧を用いたのであるが、アトキンソンの意見では、十分な食糧でまかなわれた場合より、はるかに衰弱していた。第一帰還隊はほとんど一七六〇キロ近くを行進した。その旅行の終りになって彼らのソリひきの筋肉には何の支障もなかったが、その引率者であったアトキンソンは他の筋肉が七割の減耗をきたしていたといっている。彼らは三つの帰還隊のうちではもっとも良好な状況にあり、彼らのであった気温の平均もマイナス一八度よりは上にあったにかかわらず、そのすべては体重をかなりにへらしていたのである。

第二帰還隊はさらに悪い条件にぶつかった。彼らはわずかに三名で、その三名のうち、一人は病のために二二〇キロはソリをひくことができず、一六七キロの間はソリにのせてやらねばならなかった。その平均気温もマイナス一八度近くであった。そして彼らは極度の困窮に陥ったのである。

スコットは極地隊が次第に飢餓感をましていったことをくりかえしてうったえている。それは明らかに食物が、増大していく酷烈な悪条件をつぐないえなかったことを示すものである。しかも彼らは相当にながい間、規定量以上の食糧をたべていたのである。彼らが出あった平均気温はマイナス二三度以下であったこと、たべた食物のすべてが吸収されるものでないこと、および悪い走路とむかい風とのための余分の労役に必要なエネルギーとしてのみならず、からだをあたため衣服や寝袋をかわかすための多量の熱を要求していたことなどを考えてみなければならぬ。

われわれの用いた食糧はこれからのちの探検では分量を増すばかりでなく、脂肪と蛋白質と炭水化物の割合も変更する必要のあることは明らかだとわたしは確信する。われわれはあたえられていた脂肪を全部消化していなかったという事実を考えてみて、アトキンソンは蛋白質や炭水化物を犠牲にしてまで脂肪を増すのは無用であるという。彼は脂肪は一日合計一四・二グラムでよいとする。炭水化物の消化は容易で完全である。蛋白質の消化関係は複雑であるが、多量の大切な消化酵素をそのうちにふくんでいる。食糧は蛋白質と含水炭素と同量にふやすべきであり、この二つはいずれもできるだけ乾燥状態の純粋のものでなければならない。

この批評にたいしては何も非難されるところはない。われわれの食糧はおそらくそれまでに用いられた最上のものであった。しかし今はその当時に知られていたより多くのことがわかってきたのである。われわれは今後のためにそれらの事柄を正しくとり入れて試むべきである。

〔最近の研究ではある種のビタミンのあるなしは非常な相違を来たし、各個人の食物にたいする利用能力によってさらに大差があるといわれている。もしこの通りだとすれば、この要素は極地隊の運命に重大な影響をあたえたに違いない。極地隊の食糧には、皆無だとはいわないまでも、ビタミンが非常に不足していた。ビタミン不足の重大なことは、今後の探検家には誇張しすぎるということはない。今後の南極大陸のソリ隊はビタミンをふくむ食物なしに内陸に入るべきでないことをわたしは強調する。一九一〇年われわれが南極にむかう当時には、この補助的食品に関する医学研究会議の権威ある出版を手にすることはできなかったが、しかしアトキンソンが船載されて来た新しいタマネギを捜査隊の食糧にくわえたことは注目される。レオナード・ピル教授の近年の研究によるビタミン欠如を補完するために紫外線が有効であるとの説も考えなければならない。——著者　＊ビタミンについての今日の知見はこの原著者の註釈当時すなわち一九二二年よりはさらに格段の進歩をとげていることはいうまでもない〕

キャンベルはわれわれが犬ソリをひきいて出発してからわずか五日のうちにハット・ポイントに帰ってきた。そしてそこにわれわれの帰還にたいするあいさつとともに、彼らが捜査隊にくわわるにおそすぎたことをなげいた注目すべきノートを残していた。もしわたしが彼らが耐えたような一〇カ月を暮したものとしたら、わたしはふたたびソリ旅行にでるようなむちゃなことはしなかったであろう。しかるに彼らはなお船が到着するまで何か役に立つ仕事をしようと努めたのである。

われわれは極地到達の記録をえた。キャンベルとその隊員は何らの援助もなく、恐るべき冬を越したのみならず、のち海岸を伝ってソリで帰ってきた。われわれ自身は次から次と困難に直面してやっと窮地を脱したのであって、これ以上は何も望まなかった。もうこりごりであった。

エレバス登攀

わたしはロイズ岬の営巣地でアデリー・ペンギンの卵の冬期のものを手に入れたいと思っていたが、夏の間ずっとソリ旅行に出ていたのでこれを手に入れる機会はないものとあきらめていた。ところがいまその機会がやってきた。アトキンソンは同じ場所で寄生虫の研究をしようと思っていたし、また測量をしようという人もあった。しかし本当の目的というのはわれわれの戸口のまえから海抜四〇八四メートルそびえている活火山エレバスに登ることであった。シャックルトン探検隊の人々はデビッド教授引率のもとにこの山に三月にのぼり一七六八メートルまでソリを引きあげ、そこから装備を肩に運んだのであった。今度は一年もまえにデベンハムが望遠鏡の助けをかりて二七三三メートル以上までソリをはこべるような登路を選んでおいたのである。それによって大した困難もなく、ただ脚力と息の問題にすぎないことを実証した。

この隊は陽気な隊で一日中せっせと歩き、夕方は夕方で合唱をはじめるといった有様であった。それはデベンハムのいうとおり、無事平穏の旅行でみな非常に仲がよくて、彼が南極地方で送ったうちの最上の旅であったという。しかしデベンハムもディッカソンも高山病になやまされた。この二人はともに喫煙家だった。空気がいちじるしく澄んでいて、一五〇〇メートルほどですでに数百キロ遠方にあるメルボルン山、ジョーンス岬をながめ、西の方にはまだ海図に示されていない数個の山を見たが、一点からの測量しかできなかったので、正確にきめられなかった。湾の方はしじゅう雲がかかっていたが、ボーフォート島とフランクリン島とははっきりしていた。デヴィッド隊とちがって、彼らはバード山にはすこしも火山活動をみとめなかった。その証跡かと思われるところもほとんどまったくなく氷におおわれていた。二二五〇メートルあたりでテラー山が堂々とそびえているのが見えたが、バード山、テラ・ノバ山はあまり目立たず興味をひかなかった。旧火口壁と第二火口壁との間の谷は非常に印象的な景色で、そこには小さな美しい氷河もみとめられた。プリーストリーとデベンハムの考えでは、この谷をつたってテラー山へも行けるらしく、その間にはわれ目も、登れぬような斜面もないということであった。その道はやはりクロジール岬から行くのとくらべ恐らくずっとよいであろう。

二七五〇メートルからプリーストリーとグランとアボットとフーパーとは噴火口に登りに行った。一二月一〇日のことである。彼らはキャンプ、杭、寝袋、料理道具、四日分の食糧をもって三五一〇メートルの第二火口壁に達し、雲にさまたげられて次の日は終日滞泊した。この高度で気温はマイナス二三度からマイナス三四度の間であった。その時、海面では氷点前後であった。一二日午前一時お天気のつごうは申し分なく、よく晴れて南の風が頂上から水蒸気をおい散らしてしまった。一行は精いっぱいの速さですすみ、短時間で火口壁の端に達した。火口の下を見たが水蒸気がいっぱいで底は見えなかった。火口の壁は百数十メートル急角度をしていて、その終りはきり立っていた。火口は周囲一二・八キロほどあるように見えた。山頂はおおかた軽石質でケニヤ岩がいくらか見られ、海岸付近とだいたいおなじであった。旧火口壁は大部分ケニヤ岩でこの岩石がこの島の最古のものであることを示していた。長石の結晶がしじゅう噴出しているらしく、雪の上にあちこちに見られ、わたしたちはその九センチ近くの長さのものを持っている。

二人は途中からキャンプへひきかえした。それは一人が足を凍傷したためである。残ったプリーストリーとグランとは沸点測高器を沸騰させようとしたが、風のために思うようにならず、風は向きがかわりどおしで、彼らを水蒸気と硫気とのなかにとじこめてしまった。それで彼らは積石の上に記録を残して帰途についたが、一五〇メートルも来たところで、プリーストリーは記録を入れた缶と撮影ずみのフィルム缶とを間違えておいてきたことに気がついた。グランは引き返してとりかえてくるといってでかけた。彼が頂上に達した時、大きな爆発がおこり浮石塊が噴煙とともになげとばされてきた。グランはちょうどその真中にいて、爆発のまえにゴブゴブという音をきき、そうして「軽石状の溶岩塊が火山弾を二つに割りたるごとき形をなし、そのなかに細く引きのばしたる毛髪状のガラス質の束をもてるものを」〔『スコットの最後の探検』第二巻、三五六ページ〕見た。これは火山毛というものである。グランはのちになって亜硫酸ガスのためしばらくわずらった。彼らは一六日にロイズ岬に達し、一五日間の非常に成果にみちた旅を終った。

一方シャックルトンの古い小屋は冬には少し風通しがよすぎるが、一年のうちでは今ごろが一番よかった。輝かしい日をあびて海はゆるやかに眠り、岸辺の氷に波はくだけて、壮麗の山脈がわれわれをとりまき、ペンギンは戸口のそば近くに巣を営んでいた。ひょっとしたら今ごろうろついているかも知れなかったベアドモア氷河あたりよりはこの方がずっとよかった。

三週間、わたしはロイズ岬にあってアデリー・ペンギンとともに暮らし、その卵の完全な一つづきを手に入れることができた。南にやってきた脊椎動物学者にとっては探検のつぎに発生学が大切だとはウイルソンの持論であった。ペンギンは動物進化の過程での興味ふかい一環であって、その卵を得ようとするのはペンギンが何から進化したものであるかを見出すためなのである。ペンギンが他の飛ばない鳥、たとえば奇異鳥〔＊ニュージーランド南島にすむ駝鳥目の一種で、無翼鳥ともいう〕や駝鳥や近ごろ明らかにされたばかりの恐鳥などよりは一そう原始的なものであるか否かは一つの疑問となっているのである。翼のない鳥は今でも南方大陸の海角にすんでいるのであるが、それは北方の生物のたくさんいる地方よりは競争者がすくないからであって、ペンギンは北半球にすんでいた有翼の祖先からきたものであり（今もこの鳥は時に飛ぶまねをするのを見ることがある）南方に追いやられたものであるとされている。

ペンギンを原始的なものとすれば、そのなかでももっとも原始的なペンギンはもっとも南方にすんでいるという理屈になる。南極大陸には二種のペンギンがおり、一つは皇帝ペンギン、一つはアデリー・ペンギンとよばれる。アデリーの方が二つのうちでは数も多く生活力もさかんである。そんなわけでわれわれは現存しているもっとも原始的な鳥とはいわないまでも、ペンギンのうちのもっとも原始的なものとして皇帝ペンギンを考えるようになり、そのために冬のソリ旅行を試みたのである。その上にわたしはなおこの一連のアデリー・ペンギンの卵を手に入れたのである。

帰還がおそくなったので卵を生みつけるところを見る機会を失った。そのため卵がどれほど経過しているものか明らかでなかった。しかしわたしは卵のない巣にペンギンが立っているのを見つけて有望だと思ったが、のちになってそれは雄鳥が付近に抱卵している雌鳥を待っているところだとわかった。わたしは巣から卵をとっているうちに新しい卵を見つけたので注意ぶかくこれに印をつけておいた。二日たってからその一つを割ってみたら、なかの胚盤は少なくも二週間はたっているものであることがわかった。これでわたしはペンギンが、他の数々の不徳義とあわせて卵をよこどりするくせのあることを知った。わたしが卵をとったあと一羽のペンギンは卵と同じような大きさの石の上に満足気にすわっているのを見たし、一羽はオランダ・チーズの赤缶の半分になったものの上にすわっていた。彼らはあまり利口ではないのである。

ペンギンは世界の人からかわいがられる鳥であるが、そのわけはこの鳥はいろいろの点でわれわれに似ており、またある点でわれわれがしたいと思うことをするからである。もしわれわれが彼らのような肉体的な勇健さの半分でももっていたら、だれも刃向いのできるものはいないだろう。また彼らの母性愛の本能の一〇〇分の一でももっていたら、われわれは一〇〇〇倍も子供を殺すに違いない。彼らの小さな体は好奇心にあふれていて恐怖などいだく余地がない。彼らは山登りがすきであり、流氷の曲のりがすきであり、また教練さえすきなのである。

アデリー・ペンギンの生活はこの世のなかでもっとも非キリスト教的なずるいものの一つである。彼らが水を浴びるときの有様を見よう。岸の氷の上に集ってガヤガヤいっている五六十羽の群は、あるいは端からのぞきこんだり、お互いにおいしい獲物があって、いかにも御馳走にありつけそうなことを話しあっているようである。しかしこれはみな恰好だけのことで、実際は一番はじめにとび込むものをたべようと、アザラシが待ちかまえていやせぬかとびくびくものなのである。本当に見あげたやつなら、われわれの考え方でいえば「わたしは一番に飛込みましょう。もしわたしが殺されたらともかくわたしは私欲のために死んだのでなく、友だちのために身を犠牲にしたのです」というに違いない。しかしやがてこんな見あげたやつはみな死にたえてしまうだろう。実際に彼らがこころみるところは仲間のうちで気の弱い奴を先におとしこむか、これに失敗すれば、大急ぎで徴兵法を制定して、えらばれたものを押し出すのである。それから——羽音をたてあわてふためいて残りの皆がとびこむ。

テラ・ノバ号来たる

もし救援の船が来ないならば自然はまたしてもわれわれをつらい目にあわせるであろう。一月一七日、われわれはいまだに迎えの船の来る気配がなかったので、さらに一冬を越すべく準備に着手することになった。われわれは食糧を制限しなければならなかったし、石炭もおおかたなくなってしまったので煮たきには油を使わなければならなかった。アザラシを殺して肉を貯えることもせねばならぬ。一月一八日からその準備にかかって、肉をもっと貯蔵する穴を掘ったり、その他のことをすすめた。わたしはその朝、御飯を食べてからアザラシ狩りに出かけてゆき、二頭をうち殺して皮をはぎ、昼ごろ岬を横ぎってかえってきた。隊員はみな小屋ではたらいていた。湾内には何もかわったものは見えなかった。ところが急に、四〜五キロ先のベアン氷河の末端のかげから汽船のへさきがあらわれた。われわれはその船が用心ぶかく近よってくるのを非常なありがた味を感じながらながめやった。

「皆丈夫か」メガフォンで船橋から叫ぶ。

「極地隊は極からのかえりみちで死んでしまった。われわれはその記録をもってきた。」しばらく沈黙がつづき、やがてボートがおろされる。

先に本国にかえって壊血病からすっかり回復したエバンスが隊長で、いっしょにペンネル、レンニック、ブルース、リリー、ドレークらがいた。彼らは去年、帰還の航海で大あらしにであったということである。

船からりんごを投げてもらった。「実にきれいだ、これ以上のものをほしいと思わない。……ペンネルはいつもながら気がきいている。」「船の人たちの間の話しぶりがおかしく感じられる。それは特別の場合だけでなくのべつそうで、それは文化世界のきどった響きを伝えるのである。わたしは高級船員にも水兵にもそれを感じた。」〔著者の日記〕

「一月一九日　テラ・ノバ号上にて。二八時間作業ののち午後四時われわれは永久に旧い小屋をあとにした。それは大急ぎのことで昨晩はすこしもねむる時間がなかった。一日がかりのところをいまは一時間でゆけるのはまったくすばらしい。われわれはそれぐらいの時間でロイズ岬まで行き、そこで地質と動物の標本をつみこんだ。わたしは腰かけてあたりの景色をみな写生したい気になった。それは長い間、船の旅をしなかったおかげであるが、わたしは大そう疲労をおぼえた。本国からのたよりは言葉につくせないありがたいものだった。今や蓄音器には最新のワルツがかけられ、食卓にはビールがあり、りんごや新しい野菜がたべられ、生活は長い長いものうい幾週幾月にくらべて、はるかにしのぎよいものとなった。名残りおしくエバンス岬に別れをつげた。わたしはまたとここを見ようとは思わなかった。楽しい思い出はみな悪い記憶のためにうち消されてしまっている。」

船が来るまえ、われわれの間でオブザーベーション・ヒルの上に極地隊の思い出の十字架を立てることにしていた。船がついたので、大工はおお急ぎでマホガニーで大きな十字架をつくりにかかった。それにかきいれる言葉については異論があった。聖書から何かの句を引こうということであったが結局テニソンのユリシーズからひくことになった。「努力し、探索し、発見し、しかして屈するところなく。」開水はテント島の南三キロばかり沖まで広がっていた。われわれはそこで船から下りてハット・ポイントへソリをはせた。それは一月二〇日の午前八時のことで、隊はアトキンソン、ライト、ラッシュユリー、クリーン、デベンハム、ケオハーン、デービスと船の大工さんとわたしとであった。

「十字架は白ペンキが塗られそれもよく乾いていた。われわれはオブザーベーション・ヒルに登って行き、その頂に恰好な場所を見つけ、岩にそうて一メートルばかりの穴を掘った。ここから見ると今年の氷の状態は非常に悪く、開いた海、水氷のまじったところが岸近くまでひろがっていて、ここからこんなのを見たことはこれまでになかった。アーミダーゲ岬やプラム岬のあたりの氷脈はとりわけひどかった。わたしはひたすら帰り途の安全なことをいのった。

十字架がいつまでも美しく立っているに違いないと思う。」〔著者の日記〕

この丘は十字架をたてるには好適のところであることは明らかである。丘は彼らのすべてをよく知っていた。隊員のうちの三人はディスカバリー探検隊員としてその山かげに三年を暮したし、隊員たちは氷原上からの困難な旅から帰ってくるたびに、この丘を幾度も見たのである。この丘と城岩との二つはいつもソリ旅行の帰還者をよろこび迎えたのである。それは一方に彼らの住んでいたマクマード湾をひかえ、他方には彼らが命をすてた氷原につづいていた。彼らを祭る場所としては、おおかた三百メートルも高さのあるここよりほかに恰好なところは見つけられないだろう。

「一月二二日　火曜。六時に起きて十字架の大きなのをもってオブザーベーション・ヒルに一時に登った。それは辛い仕事だった。氷はどこも非常に悪いようであった。せめて五時ころに出かけたらよかったろうにと思った。十字架は実に立派なものだった。それは一六～一七キロ沖合の船の上から肉眼でも見えるくらいの永久的な記念碑だった。岩の上に三メートルも立ち、地中に深く埋っていたから動くとは思われない。でき上ると一同は氷原の方をむいて三唱の礼をくりかえし送った。」

われわれは無事に船に帰り、グラニット・ハーバーまで西部山脈にそうて航海したが、これらの山々をこれまでは遠くからながめていただけだったので、これはこの上なく興深い旅であった。グランはおいてあった地質学標本をとりに出かけ、リリーはトロールをひいた。これはテラ・ノバ号の航海中にただ一回やった一連の大切な仕事であったが非常におもしろかった。

一月二三日の朝早くグラニット・ハーバーを去り、新しい針路にむかった。われわれの次の仕事はキャンベルとその隊員とが雪洞のなかに越冬したエバンス入江に行き、そこで地質学標本をとり、同時に将来の探検家のため貯蔵所を設けるにあった。非常に厚い群氷に出会い、すくなくも二二キロは後退して別の道をとらなければならなかった。「このあたりの海は全部結氷してしまっている。こんなことはこの時期としてははめずらしく思われる。この朝、流氷と流氷との間の水に薄い氷がはっているのを見た。この大きな平らな流氷はよく見かけるものであるが、それはわりと近いころに凍ったものの残りに違いないと思われた。」〔著者の日記〕推進機はつごうが悪くたえず氷に妨げられる。ついにバード岬から北五五キロからフランクリン島の方角にむかって針路をとった。その夜はわりあいに開いた海をよく進むことができて、昼のうちにフランクリン島を通過したが、その日の晩（一月二四日）になって見とおしは悪く、停船して火をおとしてしまった。「船をとめたところに一月二五日午前五時までじっと横たわっていた。氷がゆるんで進めそうになったので徐航しはじめた。――徐航、機関停止――衝撃、きしみ――後退徐航、停止――また前進徐航こんなことを午後七時までくりかえし、そのうち一度は大きな衝撃で、食卓の御馳走が数センチもずったことがあるが、ともかくチータムはわれわれを開水へつれ出してくれた。」〔著者の日記〕

ナンセン山はわれわれの真正面に平らな頂をもった大きな姿を直立させていた。一月二六日の午前三時にはわれわれはその北側の前山の濃褐色の岬を通過していた。それから間もなく長さ五〇〇メートルほどの厚い海氷のそばに来たが、その海氷の上には風にとばされて一片の雪も残っていなかった。そして目の前にはキャンベルがいみじくも名づけた「地獄の門」が前山によってつくられていた。

私は黒く脂によごれたうす汚い雪洞を見たかったが、見に行った人はみな驚きと賞讃の面持ちで帰ってきた。この湾の頭に貯蔵所をこしらえて竹ざおの旗をたてて印とした。

それからいよいよ本国へと船首をむけた。それは週をもって数え、日をもって数え、ついには時間をもって数えてまちわびたことであった。一月二七日の早朝、われわれは群氷を離れた。二九日にはアデーア岬をはなれ「海へ、風をついて、霧の中を、船の長ささえも見通せない濃い霧の中を、あぶなっかしく探りながらすすんだ。やがてそれが晴れると見事な水平線が見えた。だれもかなり船酔にやられている。エバンス岬からのった水兵たちでさえも。われわれみな気のゆるんだことを感じた。」（同上）霧が深くて、この夜は航行が困難であった。正午（南緯六九度五〇分）一部晴れたとき、正面に氷山があるのが見えた。その夜は非常なあらしで、われわれはベッドに横たわっているのが容易なことでなかった。目標はさしあたり東にとり、あとで西の方へかえるというのである。非常に多くの氷山にあったが、そのうちには時には氷岩もまじっていた。二月一日南緯六四度三分、東経一五九度一五分のところで一つの氷山のかたわらを通りすぎたが、それは実に三九キロの長さをもっており、一端から見ると向うの方は水平線下に消えていた。南緯六二度一〇分、東経一五八度一五分のところでは「まったくひどい目にあった。早朝からむかい風でただもうどちらを見ても氷山ばかりという有様で、午前八時、さける間もなく一つの氷山と長い群氷の間にはさまれてしまった。そのうえ濃い霧がおりてきた。九時四五分、士官室からそとに出て見ると、ちょうど右舷のまじかに迫っている大きな氷山に頭をうちつけそうになった。大きな十字波が立ち、海水は氷にぶち当って寒々と響をあげた。甲板を横切って行くと、ちょうど左舷の彼方に、霧をとおして大氷壁がのぞまれた。」右舷の氷山をまわってもうほかにはないかと探って見た。左側のわれわれの友はずっと続いており、見たところきりがないようである。やがてわれわれは一つの大きな氷山と、片側には無数の小さな氷山との間のせまい路地のようなところにいることがわかった。この大きな氷山を背後にするまでに一時間と一五分もかかった。それから六時間ののち午後四時、なお氷にそうて行くような気がした。しかしこの経度で氷を抜けきる希望をわれわれはもっていた。

テラ・ノバ号は木造の三檣帆船で一八八四年ダンディー港〔＊スコットランドの北海に面した港〕のステファン商会の手で建造されたもので総トン数は七六四トン、登録トン数は四〇〇トン、大きさは57×9.5×5.8m、機関は二汽筒で一四〇馬力、船籍港はニューファウンドランドのセント・ジョンスである。これからいってこの船は極地用の船としては決して小さいとはいえないのであるが、ペンネル船長は船員をはげましてよく手不足のうちにも大小の氷山をめぐって、時には暗黒や濃霧をついて、大航海をなしとげたのである。この時もわれわれはいくつものありがちな危難から救われたのであるが、それでも夏のことで、われわれの航海はやさしい方であった。大ていの晩は薄明があり、乗組員は多く、石炭も豊富であった。しかし昨秋ペンネルとその乗組員たちが経験したようなことを想うてみるがよい。石炭はきちきちいっぱいしか残らず、あたりの海は凍りはじめ、氷をついて航行するには推進機を何度も役立たなくするまで南方にとどまっていたのである。ペンネル船長はその手記ではきわめて控え目な人物であるが、しかも彼は一九一二年三月テラ・ノバがニュージーランドへの帰航の途にであった大暴風について、船は一つの波頭から次の波頭へ吹き送られるような思いをし、夜は漆黒のやみで周囲には氷山がところきらわず浮んでいたと記している。彼らはこの間、一回も食卓につかず、やっと立ちながらものをたべることができたという。彼はわたしに、あの時はこの次には一体なにが起こるだろうかとさえ思ったと述懐したが、またある人は彼はそういう時でも試験をたのしんでいるように見えたといっていた。

新聞社との交渉の必要上、また消息のもれるのを防ぐため本国へ打電してから二四時間は海上におらなければならなかった。それはまた新聞紙が報道してしまう前に家族たちに事実を知らせることが第一番に大切だったからであった。

そんなわけでわれわれは二月一〇日の午前二時三〇分にニュージーランドの東海岸にある小港オアマル〔＊ダニーディン北東方〕へ幽霊船のように入港した。古いなつかしい森と草の生えた斜面と人の住処のくっきりとした影を見て、こもごもわき上る感情。小さな灯台からはいつまでもしつこく「船名は何」「船名は何」と信号を閃めかしてきた。応答がないので不思議に思い困ったことは明らかである。一隻のボートが下され、ペンネルとアトキンソンとが海岸へ行って上陸した。水兵たちは厳重にどんな質問にも答えてはならぬと申し渡された。しばらくしてボートは帰ってきた。そしてクリーンは「われわれは問いつめられたが、彼らは何もわれわれから得るところはなかった」といっていた。

われわれは海に出た。

夜があけ放たれると遠くの陸地に、草地や森やところどころにいなか家が見えた。われわれはたまらなくなった。本国から送られてきた三年まえの上陸用の折目のついた着物を引っぱり出して着てみた。――がとても窮屈に感じた。靴をはいてみた。これもとても苦しい。ひげをそった。これで一安心である。なにもすることがないので、ただ海岸にそうて、船をさけながら行ったり来たりするだけである。

夕方になってアカロアからリッテルトン〔*クライストチャーチ〕に通う小さな定期船がそば近くやってきて「皆さんお元気ですか」「スコット隊長はどうしていますか」「極までいきましたか」とたずねたが満足な返答をえられずに行ってしまった。しかしこれがわれわれの文化生活への最初の接触であった。

次の朝あけにわれわれの船は半旗をかかげてリッテルトンの鼻をとおって行った。樹や人や家々を見つめてすぎる。わかれた日から何と違っていることだろう。そしてまたなんとまったく同じなのであろう。われわれがあんなに怖ろしい悪夢の数々を見たのにかかわらず、そして今もなおそれは夢ではないと信じ難いのに。

港長がアトキンソンとペンネルといっしょにひき船でやって来た。アトキンソンはわたしに「ちょっとこっちへおりて来て下さい」といい、また「大変な騒ぎになってしまった。わたしはこれまでになろうとは思わなかった」という。実際われわれはあまりに長く世間とはなれており、事件はあまり身につきすぎており、われわれの知覚力は鈍ってしまって、思いも及ばなかったのである。われわれはイギリス帝国が――ほとんどすべての文化世界が悲痛のうちにあるのを見たのである。世界中の人はあたかも大きな友人をうしなったような有様であった。

探検とは

〔＊第一次〕大戦前の気の立っている世界は、これらの人々の死に大きな衝撃をうけた。今日、世界の人々は、ほとんど悲劇の感じを失ってしまっているが、それでもなお彼らの同情と誇負とをよんでいる。スコットの名が人々の心によみがえるとき第一に想起されるのは遭難のことである。（それはあたかもコロンブスの一生に起こった一つの出来事のために、彼がアメリカを発見したことが忘れられるように）しかしスコットへの名声は南極到達の上におかれたものではない。彼はこの新しい大陸に来ていかにそこを旅すべきかを考え出し、世界にたいしてその知見をひろめた。彼は南極大陸を発見し、一派を立てたのである。彼は偉大なる地理的探検家の最後の一人である。すべてのものが燃やされたときには、もはや火をつけることは無用である。彼はおそらく旧式の極地探検家の最後の人となるであろう。というのはわたしはこれからの探検は空からなされることを確信するからである。だがまだそれは、はじまっていない。スコットは強かった。われわれは彼が死んで横たわっているのを見出すまで、彼が精神的にも肉体的にもいかに強い人間であるかを知らなかった。

彼の二度の極地探検はウイルソンに負うところはかり知れぬものがあり、また最後の探検ではボワーズに負うている。この三人が率先して忍耐づよく、ずぬけて高い理想を抱いてくみあっている。彼らより以上に見事な一組のソリひき隊はほかにはないとわたしは信じる。彼らは極地隊を組織することになり、これを実現した。そしてその組織は一見失敗したごとくみえる。

が、それは失敗であろうか。スコットは否という。「この遭難の原因は組織に欠陥ありしには非ず、打ちこゆべきあらゆる危険にあたりて不運なる目にあいしに基づく。」気象学者は十中の九まで彼は切り抜け得たであろうという。彼はその十の一に当ったのである。「われらは危険を敢てせり。われらはその危険なることを承知しいたり。ただ事態がわれわれに与せざりしなり。さればわれらは何ら不満の意をあらわすべきいわれなきなり。」これにまさる碑文がまたとあろうか。

彼は極点にいたるのに当時、世界に知られていたただ一つの道をとった。それは極地高原と大氷原とを区切る山脈をとおる唯一の発見された道としてのベアドモア氷河を登るにあった。恐らくそれはマクマード湾から行くものの採りえられるただ一つの道であった。それ以外には、アムンセンがしたように、海岸より数百キロの氷原に越冬して、ベアドモア氷河が氷原に流れこむために起こる氷の大混乱を避けるにあった。そうすることは科学上の予定の大部分の放棄を意味している。スコットはただ極に到達するためにだけ南に行くものではなかった。アムンセンは鯨湾に越冬することにきめた時、すでにスコットがマクマード湾にむかっていることを知っていた。もしそうでなかったら彼はきっとマクマード湾にむかったであろう。恐らく既得の知見を否定し去る人はいないであろうから。

スコットはスキーと犬とに頼るべきであったという人のあることは前にいった。もし読者がシャックルトンのベアドモア氷河発見の由来とその道とに関する記事をよむならば、犬をひきにする先入観を抱かないであろう。実際ではわれわれはシャックルトンよりはよい道を見出したのであるが、わたしはここを犬ソリを上下させることができるとは思わない。ことに高原部との接続地帯の氷の重畳たるところを、道をさがす十分の時間的余裕なしに行けるとは信じない。「犬は恐らくこのあたりよりは遠くは行けないだろう」と、氷河半途にあるクラウドメーカーの下でスコットがもらしているのをわたしはきいた。われわれが帰途に遭遇したような氷脈のなかでできる最上の方法は、彼らをもよりのわれ目におとし込むことである。もしこうした混乱を避けることができたら申し分はないが、もしそうでなかったならば、犬にたよることをやめなければならない。犬のことを話す人々はこのような知識をもっていない人である。

ベアドモア氷河登進に関する限りは、スコットが犬をつれていかなかったことは恐らく正当である。実際に彼は氷河のふもとまでは馬にたより、そこから人力でソリをひいた。馬にたよった結果、彼は十一月まで出発することができなかった。それは食糧配置旅行の経験から、馬がそれより早い時期の天候には耐えられないことがわかっていたからである。馬の代りに犬を用いたならばこれよりもっと早く出発することができ、氷河のふもとまで行くことができたであろう。これによって彼らは帰還の際に秋の季節との競走に数日を利することができたであろう。

このような悲惨事は必然に問題をひきおこした。「そんなことをする値打があるのか。」「何のためにそんなことをするのか。」それは命を投げ出すに値する手柄なのであろうか。国家のために命までもかける仕事なのであろうか。功業であればこそ立ちむかったのではあるが、スコットの心をひいたものは単なる手柄だけではなかった。それには一つつけくわえられなければならぬことがある。——知識である。ウイルソンとてもそうした手柄にはあまり心をひかれなかった。この本におさめられた日記にも見られるもっとも大切なことは、ノルウェー人が第一に極に到達したことを知った時、彼は何らそのことにふれず、あたかも何もそんなことがなかったかのごとく感じていたという事実である。

極地の生活についてのこのような問題あるいはまたこれに類した問題について人々が考えてくれるのはこの上なく望ましいことである。極地の心理学については問題が豊富にある。そこには独特の要素たとえば完全な孤立とか毎年四カ月間の暗黒といったものがある。メソポタミアにおいてさえ長らく病にくるしむ人々は、病気や怪我を治療し退散せしめるために適当な施設をのぞんでいる。しかし両極地では人は（エバンスのように）壊血病にかかるかも知れないことを覚悟し、また（キャンベルとその隊員のように）一〇カ月の間、とぼしいアザラシの肉と腐った食糧で暮らさねばならず、そうなっても一年は外界からの助けをえることができないのである。そこには怪我がうまくなおるような機会はなく、もしベアドモア氷河で脚を折ったとすれば、自身のためにも同僚のためにももっとも機宜をえた処置は自殺することであると考えなければならない。

性的にも社会的にも極地探検家は恵み薄きことを覚悟しなければならない。つらい仕事や劇的な空想がどこまでこれにとって代られるものであるか。ソリ行進のわれわれの場合を考えてみよう。われわれは夜ごとに食物の夢をみた。また一かけらのビスケットをなくすることがいつまでも消えないくやしさとなるほど幼稚な気持になるのである。夜ごと夜ごとにわたしはハットフィールド駅の中央プラットフォームの売店で大きなパン菓子とチョコレートを買っている夢をみたが、しかしいつも唇に一かけらもくわえないうちに目がさめてしまうのである。これほどまでに興奮しない仲間たちはしあわせであって、彼らはよくまぼろしの食事をたべるのである。

そして暗黒は、ほとんどたえず号叫するあらしをともなっていて、眼の前につき出した自分の手さえ見えないくらいである。このような環境では生活は精神的にも肉体的にも束縛されたもので、戸外の運動は制限され、あらしの時はそれはまったくできなくなる。そして外に出ても身のまわりを見る力を失ってしまうことのわびしさを痛感するのである。精神異常に直面している人、または何か大きな悲しみあるいは感動のために自殺しようかと考えている人を、このような戸外につれ出して歩きまわらせておけば、それから先は自然がひとりでに役目をはたしてくれるであろう。われわれのような正常な人間が、異常な環境のもとに生活する場合は、自然は日常茶飯の考え方からいちじるしく引き上げてくれるものである。しかしそれが見えないで、ただ感じられるだけのときは非常に気持のわるいものである。

ともかく極地生活を考える時には、堅忍持久の避くべからざることに思いをいたさなければならない。そしてどうして人がずるけられるかを知らねばならない。ソリ旅行はもっとも大なる試練であることを常に忘れてはならない。文化圏の生活では怠けることはやさしいから、人が平均してなしうる力の標準を知ることはむずかしい。小屋のなかかそのあたりで仕事をしているときに少しくらいなまけたところで、それは文化圏の生活と同じくさほど大したことでなく、ただ機会を無駄にするくらいなものである。しかし氷原上のソリ旅行ではちょっとした怠慢も一週間の影響をわれわれにあたえる。

まだまだ研究を要する問題はたくさんある。ペルシア湾からやって来たボワーズのように、暑熱の地から酷寒の地に行く場合の影響、またその反対にシンプソンが南極大陸からインドへ赴任したとき、また乾燥した空気と湿潤な寒気、南極大陸での快適な気温とは何か、イギリスでの適温とくらべてどうか、あるいはそうした温度と婦人の問題はどうか。……気力にとんだものがもっとも遠くまで行く、その気力と肉体的エネルギーとの関係は如何。生活力とは何であるか。ある時には人をおびやかす事項が他の時にはさほどでないわけは。早朝の元気のよさは何によるのか。想像力の影響。一人の人間はどれくらい力を出せるものであるか。ボワーズの多量の熱源はどこからきているのであるか。そしてわたしのひげの白くなったのは。また某氏のあおい眼は如何。彼はイギリスをたった時はとび色の目をしていたのに、彼の母は帰ってきたときに彼を見そこなったくらいである。毛髪や皮膚の生長と色の変化の関係。

極地へ探検隊が出される理由は多くある。そして人々はみな知的な精力をこれに傾注する。しかし人が知識のために知識を追求することを心から評価するかぎり、今日では新しい知見を集められるところは南極大陸をおいて他にはないのである。

探検とは知的情熱の肉体的表現である。

そこでわたしはいう。もし君が知識にたいして意欲をもち、これを肉体的に表現する力があるならば出でて探検のことに従うべきである。もし君が剛勇の人であるならば、君はほかに何もすることはない。もし君がこわがり屋ならばなすべき仕事はたくさんある。臆病な人ほど勇敢さをしめす必要があるから。ある人は極地へ行くといえば気が狂ったかといい、少なくとも大多数の人は「何のために行くのだ」と問うであろう。商人は一年以内にもうかる見込みのないものには見むきもしない。だから君はほとんど一人ソリを駆ることになるであろう。少なくとも君とともにソリ旅行をするものは商人ではないであろう。それこそ非常に尊いものである。君の欲するものがただ一個のペンギンの卵であるにしても、君は冬のソリ旅行で報われるところがかならずあるであろう。

最後の休息
（スコット、ウイルソン、ボワーズの墓）

付録1　主なる隊員

幹部隊員

スコット（ロバート・ファルコン）隊長　海軍大佐　四三歳　一九〇一〜一九〇四年ディスカバリー号による南極探検に長となり、ロス島付近を探検し、シャックルトン、ウィルソンらと南緯八二度一六分まで行き南進の記録をたて、ロス海の地形を明らかにした。今回の探検は一九〇八年のシャックルトンの探検について行われたもので、隊員中にはディスカバリー探検に参加したものが数名あり、そのうち二名はついに隊長と運命をともにした。

エバンス（エドワード）海軍少佐　次席隊員、航海主任　南極行進では発動機ソリとともに先発し、その破損によってもっとも早くより人力ソリ隊のリーダーとなり、しかも最終支援隊に編入せられて八七度三二分の地点から引きかえし、途中、壊血病にかかり、救援隊に助けられて基地にかえった。そのためスコットの遭難を知らないままで本国に引きあげ、翌年ふたたび来航してこれを聞いた。

キャンベル（ビクター）海軍少佐　五名の隊員を率いてエドワード七世陸地に上陸のためテ

ラ・ノバ号でロス海をさらに東方にいったが、鯨湾にアムンセン隊がすでに上陸していたので、予定を変更してマクマード湾にかえり、その西岸アデーア岬に上陸、越冬し、翌年さらにエバンス入江に移って探検を続行した。この年、ひきあげ船の入津が海氷のため不能となり、余儀なくさらに越冬して翌春になって全員無事にロス島の基地にかえった。

ボワーズ（ヘンリー）インド海軍少佐　南極到達隊員となり遭難　二八歳　はじめ輸送船上の勤務員として加わったが、英才を認められて上陸部隊に入り、その庶務万端を引きうけ、隊長を補佐して信任あつく、また優秀な探検能力を発揮し、食糧配置旅行、冬の旅行のいずれにも活躍、南極行進にははじめ支援隊であったが、帰還の間ぎわになって、にわかに到達隊に編入せられ、そのため他の四人がスキーをはいていたのに、ボワーズだけは徒歩で最終コースを往復した。（愛称バーディー）

オーツス（ローレンス）大尉　第六インニスキリング竜騎兵連隊　南極到達隊員となり遭難　三二歳　主として馬の調教に任じたが、飼料の吟味が十分でなかったため特に多くの労苦を払わせられた。臨終はより以上の行進にたえずと自認して、進んでテントをあとにふぶきのなかに身を運んで行方不明となった。死体はついに発見せられなかった。（愛称タイタス）

アトキンソン（エドワード）海軍軍医　寄生虫学者　第一支援隊長としてベアドモア氷河の上部から帰還。スコット隊かえらず、キャンベル隊もまた消息不明となり、エバンス少佐また病んで帰国したあとをうけ、重大な危機にのぞんで残りの探検隊の指揮をとり、救援に善処した。（愛称アッチ）

科学隊員

ウイルソン（エドワード・アドリアン）首席科学隊員　動物学者　南極到達隊員となり遭難　三九歳　ディスカバリー探検にも参加　スコットの片腕としてその円満なる性格と多才とをもってよく隊員を融和せしめた。ペンギンの発生学研究のため非常な危険と困苦とをこえて皇帝ペンギンの営巣地にゆき、三個の卵をえて帰ったが南極到達隊に加わり横死をとげた。（愛称ビル）

テイラー（グリフィン）地質学者　二回にわたり西部山脈の探検隊を率いた。第一年だけで帰還。

デベンハム（フランク）地質学者　のちケンブリッジ大学教授　スコット記念極地研究所長　エレバス登山

ライト（チャーレス）物理学者。

プリーストリー（レイモンド）地質学者　のちケンブリッジ大学教授。

ポンテイング（ヘルバート）写真係　第一年にて帰る。

ミアース（セシル）犬係　探検第一年のみで帰る。

デイ（バーナード）発動機ソリ係　発動機ソリ三台のうち一台は揚陸のとき海中に墜落し、二台は南極行進の初期に氷原上で故障したので、その秋の船で帰国した。

チェリー・ガラード（アプスレイ）動物学者　二四歳　ウィルソンの助手として冬の旅行に参

加し「世界最悪の旅」を体験し、南極行進には第一帰還隊に編入せられた。また食糧配置旅行からの帰途、マクマード湾の氷上を横断中に氷が流れだし、ボワーズ、クリーンの二名とともに危機におちいり、辛うじて氷壁に引きかえすことができたが、ひきつれた馬三頭はおぼれ死ぬ。

グラン（トリグブ）ノルウェー海軍中尉　スキー教官。

普通隊員

ラッシュリー（ウィリアム）海軍火夫長　ディスカバリー探検隊員　南極行進隊には第二帰還隊に編入されて、ベアドモア氷河の上部から帰ったが途中、エバンス少佐が雪盲にかかったため針路の設定にあたり、また衰弱した少佐を非常な苦難のもとにソリにのせてひいて帰った。

エバンス（エドガー）海軍下士官　幹部隊員エバンス少佐と区別するため水兵エバンスと呼ばれていた。ディスカバリー探検隊にも加わり、隊長に認められて今回も南極到達隊の有力な一員として、もっとも故障のおそれの少ない者とスコットに考えられていたが、氷河上部でのソリの改造のときにできた切創がもとで凍傷になやみ、帰還の途上でもっとも早く死んだ。三七歳。

付録2　行程表　〔　〕は他の探検隊の行動

一九一〇年

六月一五日　探検船テラ・ノバ号イギリス・カージフ港出帆。

一一月二九日　ニュージーランド、ダニーディン発。〔日本南極探検船開南丸　東京芝浦出帆〕

一九一一年

一月　一日　南極大陸を望見。

　一八日　隊員二五名、馬一九頭、犬三〇頭にて基地小屋生活を開始。

　二四日　隊員一三名、馬ソリ八、犬ソリ二（二六犬）で食糧配置旅行の途にのぼる。〔アムンセン隊では一月中に隊員四名、犬ソリ三台をもって南緯八〇度に第一食糧貯蔵所を作る〕

二月　四日　テラ・ノバ号鯨湾でフラム号と出会う。アムンセン来船す。

二月一一日　〔開南丸　オーストラリアのウェリントン出帆〕

　一七日　一トン貯蔵所を作る。

　〔開南丸　群氷域に入り進航しえず南緯七四度一四分より帰航す〕

三月一四日　〔アムンセン隊では三月中に隊員八名、犬ソリ七台（四二犬）により八一度に半トン、八二度に四分の三トンの食糧貯蔵を行った〕

五月　一日　〔開南丸　シドニー入港、自白隊長らは同郊外に小屋生活を営み再挙を期す〕
六月二七日　ウイルソン、ボワーズ、ガラード冬の旅行に出発。
八月　一日　ウイルソンら酸苦ののちに帰着す。
九月　八日　〔アムンセン隊南進に出発したが時季が早すぎたため引きかえす〕
一〇月二〇日　〔アムンセンら五名、四台のソリ、五二犬をもって南極到達行進に再出発〕
　二四日　スコット隊南進の先発隊としてデイ、ラッシュリー二台の発動機ソリを運転、エバンス少佐、同伴で進発。
一一月　一日　スコットら八名八台の馬ソリからなる本隊エバンス岬を出発、南極到達行進にむかう。
　一九日　〔開南丸シドニー出帆、再挙の航海にのぼる〕
一二月一四日　〔アムンセン隊　南極到達〕
　二二日　上氷河貯蔵所設置。（八五度一五分）第一帰還隊（長アトキンソン、ガラード、ライト、ケオハーン）帰還の途につく。

一九一二年
一月　四日　第二帰還隊（長エバンス少佐、ラッシュリー、クリーン）帰還の途につく。（八七度三二分）
　一七日　午後六時三〇分　スコット隊南極到達〔開南丸　鯨湾に入り、フラム号と交歓〕
　一九日　〔白瀬中尉ら五名上陸、翌日より南進の途につく〕
　二五日　〔アムンセン隊一行基地に帰る〕
　二八日　〔白瀬中尉ら南進九日、南緯八〇度〇五分に達し引きかえす。三一日基地に帰る〕
二月　四日　〔開関南丸　北にむかう〕
テラ・ノバ号エバンス岬に入港。

一三日　第二帰還隊エバンス少佐衰弱しソリにのせられる。
一六日　水兵エバンスゆく。
二六日　ガラード、ディミトリ犬ソリ二台で一トン貯蔵所へ食糧運搬。
三月　三日　同隊一トン貯蔵所着。スコット隊を待つ。
四日　テラ・ノバ号エバンス少佐ら九名の帰国者をのせて出帆。
一六日　スコット隊オーツスゆく。
一九日　スコット、ウイルソン、ボワーズ、一トン貯蔵所まで二〇キロのところに最後のテントを張る。
四月一九日　〔開南丸　横浜入港〕
一〇月三〇日　ライトら八名、スコット隊捜査にむかう。
一一月　一日　アトキンソン、ガラード、ディミトリ犬ソリ二台にて追尾。
六日　キャンベル隊帰着。
一二日　一トン貯蔵所より南二〇キロのところにスコット、ウイルソン、ボワーズの遺体がテントのなかに横たわっているのを発見、埋葬、記念標を樹立。
一五日　オーツスの死所に至ったが死体を発見するに至らず、雪づかを作る。捜査隊帰途の途につく。
一二月　二日　この日より一六日までの間、デベンハム、プリーストリーらエレバス登山。

一九一三年

一月一八日　用船テラ・ノバ号エバンス岬に入港。
二二日　エバンス岬基地出発　一行帰還の途にのぼる。
二月一〇日　オアマル（ニュージーランド）入港第一報を発す。

訳者解説

加納一郎

北極点がピアリーのいくたびかの探検ののちに初めて到達されたのは一九〇九年四月の六日であった。このことが世界につたえられた時、アムンセンはオスロにあってもう一つの極地航海の準備をしていた。青年時代からの素志がうばわれたことを知ったアムンセンは、ひそかに腹をきめて、その野心の目標を残る一つの極点、南極到達におきかえた。けれどそのことは同行の隊員にももらさずに、ともづなをといて航海に出た。フラム号がアフリカ沖のマデイラ港に入るとともに突如として、自分の今度の探検は南極点に到達することが目標であると発表して、世間をおどろかした。

それというのもその時、イギリスではスコットが二度目の南極探検にのり出すことがあきらかにされていたからである。スコットは、はじめかならずしも極点まで行くことを第一の目標にはかかげておらず、ロス島に基地をおいて前回の探検をいっそうおしすすめることに重点をおいていた。しかしながら南極点にいたる道はすでにシャックルトンの探検によって八分どおりつけられていたのであり、一面スコットのこんどの探検に十分な資金をあつめるためには、どうしても極点初到達を目標にかかげなければならない事情におかれていた。

こうしてイギリスとノルウェーの二つの隊が併行して極点への探検行程をきそうはめになった。その結果、アムンセンは一九一一年一二月一四日に一番のりをはたし、「自分ほど初一念とは正反対の立場において栄冠を手にする命運をもったものはないだろう」といった。

周知のとおり北極点は北氷洋のどまん中にあって何の目じるしもなく、いたずらに氷のただよう海である。ピアリーがそこに到達したことを発表するやフレデリック・クックという男が、自分の方が先に北極にいったといいはって世間をさわがせた。いずれが本当であるか、にわかに判断を下すことができない。それというのも、ピアリーは途中から支援隊をかえして最後に極点についた時には、隊長のほかには白人は一人もおらず、その観測野帳の公正なことを立証できる者はいなかったという弱味がある。ピアリーは栄冠を一人じめしたいという一念から、このような隊員編成にしたのであると見られてもしかたがない。

こうした事情のため長いこと判定が保留されていたが、ピアリーのこれまでのたびかさなる探検実績をふまえて、アメリカ地理学協会の査定がみとめられて、今日ではピアリーの北極初到達をうたがうものはなくなった。これにたいしてアムンセンの南極点到達は、そこが大陸の中心の高原部にあるために、わずかに三四日後にスコット隊がまったく独立して天体観測をしながら行進して来て、おなじ地点にいたり、アムンセンの足跡を見出し、残していったテントを発見して、彼らが正に極点に先着していた事実を認証することになったのである。

スコットの落胆もさることながら、アムンセンは何と幸運な探検家であろう。もしもスコットあるいはその他の二番隊が、日時をへたのちにその場にいったとしても、アムンセン隊の残したものは強い風雪のためにかき消されていたかも知れず、かくも明確な証拠をもちかえられるとはかぎらなかったであろう。

このような役自をはたしたのちに、無残にもスコット隊は帰路において全員が死亡してしまい、アムンセン隊は一人を失うことなく故国にかえったのであるから、イギリス国民の無念は、やる方ないものであった。もともと南北両極地の探検の歴史のなかばは、イギリス人によって書かれたといっても決していいすぎではないほどに、多くの業績をつんできながら、北極点はアメリカに、南極点はノルウェーに先んぜられたのであるから無理もない話である。だがこのくやしさは一九五七〜五八年にフックスが大西洋岸から極点をとおり太平洋岸まで、九九日一八五〇キロを雪上車列をひきいて完全に横断する大記録をたてて、探検史上イギリスの名を不朽にしたことによっていやされた。

さて探検隊の報告書は帰国してから一〜二年のうちに出版せられるのが定例であり、スコット隊についても何冊かの本が出たが、ここに訳出した Apsley Cherry-Garrard; *The Worst Journey in the World, Antarctic, 1910〜1913.* (London 1922) は、第一次大戦をはさんで探検から一〇年をへたのちに世におくられたものである。著者のガラードは若い生物学者としてこの隊にくわわった人であり、執筆までに十分な反省とおおくの批判をきき、関係者からの資料と助言とをえた上で、余裕をもって客観的に探検の経験をつたえながら、しかも、なお手にとるような臨場感のあふれる筆をはこんでいる。これが探検記としての本書の価値を高くしているところであり、一個人の回想記や紀行文とはことなる特長である。

読者はこの探検がすでに六〇余年まえのものであり、原書が五〇年以上も古いうえに、邦文への翻訳がまた一九四四年のものであることを心にとめてもらいたい。すでに太平洋戦争は末期にのぞみ、わが国の出版界はきびしい制約をうけていたのであるが、探検記だからというわけでA5判、七九六ページの用紙が配給されて朋文堂から上版され、折から読書に飢えていた人々の渇をいやすことができたのは訳者としてまことにしあわせであった。

戦後一九五三年になって河出書房から「世界探検紀行全集」が企画されるや第一回配本としてこの訳書がえらばれた。しかし紙幅の上から全訳を採録することができず、「世界最悪の旅」とよばれる冬の旅行と極地隊の行動、その捜査ならびにスコットの最後の日記からの引用と遭難の反省など重要な部分がおさめられることになった。そののち筑摩書房からノンフィクション全集が上版されるにおよび、その一冊のなかに他の探検記とともに収録されることになってさらに圧縮を余儀なくされた。この筑摩版ノンフィクション全集は三たび改編されたが、「世界最悪の旅」はそのたびにたえず版をかさねてきた。

こんど河出版が再刊されるにあたっては、一九五三年版の全文にあらためて校訂をくわえ、補完につとめた。原書は一九章からなっているが、ここではそのうち、第二章「東への航海」、第三章「南へ」、第四章「陸地」、第五章「食糧配置旅行」、第六章「第一の冬」のそれぞれ一部、第七章「冬の旅行」の全部、第八章「春」、第一一章「極地行進」、第一五章「第二の春」の一部、第一六章「捜索行」、第一七章「極地行進つづき」、第一九章「ふたたび帰らず」のほとんど全部が訳出されている。

この探検には航空機も無線通信もまったくつかわれておらず、スコットが試用してあまり役に立たなかった動力無限軌道車は、第二次大戦にあらわれた戦車の原形となったといわれている。南極大陸の知見は今では当時とくらべていちじるしい進歩をとげ、その海岸線はすべて航空測量がなされ、内奥部にたいしても縦横に探査がおこなわれ、第三回地球観測年にはアメリカの手によって資材が空輸され、極点にアムンセン・スコット基地がたてられた。それ以来、年間を通じてこの地球の底にあたるところにも人が住んでおり、マクマード湾には原子力発電所と飛行場ができて、ニュージーランドのクライスチャーチから定期便がとんでくる。極点からの手紙は一週間で日本にとどく現状である。

このように南極大陸の知見と設営とは大きくかわったとはいえ、その自然条件には何の変化もなく、未知未踏の領域はなお広大にのこされている。この荒遠凍々、窮寒寂々たる積氷の地に苦闘した人々の悽愴と耐乏の現実と非業の命運とが切々として情感をゆさぶるおもむきに今昔のちがいのないことを、この本からくみとれるだろう。日本で極地の探検記として今日までにこれほど多くの読者をえたものはほかにはない。

参考文献

Scott's Last Expedition, B 6～521p. London 1913

捜索隊によって遺体の枕もとから発見されたスコット隊長の日記のすべてがおさめられている一巻である。日記のだいじなところは、チェリー・ガラードが「世界最悪の旅」のなかに要領よく採録しているけれども、この探検の全行程をとおしての隊長の指揮、統率ぶり、そのこまやかな心のうちが一日もかかさずに書きとめられているので、いっそうふかく、なまなましさがうかがえる。というのも、それが世間に公にするつもりでとられた筆ではなく、自分自身の後日のためにすなおに書きつづられた日記だからであろう。

捜索隊にくわわってロス氷原上の最終キャンプをみつけ、そのテントのなかからとり出される遺品のなかに、緑いろの紙いれのなかのこの褐色の日記帳を手にした時のガラードの感動はいかがなものであったろうか。この時、ガラードは二十四歳の生物担当隊員であったが、それから十年の歳月のふるいにかけられたのちに、この探検隊の状況報道を構成するにあたって、隊長手記の重さをあらためて痛感したことであろう。

スコット隊の探検を正確に知るためには、おなじ時におこなわれたアムンセンの探検についての認識をしっかりしておかねばならない。アムンセンがスコットと南極点への先陣あらそいをはじめたことは、当時のジャーナリズムの好題であったにはちがいないけれども、アムンセンは、はじめからスコットのお先をうばってやろうなどとは露おもっていなかったのである。

アムンセンはナンセンの有名な北氷洋漂流探検にもちいられたフラム号をゆずりうけて、まだ未到達であった北極点への航海を企図していたのである。北極点の先陣こそアムンセンの素志だったのである。それがアメリカのピアリーによって一九〇九年四月六日に成功したと知らされ目標が消え去った。野心にはやるアムンセンにとっては、この上はへさきを南にまわして、南極点をねらうより他には、かけがえはなかった。そしてフラム号はマデイラから大西洋を南下することになり、ここに両隊が南極大陸を舞台に競合探検を展開する。

極地探検家としてはアムンセンの方が技術的にも、実績においてもずっと先んじていた。ノルウェー隊は少数精鋭主義のもとにえらばれ、雪氷境域での行動力においてはイギリス隊員よりもはるかにすぐれていた。それに輸送主力を犬ソリとした点で格段の差がついた。イギリス隊は、かたくなな動物愛から、これを重用することができなかった。また基地としてロス氷壁をえらんで、いっそうの短距離コースをとったこと。この基地選定の勇気にも論難があった。

スコット隊が多くの科学隊員をかかえていたのにたいして、アムンセン隊は南進だけに重点をおいていた。実際スコット隊の若い科学隊員は秀才ぞろいで、後日、第一流の学者に成長した人がおおい。

これらの事情をふまえて、アムンセンがいかなる探検をしたかは次の公式報告にあきらかに読みとれる。

Roald Amundsen; *The South Pole*, London 1912.

A五判数百ページのこの大冊一巻に、アムンセンの意志と行動とがよく表現されており、ナンセン、ノルデンショルトの伝統をうけつぐ北欧派の探検技術をうかがうことができる。極地文献としての第一級のものである。もしもアムンセンが同時に南極点到達をはからなかったならば、スコット隊はかくも悲惨な運命をたどることはなかったであろうとは、誰しも思うところである。

スコットはもともと極点行をさほど重くかんがえてはいなかったのである。だが探検資金をあつめる上から極点初到達のはなやかな目標をあわせかかげなければならなかった。そこへ途中からアムンセンが割りこんできたために大きな無理をしいられることになった。アムンセンに先を越されていなければ、精神的な打撃はなく、したがってかくも無残な結末とはならなかったであろう。

イギリスの王立地理学協会は、まい年、世界的な地理学的業績をあげた人物に金メダルを贈ることになっている。アムンセンにも当然そのメダルがあたえられたが、その授賞式での会長の言葉に、南極点初到達の功はアムンセンよりはむしろそのソリ犬にあたえられるべきかも知れぬとさえあった。

先陣をうばわれ、全隊員が遭難して不帰の客となる悲運をあじわったイギリス側の無念さはもっともであるが、これにたいするアムンセンの心持はどうであったか。

Roald Amundsen; *My Life as an Expolrer*, A5～282p. London 1927.

北極海横断飛行からかえった直後にかいたこの自叙伝のなかで、アムンセンはイギリス側へのいいぶんをのべている。アムンセンはこの一本を書いたのち故山にひきこもって、静かに余生を探検記の執筆にあてるつもりであったところ、その翌年一九二八年に、イタリアのノビレ隊がスピッツベルゲン北方の海氷上におちるという事件がおこった。アムンセンは先年の探検からノビレとひどく不仲となっていたが、この遭難の救援に出かけて、ついに帰らなかった。この人もまた北氷洋にその身をうずめてしまったのである。スコットとアムンセンのあいだにはこういう因縁がよこたわっていたのである。

さてイギリス、ノルウェー両隊が南極点への行進に命をかけていた時、日本からの一隊がロス氷壁の上に天幕をはって、極点到達の旅に向かったのである。これが白瀬隊である。白瀬矗《のぶ》『南極記』(南極探検後援会。A五判二五〇ページ。一九一三年)

本の体裁からいえばアムンセンの公式報告書とあまりかわらないほどであるが、その内容の平俗、低調なことはお話にならぬものであり、両者が極点到達をなしとげているのにたいして、こちらは八〇度〇五分まで行っただけで食糧がなくなったといって帰って来た。世界一の多雪国でありながら、そのころの日本の雪氷環境の行動技術は、はなはだ幼稚なもので「ノルウェー隊員は板ぎれをはいて雪原をはしりまわっていた」とスキーを見てびっくりする程度なのであった。

白瀬隊の南極行は日露戦争に勝利をおさめた余威をかっておし出したというだけのことであり、同国人の企図であるからといって、この人の業績を過大評価するのは見当ちがいである。このことは極地探検の各隊の記録をよめばすぐにもわかるのである。

さてスコットの探検を中心にして、参考になる書物をあげて見たが右のうちで、今でも求められるのは、三番目にあげたアムンセン自伝で、その邦訳が平凡社の「世界教養全集」第二四巻に「アムンセン探検誌」として訳出されているだけである。

なお極地の探検について特に関心をもたれるむきにはつぎの一書をすすめたい。

L. P. Kirwan; *The White Road*, A5～374p, London 1959.（『白い道―極地探検の歴史』、加納一郎訳・A五判四一六ページ。一九七三年、社会思想社）

この著者は先にふれたイギリス王立地理学協会の要職にあって極地文献に精通した人であり、両極探検の転変を、世界情勢を背景とする各国の政治、軍事、経済的なうごきのなかに詳述している。興味本位の少年読みもののつづりあわせではない。文献表、索引もついていて架蔵にたえる一本である。

なおつけくわえておくが、スコットの第一次探検の用船ディスカバリー号はテームス川につながれており、船内は当時のままにしてあって、自由に見てまわれるし、アムンセンのフラム号はオスロ郊外のビグドイ岬にある国立海洋研究所のまえに大切に保存されていて、おとなりのヘイエルダールのいかだコン・チキ号ともども公開されている。

解　説

石川直樹

二〇〇一年の元旦、つまり新しい世紀がやってきたその日、ぼくは南極点にいた。Pole to Pole というプロジェクトに参加して、世界各国の若者と自転車やスキーなどの人力手段を使って北極から北米、中米、南米と地球を縦断し、約十ヶ月かけて最終目的地だった南極点に到着したのだ。

そのときぼくは左頰に凍傷を負い、指先のしびれは一日中とれることがなく、足には大きな靴擦れやマメがいくつもできていた。南極大陸に入って約一ヶ月が経とうとしていた。

南極点にはアムンゼン・スコット基地というアメリカによって作られた観測基地がある。基地の名はもちろんアムンゼンとスコットの南極点遠征に敬意を表して名づけられたものだが、彼らがその場所にはじめて一歩を記した二十世紀はじめと今の状況を比べると隔世の感がある。

要塞のような基地の内部はストーブによって常に暖かく、数百人の人々が閉ざされた空間の中で働いていた。極点には赤と白のポールが立ち、その上にはサッカーボール大の銀色の球が乗せられている。まわりにはガラス片が飛び散ってきたような地吹雪にさらされながら、世界中の国旗がはためいていた。

白い大地の上に浮かび立つ鉄の塊は何か別の世界のものに思えた。今まで白い大地しか見てこなかったため、直線と直角でできた建物に妙なおさまりの悪さを感じた。たかだか一ヶ月間南極を歩いた後、あるべき場所であるべきものを見てそのような違和感を覚えたのだから、スコット達が満身創痍で極点に到着し、アムンゼン隊が残した旗を見たときに受けたショックは大きすぎるほど大きいものだっただろう。ぼくたちが見た南極点の旗は歓迎の万国旗だったが、スコットたちが見た旗はその存在を拒む絶望の旗だったのだ。

アムンゼン・スコット基地の中で作業員たちは、寒さにふるえることもなく、食事にも困らないし、氷を溶かして水作りをする必要もない。ただ、南極点を訪ねた遠征隊や観光客はこの施設を使うことを許可されてはいない。シーズンになると、このような地の果てに何人もの人々がやってくるので、いちいち相手をしていられないということだろう。基地の中で働いていた作業員はぼくらの顔を見るなり、「また物好きな連中が来たな」という面持ちで一瞥して、すぐに去っていった。

宇宙基地のような建物の合間に傷んだテントを張った。三張りあるテントも、それぞれどこかが破れて補修済みだったり、骨組みが曲がっていたりしていた。南極点に到達した喜びは大きかったのだが、それよりもぼくたちは温かいものを思う存分飲みたかったし、暖かい場所で身体を休めたかった。飛行機が来るまでのあいだ、いつものようにそこらにある氷を溶かしてココアパウダーをいれたオートミールを作り、空腹を満たしながら年越しを待った。

南極は世界で唯一どこの国にも属さない大陸で、ぼくはここで三回の新年を祝うことになった。アムンゼン・スコット基地はアメリカ時間で動いているし、ぼくたちはチリのプンタアレナス時間で生活していた。さらに自分たちの故郷の時間も考慮にいれて、数時間ごとに新年を迎え、そのたびに仲間と抱き合って二十一世紀の幕開けを祝った。

その後、飛行機に乗ってベースキャンプがあるパトリオットヒルズという場所に戻った。ベースキャンプもまた白一色なのだが、南極点ほど気温は低くない。新年を迎えたベースキャンプは世界中から集まった酔狂な人々で異様な賑わいを見せていた。

パトリオットヒルズには人々が食堂に使う大テントやトイレ小屋のほかに、図書館の代わりとなる共同テントがある。そこには、世界各国の人々が天候待ちのあいだに読み漁り、残していった数々の本が、ぎっしりと並んでいる。英語をはじめ、フランス語やドイツ語、日本語の本もあった。その棚の一つに『世界最悪の旅』もあったのだが、出発前にはあえて読まなかった。そんなタイトルの本を、旅が始まる前の不安な時期に読む気になどならなかったのだ。

南極点を踏んでプロジェクトが終わり、はじめてこの本を手にとってみることにした。スコット隊の一員である著者のチェリー・ガラードの文章は淡々としていて、クールだった。彼は本の中でこんなことを書いている。「南極体験は人々が想像するほどひどいことはめったにないものであるし、うわさほどに悪絶なこともまれである。しかしながらこの旅行はわれわれの文章のおよぶところではなかった。いかなることばもその恐ろしさを表現することはできない」。彼はその恐ろしさを無理して表現しようとはせず、事実を冷静に書き記した。そのことによって、『世界最悪の旅』は十二分に南極の恐ろしさを伝えるに至ったのだ。

ぼくらが南極を旅したのは日本の冬にあたる十二月と一月だった。つまり、季節が逆転する南極では夏にあたり、白夜で一日中太陽が沈むことはない。それでも気温がマイナス四〇度近くになることもあったし、仲間の一人は足の指先にひどい凍傷を負った。旅の最中、テントの中で冬の真っ暗な南極を旅することを想像しては皆でため息をついたものだ。「この氷の大地から光を消し去ったら何も残らない」と。

しかし、スコットはその冬の南極を旅している。その描写はぼくが想像した以上に苛烈で、彼らが生きる希望を失わなかったのが不思議なくらいだ。それは世界最悪という修辞にふさわしい究極の体験であるように思われた。人間が生活しうる環境の対極に位置するといってもいい。

この本は南極点到達競争に負け、失意のまま倒れた冒険者を憐れむために編まれたのではない。「本当に大切なのは経験によって得たものを一つとして失ってはならないことである」と著者であるチェリー・ガラードが言うように、彼らの経験を多くの人がシェアするためにこの本は存在している。すべての経験はストーリーとして受け継がれ、知恵に置きかえることができる。書き残された言葉によってその状況を想像し、頭の中で旅をし、考えられうる限りの厳しい行軍が存在したことを知り、ぼくたちは今この瞬間に南極の存在を想うことができる。このような旅から得られた言葉は、少なくとも自分の中に新しい風景を刻むためのきっかけとなるだろう。

「探検」と「冒険」は同じものではない。ぼくは子どもの頃から探検家に憧れていたのに、何の因果か今は「冒険家」などという肩書きで呼ばれることがある。

その理由はぼくが今生きている二十一世紀という時代と密接に関係している。衛星写真によって地球は隅々まで観察され、科学技術の進歩と反比例するように未知なる場所というものはこの地球上にほとんどなくなってしまった。現代において地理的な探検はもう不可能になりつつあるといっていい。

スコットやアムンゼン、シャクルトンなどが生きた二十世紀のはじめには、その先に何があるか、どうなっているのかわからない場所が世の中に数多く存在していた。そこへいたる道のりは常に冒険に満ちていて、それはそのまま探検でもあった。

ぼくはチョモランマの頂上に立ち、北極や南極をスキーで旅したが、それは先人の足跡をたどっただけで、探検ではない。個人的な冒険ではあったが、「冒険家」とわざわざ呼ばれるのにふさわしい行為など何一つしていないのだ。

たとえ生命の危険を冒しても、人類がまだ到達していない地を目指して旅をしてみたいという願望はいつも心の中にもっている。アムンゼンやスコットに代表される二十世紀の探検の記録を読んでいるといつも心がざわつくのだ。単にリスクを冒す「冒険」ではなく、未知に挑む「探検」をしたい。そう思って、旅の行き先を考えるのだが、そこには常に踏み跡が残されていた。現代の探検の行き着く先は、もしかしたらもう宇宙しか残っていないのかもしれない。

極地では烈風にさらされると手がしびれて感覚がなくなる。痛みはなく、指先を押しても引っ張っても何も感じないのだ。毎朝オートミールを吐きそうになるまで食べ続け、風呂には入れず、トイレに行くのにも苦労を要する。凍傷を受けた皮膚は黒ずみ、下手をすれば切断しなくてはならなくなる。突風でテントが飛ばされれば死を意味するし、吹雪でホワイトアウトになれば遭難するかもしれない。そんなことを話すと、多くの人は言うものだ。「何でそんなに苦労をしながら旅をするの?」と。でも、そのようなことを尋ねてくる人はほっといて、ぼくはいつも一人で旅にでる。何かを見たい、感じたいと思ったら迷わず足を前に踏み出すこと。それをぼくは先人の言葉から学び、実際に旅に出た彼らの行動から一つの指針を得ている。チェリー・ガラードも本書の中で書いているが、一歩を踏み出すことによって何がしか「報われるところがかならずある」だろう。

実際に体験し身体に記憶を刻みつけることは、自然に対する人間の驕りを取り払うためにも必要なことだとぼくは思う。実感することを重要視しなくなった現代において、この旅の記録は貴重だ。未知への好奇心を失いかけたり、最悪の状況に自分が置かれたと思ったら、これらのページをめくってみるといい。この本には、人生のあらゆる局面を生き抜くためのヒントが溢れている。

本書は、『世界最悪の旅』（一九八四年、河出書房新社）を新たに文庫化したものです。

本書には、今日の人権意識では不適切と思われる表現が使用されております。しかし、差別助長の意図がなく、資料的、歴史的価値が認められるべきこと、および著者が故人であるため表現変更できないことを考慮し、発表時のままといたしました。

図版協力　国立極地研究所
地図製作　オレンジ社

中公文庫

世界最悪《せかいさいあく》の旅《たび》
——スコット南極探検隊《なんきょくたんけんたい》

2002年12月20日　初版発行
2019年3月30日　5刷発行

著　者　チェリー・ガラード
訳　者　加納《かのう》　一郎《いちろう》
発行者　松田 陽三
発行所　中央公論新社
〒100-8152　東京都千代田区大手町1-7-1
電話　販売 03-5299-1730　編集 03-5299-1890
URL http://www.chuko.co.jp/

DTP　ハンズ・ミケ
印　刷　三晃印刷
製　本　小泉製本

Published by CHUOKORON-SHINSHA, INC.
Printed in Japan　ISBN978-4-12-204143-1 C1126

各書目の下段の数字はＩＳＢＮコードです。978－4－12が省略してあります。

中公文庫既刊より

へ-5-2
さまよえる湖
スヴェン・ヘディン
鈴木啓造 訳
古代の史書に名をとどめるロプ湖の謎を突きとめるため、ヘディンとその一行は中央アジアの不毛の砂漠に立ち向かった。ヘディン最後の大冒険の記録。
203922-3

シ-8-1
エンデュアランス号漂流記
シャクルトン
木村義昌
谷口善也 訳
初の南極大陸横断を企てた英国のシャクルトンによる探検記。遭難し氷海に投げ出されて孤立無援となった探検隊を率い、全員を生還させるまでを描く。
204225-4

ま-39-1
カルタゴ興亡史 ある国家の一生
松谷健二
ローマと三たび戦って破れ、歴史から葬り去られた悲劇の国カルタゴを、その成立から消滅まで、時代に沿って人物像を追い、叙情性豊かに描写する。
204047-2

こ-11-5
グランドジョラス北壁
小西政継
アルプス三大北壁の中で最も困難といわれた垂壁に、日本人として初めて挑んだ六人の男たちの生への脱出となった苦闘の十一日間。〈解説〉植村直己
204017-5

や-33-4
みんな山が大好きだった
山際淳司
雪煙のなかに消えていった男たちをいま一度よみがえらせ、その鮮烈な生を解剖する！　急逝したノンフィクション作家の尖鋭的な名作。
204212-4

い-111-4
ちいさな桃源郷 山の雑誌アルプ傑作選
池内紀 編
一九五八年に串田孫一と仲間たちが創刊した山の文芸誌『アルプ』。伝説の雑誌に掲載された傑作山エッセイをここに精選。〈編者あとがき〉池内紀
206501-7

の-4-4
星三百六十五夜 春
野尻抱影
浮き立つような春の夜空に輝く幾千の星。そこに展開する幾多の心模様……。九十一年間、星を愛しつづけた詩人から星を愛する人達への贈り物。春篇。
204172-1

の-4-5
星三百六十五夜 夏
野尻抱影
夏の夜に怪しく光る赤いアンタレス。そして銀河を巡る幾多の伝説。九十一年間、星を愛しつづけた詩人から星を愛する人達への贈り物。夏篇。
204213-1

の-4-6
星三百六十五夜 秋
野尻抱影
夜空の星に心込めて近づくとき、星はその人の人生の苦楽を共にしてくれる。九十一年の生涯を星を愛しつづけた詩人の、星を愛する人たちへの贈り物。秋篇。
204076-2

の-4-7
星三百六十五夜 冬
野尻抱影
しんと冷えた冬の夜空に輝き渡る満天の星。澄み渡った夜空の美しさ……。九十一年の生涯を星を愛しつづけた詩人から星を愛する人達への贈り物。冬篇。
204127-1

の-4-11
新星座巡礼
野尻抱影
日本の夜空を周る約五十の星座を、月をおって巡礼する、著者の代表的天文エッセイ。大正十四年に刊行された処女作をもとに全面的に改稿した作品。
204128-8

シ-10-1
戦争概論
ジョミニ
佐藤徳太郎訳
19世紀を代表する戦略家として、クラウゼヴィッツと並び称されるフランスのジョミニ。ナポレオンに絶賛された名参謀による軍事戦略論のエッセンス。
203955-1

い-61-3
戦争史大観
石原莞爾
使命感過多なナショナリストの魂と冷徹なリアリストの眼をもつ石原莞爾。真骨頂を示す軍事学論・戦争史観・思索史的自叙伝を収録。〈解説〉佐高 信
204013-7

と-28-1
夢声戦争日記 抄 敗戦の記
徳川夢声
活動写真弁士を皮切りに漫談家、俳優としてテレビ・ラジオで活躍したマルチ人間、徳川夢声が太平洋戦争中に綴った貴重な日録。〈解説〉水木しげる
203921-6

い-61-2
最終戦争論
石原莞爾
戦争術発達の極点に絶対平和が到来する。戦史研究と日蓮信仰を背景にした石原莞爾の特異な予見は、日本を満州事変へと駆り立てた。〈解説〉松本健一
203898-1

各書目の下段の数字はISBNコードです。978－4－12が省略してあります。

し-45-2
昭和の動乱（上）
重光葵
重光葵元外相が巣鴨獄中で書いた、貴重な昭和の外交記録である。上巻は満州事変から宇垣内閣が流産するまでの経緯を世界的視野に立って描く。
203918-6

し-45-3
昭和の動乱（下）
重光葵
重光葵元外相は巣鴨に於いて新たに取材をし、この記録を書いた。下巻は終戦工作からポツダム宣言受諾、降伏文書調印に至るまでを描く。〈解説〉牛村　圭
203919-3

ク-6-1
戦争論（上）
クラウゼヴィッツ
清水多吉訳
プロイセンの名参謀としてナポレオンを撃破した比類なき戦略家クラウゼヴィッツ。その思想の精華たる本書は、戦略・組織論の永遠のバイブルである。
203939-1

ク-6-2
戦争論（下）
クラウゼヴィッツ
清水多吉訳
フリードリッヒ大王とナポレオンという二人の名将の戦史研究から戦争の本質を解明し体系的な理論化をなしとげた近代戦略思想の聖典。〈解説〉是本信義
203954-4

ね-2-3
遥かなるチベット　河口慧海の足跡を追って
根深　誠
明治三十三年、単身禁断の国チベットに潜入した僧侶慧海の潜入経路を辿る、ヒマラヤ辺境紀行。第四回JTB紀行文学大賞受賞作。〈解説〉近藤信行
203331-3

ね-2-8
山の人生　マタギの村から
根深　誠
下北半島にある小さな山村、畑は一子相伝でマタギの作法が受け継がれてきた村である。今は消滅してしまった畑の伝承を克明に記述した貴重な一冊。
205668-8

マ-10-1
疫病と世界史（上）
W・H・マクニール
佐々木昭夫訳
疫病は世界の文明の興亡にどのような影響を与えてきたのか。紀元前五〇〇年から紀元一二〇〇年まで、人類の歴史を大きく動かした感染症の流行を見る。
204954-3

マ-10-2
疫病と世界史（下）
W・H・マクニール
佐々木昭夫訳
これまで歴史家が着目してこなかった「疫病」に焦点をあて、独自の史観で古代から現代までの歴史を見直す好著。紀元一二〇〇年以降の疫病と世界史。
204955-0

マ-10-3
世界史(上)
W・H・マクニール
増田義郎
佐々木昭夫 訳
世界の各地域を平等な目で眺め、相関関係を分析しながら歴史の歩みを独自の史観で描き出した、定評ある世界史。ユーラシアの文明誕生から紀元一五〇〇年までを彩る四大文明と周縁部。
204966-6

マ-10-4
世界史(下)
W・H・マクニール
増田義郎
佐々木昭夫 訳
俯瞰的な視座から世界の文明の流れをコンパクトにまとめ、歴史のダイナミズムを描き出した名著。西欧文明の興隆と変貌から、地球規模でのコスモポリタニズムまで。
204967-3

マ-10-5
戦争の世界史(上) 技術と軍隊と社会
W・H・マクニール
高橋均 訳
軍事技術は人間社会にどのような影響を及ぼしてきたのか。大家が長年あたためてきた野心作。上巻は古代文明から仏革命と英産業革命が及ぼした影響まで。
205897-2

マ-10-6
戦争の世界史(下) 技術と軍隊と社会
W・H・マクニール
高橋均 訳
軍事技術の発展はやがて制御しきれない破壊力を生み、人類は怯えながら軍備を競う。下巻は戦争の産業化から冷戦時代、現代の難局と未来を予測する結論まで。
205898-9

か-80-1
兵器と戦術の世界史
金子常規
古今東西の陸上戦の勝敗を決めた「兵器と戦術」の役割と発展を、豊富な図解・注解と詳細なデータにより検証する名著を初文庫化。〈解説〉惠谷治
205857-6

か-80-2
兵器と戦術の日本史
金子常規
古代から現代までの戦争を殺傷力・移動力・防護力の三要素に分類して捉えた兵器の戦闘力と運用する戦略・戦術の観点から豊富な図解で分析。〈解説〉惠谷治
205927-6

キ-6-1
戦略の歴史(上)
ジョン・キーガン
遠藤利國 訳
先史時代から現代まで、人類の戦争における武器と戦術の変遷と、戦闘集団が所属する文化との相関関係を分析。異色の軍事史家による戦争の世界史。
206082-1

キ-6-2
戦略の歴史(下)
ジョン・キーガン
遠藤利國 訳
石・肉・鉄・火という文明の主要な構成要件別に「兵器と戦術」の変遷を詳述。戦争の制約・要塞・軍団・兵站などについても分析した画期的な文明と戦争論。
206083-8

各書目の下段の数字はISBNコードです。978－4－12が省略してあります。

コ-7-1
若い読者のための世界史（上）原始から現代まで
E・H・ゴンブリッチ
中山典夫訳
歴史は「昔、むかし」あった物語である。さあ、いまからその昔話をはじめよう――若き美術史家ゴンブリッチが、やさしく語りかける、物語としての世界史。
205635-0

コ-7-2
若い読者のための世界史（下）原始から現代まで
E・H・ゴンブリッチ
中山典夫訳
私たちが知るのはただ、歴史の川の流れが未知の海へ向かって流れていることである――美術史家が若い世代に手渡す、いきいきと躍動する物語としての世界史。
205636-7

さ-48-1
プチ哲学
佐藤雅彦
ちょっとだけ深く考えてみる――それがプチ哲学。書き下ろし「プチ哲学的日々」を加えた決定版。考えることは楽しいと思える、題名も形も小さな小さな一冊。
204344-2

さ-48-2
毎月新聞
佐藤雅彦
毎日新聞紙上で月に一度掲載された日本一小さな全国紙、その名も「毎月新聞」。その月々に感じたことを独特のまなざしと分析で記した、佐藤雅彦的世の中考察。
205196-6

お-2-13
レイテ戦記（一）
大岡昇平
太平洋戦争の天王山・レイテ島での死闘を再現した戦記文学の金字塔。巻末に講演「『レイテ戦記』の意図」を付す。毎日芸術賞受賞。〈解説〉大江健三郎
206576-5

お-2-14
レイテ戦記（二）
大岡昇平
リモン峠で戦った第一師団の歩兵は、日本の歴史自身と戦っていたのである――インタビュー「『レイテ戦記』を語る」を収録。〈解説〉加賀乙彦
206580-2

お-2-15
レイテ戦記（三）
大岡昇平
マッカーサー大将がレイテ戦終結を宣言後も、徹底抗戦を続ける日本軍。大西巨人との対談「戦争・文学・人間」を巻末に新収録。〈解説〉菅野昭正
206595-6

お-2-16
レイテ戦記（四）
大岡昇平
太平洋戦争最悪の戦場を鎮魂の祈りを込め描く著者渾身の巨篇。巻末に「連載後記」、エッセイ「『レイテ戦記』を直す」を新たに付す。〈解説〉加藤陽子
206610-6